臺灣歷史與文化 研究輯刊

四 編

第 22 冊

臺灣閩南語地名之語言研究
——兼論其文化意涵與演變

蔡淑玲 著

花木蘭文化出版社

國家圖書館出版品預行編目資料

臺灣閩南語地名之語言研究——兼論其文化意涵與演變／蔡
淑玲 著—初版—新北市：花木蘭文化出版社，2013〔民
102〕
目 2+300 面；19×26 公分
（臺灣歷史與文化研究輯刊 四編；第22 冊）
ISBN：978-986-322-504-1（精裝）
1. 歷史地名　2. 閩南語　3. 臺灣
733.08　　　　　　　　　　　　　　　　102017412

ISBN-978-986-322-504-1

臺灣歷史與文化研究輯刊
四 編 第二二冊　　　　　　　ISBN：978-986-322-504-1

臺灣閩南語地名之語言研究
——兼論其文化意涵與演變

作　　者　蔡淑玲
總 編 輯　杜潔祥
出　　版　花木蘭文化出版社
發 行 所　花木蘭文化出版社
發 行 人　高小娟
聯絡地址　235 新北市中和區中安街七二號十三樓
　　　　　電話：02-2923-1455／傳真：02-2923-1452
網　　址　http://www.huamulan.tw 信箱 sut81518@gmail.com
印　　刷　普羅文化出版廣告事業
初　　版　2013 年 9 月
定　　價　四編 22 冊（精裝）新臺幣 50,000 元

臺灣閩南語地名之語言研究
——兼論其文化意涵與演變

蔡淑玲　著

作者簡介

蔡淑玲，祖籍福建閩南人。1978 年出生雲林縣大埤鄉嘉興村（竹圍），2004 年新竹教育大學臺灣語言與語文教育研究所碩士畢業，論文由臺灣師範大學姚榮松教授所指導。鍾愛語言之學習與研究。

提　　要

　　本論文以台灣閩南語地名為研究對象，從語言的角度研究台灣閩南語地名。以地名的定義分類、來源，語言層次、附加字和基本字、音譯地名的語音現象、用字及構詞作為研究討論的範圍，並兼論其文化現象及演變。

　　閩南語地名中的語言層次分別為原住民語地名層、西洋語地名層、日語地名層、華語地名層，透露著不同的語言特色。台灣閩南語地名中的基本字和附加字表現出來的語言性，顯示閩南語特有的詞彙特點。另透過閩南語地名與客語地名的基本字和附加字的比較，發現地名中表現出閩南與客家語言詞彙上的差異。

　　閩南語地名中有許多地名是音譯原住民語社名，地名轉譯會受到閩南語語音結構所制約。關於閩南語地名中的用字，長期以來閩南語被視為一種沒有文字的語言，人們對閩南語的用字概念欠缺，又無一套統一標準的用字，許多地名的用字多以改字或任意借字的情形出現，也是討論的重點之一。而地名是詞彙的一部分，是遵循一定語言規律而形成的，因此地名也和其他語詞一樣，有一定的語詞結構方式，本文亦針對閩南語地名中的構詞進行探討。

　　此外更嘗試從文化的角度來審視地名與文化的關係，閩南語地名的由來與發展，反映出閩南人社會風貌，也呈現出閩南人的文化，從地名中探討閩南人的文化現象。

　　地名的穩定性是特徵之一，地名須保持穩定才能發揮社會職能，然而地名也必須不斷改變和豐富才能滿足社會的要求，在文中也歸納出其演變模式，探求地名演變的情形。

目次

第一章　緒　論

第一節　研究動機

　　在外地，我們若是遇見「同鄉」之人，總會引起我們的同鄉情誼，心裡油然而生起親切感，似乎在瞬間彼此的距離就拉近了許多，原本陌生的彼此因此有一些相似的記憶與經驗。「同鄉」的號召力有一種難以抗拒的魅力，正如所言：「人類對出生地的感情，有如嬰兒之於母親，常使身處異鄉的遊子們陷入鄉愁，地名和遊子心中深厚的情感緊緊相繫。」〔註1〕，家鄉的地名總引起遊子的鄉愁，但若問起家鄉地名的意義與由來，或者家鄉的特色，恐怕很少人有真正的認識和了解。臺灣過去四十年來的學校教育中忽視本土的語言及文化等人文地理，致使許多人即使生長在臺灣這塊土地上，生長在所愛的故鄉，但對於最親近的語言、文化、歷史、地理環境卻不甚了解，因不瞭解自然就會缺乏認同感，這是需要努力改善的地方。所幸的是近年來，臺灣開始注重本土語言及文化發展，積極推廣鄉土教育，漸漸以鄉土文化作為教學重點。其實鄉土文化原本就該是國民教育的內容，鄉土文化中指的「鄉」即指是家鄉的「鄉」，因為家鄉是一個人出生、成長或久居的地方，這地方是他的故鄉（native place）。而鄉土教育的最主要目的是在讓學生了解家鄉的種種，包括自然要素：如鄉土的地質、地形、氣候、動植物、土壤等，或者是人文要素：如聚落、交通、經濟活動、風俗習慣、語言等無形的文化，讓學生仔

〔註1〕 洪英聖：《情歸故鄉（壹）·總篇：臺灣地名探索》，臺北市：時報文化，1995年，頁5。

細認識鄉土環境，欣賞鄉土風情，激發愛鄉情懷，行有餘力之餘更能開創鄉土資源，解決家鄉問題。地名有「歷史的化石」之美譽，從地名中可探究當地的自然要素及人文要素，因此鄉土教育從認識地名開始是非常適合的。陳鸞鳳指出地名在教學上有相當重要的功能，一來可以滿足學生的好奇心，二來可以加深學生的記憶，三來可以傳達地理知識。地名不管在研究歷史、自然與人文地理、社會文化上均有其特殊意義及功能，也可以擺脫學習者和教學者均厭惡的死板印象，使課程活潑起來。〔註2〕

　　大地廣袤，人口眾多，有人的地方就有地名，以往筆者認為地名不過是一個區域的名稱，覺得許多地名千奇百怪，相當有趣，但由於沒有研究，並未覺得有特別的意義。然而在修課過程中，得到姚榮松老師的教導，經過閱讀老師所推薦的書籍，發現臺灣的地名的形成都有其命名由來、歷史掌故和如詩如畫的神話傳說，且與我們先人拓墾臺灣的事蹟有著密切的關係，即使地名演變，也有其歷史、政治等因素存在，地名的由來和意義隱藏無限的學問，油然生起想深入研究地名的想法。

　　地名是人類社會長期發展下來的歷史遺跡，對反映出一個時代、族群、地域或在自然、社會、經濟、政治、軍事、風俗等方面的面貌，具有重要意義。陳國章：「地名的出現常是由最早開拓或定居該地的族群所命名，由於族群間的語言不一、文化背景、傳統習慣、價值觀念以及主觀上的認知與願望等不盡相同。因此地名的涵義與分布能反映一區域各族群的分布遷徙趨勢」。〔註3〕在臺灣地區的移民中以閩南人為數最多，因此在臺灣地名中亦以閩南語的地名比例最高。臺灣因地理、種族和歷史較為特殊，和荷西、日本、中國大陸有過密切的接觸，因此長期以來在臺灣閩南語地名中不僅形成相當特殊的地名層次特色，且涵義豐富。以往在臺灣有關地名的研究多半僅偏重在講述地名由來的歷史沿革上，作為歷史學的一部份，地名起源的文獻不少。但從語言的角度來分析地名這個語言中的專有名稱的文獻卻不多。如前所言，臺灣地理、歷史特殊、住民複雜，加上時間久遠，許多閩南語地名發生訛轉或變更的不勝枚舉，因此造成許多地名發生音、義、字不符合的現象，對這些地名不能望文生義，而須透過原始發音及其命名意義，才能理解地名的真

〔註2〕陳鸞鳳：〈地名的探究——以「彰、雲、嘉」的「崙」和臺灣東部的地名為例〉，《社會科教育學報》，1998年，頁183～205。

〔註3〕陳國章：《臺灣閩、客語地名的對比》，地理教育19期，民國82年6月，頁1。

正含意,也才能窺知先民命名的初衷。

地名與社會、語言、生活、風俗習慣等都有關係,它不僅是一種語言的現象,也是一種文化現象,蘊藏著許多文化的訊息,反映族群社會文化的風格特色。池永歆:「不同的文化群體,當齊於臺灣這塊土地活動時,有些會用其生活世界中專有語言,爲這塊土地烙印了許多地名,隨著時光的流逝,每個地名背後皆蘊藉著深層的文化地理內涵。」〔註4〕這意味著從臺灣閩南語地名中除了能探究語言外,還能探究語言背後所蘊含的文化。有感於此,身爲閩南人的筆者,欲將臺灣閩南語地名作一統整的分析,以語言學的角度來對臺灣閩南語地名作較深入的研究,期能提供一些微薄的貢獻。

第二節　研究方法

本研究主要採取三種研究方法:「文獻蒐集法」、「語言分析法」與「方言比較法」進行臺灣閩南語地名之分析。

一、文獻蒐集法

本篇論文主要以文獻調查爲主,筆者廣泛地蒐集有關閩南語地名的文獻語料,並將這些文獻語料加以整理語料、歸類描述,並將結果分析、探討。蒐集文獻語料包括:

　　(一)地名相關專書及辭典。
　　(二)語言學相關書籍。
　　(三)地名相關期刊文獻。
　　(四)地圖。

二、語言分析法

本論文的語言分析法,嘗試將地名用語言學的角度分析,其中包含了語音分析、用字分析、語法分析及詞彙分析。

　　(一)語音分析:以語音的角度分析閩南語地名音譯地名語音演變的現象。

〔註 4〕池永歆:〈臺灣地名學研究回顧與地名義蘊的詮釋〉,地理教育 23 期,民 86 年 6 月,頁 7。

（二）用字分析：從閩南語地名整理出用字情形，依據姚榮松教授所研
　　　究出閩南語書面語使用漢字類型，依本字、訓讀字、借音字、方
　　　言俗字、方言借詞用字、簡化字加以探討。

（三）語法分析：分析臺灣閩南語地名的語詞結構。

（四）詞彙分析：從閩南語地名詞彙的分析中，探得其文化特色。

三、方言比較法

　　本論文透過將閩南語地名與客家地名比較，更能顯示出閩南語地名的語言及文化的獨特性。

第三節　研究範圍

　　地名是先民智慧的展現，早期從大陸移民來臺的閩南人用自己的語言為地域命名，因此在地名中展現出語言的特色。

　　本論文之研究的對象是針對「臺灣閩南語地名」進行研究分析，從語言的角度研究臺灣閩南語地名，包括地名中的語源、語音、用字分析、構詞及其文化內涵。早期閩南語地名是以口傳的方式流傳，遺憾是當時的地名並無文字記載，直到日人統治時，才進行土地普查時，進而紀錄了臺灣的地名。然而地名數量相當龐大，無法逐一進行研究，且許多地名歷經長久的時間，加上在無文字記載的情況下產生變化，有些已無法究其原音、原義，研究上也造成困難，因此筆者僅能盡其所能廣泛的蒐集文獻資料，並佐以一些調查訪問之結果。

　　本文「臺灣閩南語地名」為研究對象，以安倍明義《臺灣地名研究》、陳國章《臺灣地名辭典》（上）、《臺灣地名辭典》（中）、《臺灣地名辭典》（下）四本書籍的地名作為取材範圍。筆者所以選擇上述四本書籍作為取材範圍，主要符合以下三項原則：

　　一、經調查方式獲得的實證研究資料。

　　二、紀錄地名語音及命名意義。

　　三、地名具有顯現臺灣閩南語地名語言及文化特色。

　　此外伊能嘉矩《大日本地名辭書續編・第三臺灣》、陳正祥《臺灣地名辭典》、洪敏麟《臺灣舊地名之沿革第一冊》、《臺灣舊地名之沿革第二冊（上）》《臺灣舊地名之沿革第二冊（下）》、施添福總編撰《臺灣地名辭書》一系列

各縣市地名辭書及其他相關的期刊、論文等皆作為筆者參考的重要文獻資料。

第四節 研究目的

本論文以「臺灣閩南語地名」作為研究題材,主要的目的有下列四點:

一、為語言學研究提供參考資源

地名是在人類社會發展中慢慢形成的,地名的命名及更名和語言有密不可分的關係。宋長棟在〈地名學與民族學研究〉中云:「從語言學的角度來看,地名是人類語言辭彙的一個組成部分。任何地名都是通過語言而存在、通過文字而形諸記載的。」,〔註5〕又李如龍:「地名是語言中的專有名詞,他和語言中的其他名詞(例如人名)有相同的特點,又有不同的特點,地名的構成有一定的語法規則,地名的用字與分布和民族語、方言的分布密切相關,地名的書寫和稱說可能存在著不同的變體,對歷史地名的考釋必須從字的形音義入手。」,〔註6〕因此說地名學的研究和語言學是相關的。地名是語言的「活化石」,是各個不同歷史時期語言真實的記載,通過地名的研究可以為研究語言者提供一些寶貴的資料,因此說地名的由來及發展反映語言現象,透過地名的探尋,提供語言研究一些參考的資源。

二、探尋臺灣閩南語地名深層的文化內涵

地名是語言裡的詞彙,而詞彙可以反映語言的文化。自大陸移民來臺的閩南人用他們的語言、傳統習慣、價值觀念等來為地域命名,因此地名是先民智慧的結晶,閩南人不同他族的智慧及獨特文化體現在地名上。然而地名隨著時間、空間、政治背景、社會經濟、生活方式等不同因素有所改變,這其中許多反映族群語言文化、地理及歷史意義的舊地名漸漸消失,被人遺忘的不僅是地名,更是閩南語特有的文化財產。有感於此,身為閩南人,必須把握時間將閩南語地名作分析整理,期望能盡一己之力將這些反映出臺灣閩南人的文化內涵追述記載。

〔註5〕 宋長棟:〈地名學與民族學研究〉,《中國地理》第10期,頁13。
〔註6〕 李如龍:《漢語地名學論稿》,上海:上海教育出版社,1998年,〈序〉。

三、為鄉土教學提供資源

　　近來本土意識抬頭，在政治、社會、教育等方面，逐漸重視臺灣本土文化，以教育而言，語文科教育加入了鄉土教育及母語教育，顯示出本土文化的重視。鄉土教育是要學生了解家鄉的生活環境，培養學生愛鄉精神，因此從地名著手是相當適合的。

　　地名是一個具有空間性質的區域名稱，也可說是鄉土故事的起源，要認識、了解鄉土，探究早期地名的起源及發展是重要的途徑之一。地名的起源與該地的歷史發展、自然地理景觀、社會機能、民情風俗、軍事機能等有關，以現在「高雄」這個地名而言，高雄舊稱打狗（ta2 kau2），原先為原住民平埔族 takau 族名之稱呼，閩南人來臺後音譯為「打狗」。民國九年，日人以 ta2 kau2 又音譯為タアカオ（takao），而以日語漢字寫成「高雄」。對於一個地方的演變史，地名提供相當重要的線索。

　　從早期原始的舊地名可幫助小朋友了解先人純樸的感情以及對生活的渴望，領悟到先民的艱辛，融合著血緣、地緣、文化拓墾、政經、軍事與經濟的結晶，且讓小朋友著手對自己所住的地區作歷史尋根、發掘自己家鄉特色，學習愛鄉愛土，培養深入探索研究的能力，進而熱愛且珍惜我們的鄉土家園。

四、承先啟後、繼往開來

　　過去相關閩南的文化一直是被忽略的，直到近年來才有進展。教育部實施母語及鄉土教育，各大專院校成立臺灣本土文化相關的系所，研究臺灣閩南文化學術論文數量也漸多，顯示出臺灣閩南文化已逐漸為人重視。但在學術論文方面，就筆者所收集的資料中，以臺灣閩南語地名作為研究主題迄今未見的。因此本論文對臺灣閩南語地名僅是初探性的研究，成果未必能如預期中理想，但求能引起大家的重視，達到拋磚引玉之效。

結　語

　　地名是人類生活的紀錄，本論文試從閩南語地名入手，期能了解臺灣閩南語的語言特色，並從閩南語地名中探知其傳達的內涵意義。具體而言，研究閩南語地名的目的有四：為語言學研究提供資料、探尋臺灣閩南語地名的文化內涵、為鄉土教學提供參考資源以及承先啟後、繼往開來。

第二章 文獻探討與回顧

　　本章「文獻探討」是將過去對臺灣地名的研究作一回顧。有關臺灣地區
地名的研究，從日治時期至今，首推幾位學者，包括日治時期的伊能嘉矩、
安倍明義及 1945 年後的陳正祥、洪敏麟、陳國章、張德水、曾玉昆等人，以
下將有關臺灣地名研究文獻，分為專著、博碩士論文、單篇期刊論文三類，
分述討論如下：

第一節　專　著

一、《大日本地名辭書續編・第三臺灣》

　　日人伊能嘉矩著，亦稱《臺灣舊地名辭書》。本書完成於明治 42 年 11 月
（1909 年），開啟了臺灣地名系統化的研究，《大日本地名辭書續編・第三臺
灣》是首本對於臺灣地名研究的大作。其內容分為兩部分：第一部份為汎論，
包括〈臺灣地理總說〉、〈臺灣地名考〉、〈臺灣政治總說〉、〈臺灣住民總說〉
與〈土地慣行一斑〉等五小部份，扼要地說明了臺灣的文化歷史地理背景與
地名由來的原則；第二部分詳述臺灣重要之個別地名由來及該地名所蘊含之
歷史文化內涵等，此書對臺灣重要地名所作之解釋相當仔細。伊能嘉矩在此
書紀錄地名的語音及起源，且解釋地名除了指出位置、地名由來、漢人入墾
的時間，入墾者的資料，取得方式及開墾過程、對當地小地名亦加以敘述，
包括當地的物產，廟宇碑文及生活方式等。作者對於地名的解釋相當仔細，
提供相當豐富的地名資料，此書不僅可提供地名研究之用，研究臺灣開發史、

臺灣風俗文化亦可參考此書。

二、《臺灣地名研究》

安倍明義著。完成於昭和十二年（1937），出版於昭和十三年（1938），此書爲日文版，1996 年武陵出版公司出版中文版。《臺灣地名研究》一書主要以伊能嘉矩的《大日本地名辭書續編・第三臺灣》爲基礎編輯成的，並附加上日治時期街庄改正後的新地名而成。內容主要分爲三編：第一編爲總論，包括敘述〈地理概說〉、〈住民〉、〈政治沿革〉、〈地名的起源〉；第二編爲討論「臺灣的名稱」，敘述歷代臺灣各時期的地名及其演變原因；第三編敘述臺灣各州廳的地名由來。

《臺灣地名研究》的日文版與中文版在內容有部分的差異，雖然《臺灣地名研究》中文版是自日文版翻譯而來，但翻譯者並未完全將《臺灣地名研究》日文版翻譯，中文版省略很多的地方，從外表的厚度上即可看出明顯的差異。中文版不僅省略部份臺東及花蓮地區的地名，甚至完全省略高山族社名，對於欲瞭解原住民語言的地名或日治時期地名改變的人會覺得可惜。反觀日文版在內容上比中文版詳細，而且日文版上地名多以片假名紀錄閩南語的地名發音，從日文版除了可得知其地名的語音，還附錄市街庄大字名、州郡市街庄人口統計表，文後書中各個地名的索引，這幾點都是中文版所不足之處。

然而，池永歆在〈臺灣地名學研究回顧與地名義蘊的詮釋〉提出他對此書的看法，他指出：「此書，把伊能氏《臺灣地名辭書》中重要地名條目下的小地名獨立成一地名單位，並附以日治時期街庄改正後的新地名名稱，除此外，乏善可陳，了無新意，綜而言之，此書的廣度與深度方面遠不及伊能氏所撰的地名辭書。」，（1997：9）筆者認爲雖然安倍明義在此書中，解釋地名不如伊能嘉矩所著《大日本地名辭書續編・第三臺灣》詳細，但《臺灣地名研究》亦有超越伊能嘉矩《大日本地名辭書續編・第三臺灣》的地方：

第一、《臺灣地名研究》除了《大日本地名辭書續編・第三臺灣》作爲編撰時的參考用書，更參考《蕃族調查報告書》、《臺灣私法》、《臺灣慣習記事》、《臺灣全誌》、《臺灣時報》、《臺灣文化志》、《臺灣文化史》、《大日本地名辭書續編》、《臺灣教育》、《臺灣土地慣行一斑》、《臺灣常住人口統計表》、《高雄州地誌》等臺灣早期重要的書籍及資料，甚至親臨其地調查才完成。

第二、《臺灣地名研究》解釋地名的數量較《大日本地名辭書續編・第三臺灣》多，且紀錄日治時期街庄改正後的地名名稱的改變更是重要的一點，更重要的是《臺灣地名研究》紀錄原住民地名語音及起源資料，特別是高山族地名，爲逐漸遺失的平埔族及高山族地名留下紀錄。

這兩點是伊能嘉矩《大日本地名辭書續編・第三臺灣》不及之處，臺灣總督府圖書館長山中樵在〈序〉中指出安倍明義以府聽誌爲始，頻頻參考調查報告書及其他眾多的圖書，對於閩南語地名、蕃語地名或西洋語地名，都請專家加以釋疑，甚至親臨其地調查才編撰完成。他更指出此書對於有心研究臺灣的人和爲政者、教育者以及各方面的人士，儘管用途迥異，都是裨益良多。此書提供許多地名的語音、來源及地名的演變，尤其是收錄很多原住民地名，對於研究地名者，不能不讀。

三、《臺灣堡圖》

臺灣總督府臨時臺灣土地調查局調製。《臺灣堡圖》是於 1904 年出版之二萬分之一的地形圖，分爲《上冊》、《下冊》兩冊。日本自據臺後開始對臺灣進行土地調查，目的是在調製土地（地籍清冊）和地圖（原圖、庄圖和堡圖）以釐清土地權力，區分土地地目以及詳細查明地形。此書中的堡圖詳實而細膩地描繪了臺灣的地貌和地物，是日人統治臺灣的重要基礎資料。然而《臺灣堡圖》中亦有一些訛誤之處，葉牡丹在《用漢語構詞與語音解讀客家地名》一書中指出《臺灣堡圖》或許因日人不知曉臺灣地名各族語言的特性，其中可見訛誤之處。然《臺灣堡圖》雖有些語言紀錄的訛誤，但此書仍是臺灣歷史、地理等學科重要的資料，對臺灣社會有深遠的影響，《臺灣堡圖》提供現今從事日據時期臺灣歷史與地理不可或缺的珍貴史料，是一套具有「承先啓後」意義的地圖。〔註1〕

四、《臺灣堡圖集》

洪敏麟、陳漢光編輯。《臺灣堡圖集》一書民國 58 年出版，是臺灣第一本由國人研究地名的大作，內容大致可分爲兩部分：一爲地名演變對照表，二爲堡圖。洪敏麟、陳漢光在《臺灣堡圖集》書中將全臺的地名分別依照清代末葉、民國九年及民國五十年，作行政區劃地名演變對照表，例如：

〔註 1〕 此句出自 http://thcts.ascc.net/htwn_ch.htm。

清朝末葉	民國九年實施地方制度	民國五十年
林圮埔街	竹山	竹山鎮
湳仔庄	名間	名間鄉
姜仔藔庄	姜子寮	汐止鄉東山里

　　從這個地名演變對照表中，可清楚看出從清末至日治時期地名的演變。此外，在堡圖的部分，有民國前十一年至民國五十六年行政演變圖、民國五十六年和日據時期臺北、宜蘭、雲林、嘉義、臺南等地區的對照圖以及臺灣各堡的的地圖，從這些地圖藉由地名出現的地理位置，配合其地理環境，更能表現出地名的意義，還有不僅可清楚看出地名的演變外，還可比較出行政區域位置的演變，有助於了解對照表的內容。洪敏麟、陳漢光在堡圖部分更附有索引，查閱相當方便，此書將清代的行政區域位置作了完整的紀錄，也為研究臺灣地名演變者，提供很豐富的資料。

五、《臺灣舊地名之沿革》

　　洪敏麟著。洪敏麟先生編撰一系列《臺灣舊地名之沿革》，包括了《臺灣舊地名之沿革第一冊》（1980 年）、《臺灣舊地名之沿革第二冊（上）》（1983年）、《臺灣舊地名沿革第二冊（下）》（1984 年）。洪敏麟的《臺灣舊地名之沿革》主要參照諸古方誌記遊、伊能嘉矩《大日本地名辭書續編‧第三臺灣》、安倍明義《臺灣地名研究》等相關的書籍及其他文獻資料，其主旨是探討臺灣地名之發生與演變以及銜接新舊地名。第一冊分為兩個部分，第一部分概說臺灣地區舊地名自然環境、行政疆域、敘述歷代臺灣的名稱及其演變、地名的緣起、清代及日治時期地名的演變，第二部分論述北部臺灣，包括臺北市、基隆市、新北市、宜蘭縣這些縣市內地名的由來、位置及拓墾經過。第二冊（上）論述桃園縣、新竹縣、苗栗縣內地名的由來、位置及其拓墾經過。第二冊（下）論述臺中市、彰化縣內地名的由來、位置及拓墾經過。此套書籍中無地名的語音紀錄，亦未將各地相同或相似的地名相互比較，是不足之處。但洪敏麟在此書中收錄地名很周全、完整，且將許多舊地名分別內入其所屬的城、鎮、鄉，查詢地名很方便。

六、《臺灣地名辭典》

陳正祥著。本辭書共收錄 6368 個地名，包括全省現有之政區地名與地形地名以及若干重要的地名。本辭書的特點有下六點，分述如下：

（一）地名次序之排列以筆劃多寡及部首爲準，凡地名第一個字筆劃及部首相同時，改以第二個字爲準，其餘類推。同一地名而其指意義及範圍不同者，亦按筆劃多寡編排。

（二）書中每個地名皆標出經緯度，並敘述其位置所在。

（三）地名解說之詳細或簡略依其重要性或特殊性而定。

（四）書中地名皆附有北京話之羅馬拼音，並略加說明其人口與產業活動。

（五）書中附加很多地圖及各地人口、面積統計圖。

陳在〈自序〉中云：「這本辭典每一個地名的每一個字都是我一個人寫的；事實上等於一冊『地圖閱讀 Map Reading』的紀錄」，因此，此辭典是以地圖居多，辭典中對於地名意義的闡釋不多。

（六）辭典後附錄〈臺灣的地名〉〔註2〕一文，陳在〈增訂版序〉中云：「當我在編著《臺灣地名辭典》的同時，覺得有必要並且也有足夠系統化的資料寫一篇臺灣地名的論文；可幫助讀者對辭典的了解，於是很快的添增了〈臺灣之地名〉。」如上所述，〈臺灣的地名〉在這樣的背景下產生，〈臺灣的地名〉一文係以臺灣方志與五萬分之一地形圖上的地名爲基礎而論述。陳歸納出以下幾項要點：1、常見的基本字和附加字。2、不同歷史時期的地名，顯示出不同的文化層。3、移民和地名的移植。4、土地開拓和地名的關係。5、地形和物產與地名的關係。6、地名的改變，此外尚有臺灣地名的分類，歸納出地形地名、方位地名、示意地名、紀念地名、聚落地名、特產地名、複合地名等。〈臺灣的地名〉一篇重點式的將臺灣地名重要的來源及現象作一番整理，經由閱讀〈臺灣的地名〉可更容易了解臺灣的地名。

《臺灣地名辭典》書中收錄地名周全，並附有許多具有特色的地圖，令人得到深刻的印象，但此辭典亦有一些不足，如內容以地名位置爲重心，地

〔註2〕　此篇文章曾收錄多本在陳正祥的專著中，以不同的篇名發表：1、〈臺灣的地名〉，《臺灣地名辭典》351～376 頁，臺北：南天書局。2、〈臺灣的地名——文化層分期〉，《中國文化地理》210～234 頁，臺北：木鐸出版社。3、〈臺灣的地名——文化層分期〉，《中國歷史文化地理（上冊）》323～348 頁，臺北：南天書局等。

名意義的闡釋不多，僅對大地名闡釋較詳細，較小的地名則無法從此辭典得到地名的由來及意義，此外地名語音以北京話羅馬拼音紀錄，無法得知閩南語的語音。而陳在〈增訂版序〉自謙提出：「本書也存在著一些缺點；事隔三十年，所有統計資料都顯得陳舊。次之，一些太小的地方，未能全部加以說明」，話雖說如此，但此辭典仍是研究地名不可缺少的書籍。

七、《臺灣地名辭典》

陳國章著。《臺灣地名辭典》分為上冊（1997）、中冊（1998）及下冊（1999）。依據陳國章先生的說法，《臺灣地名辭書》具有以下特色：

（一）每一個地名的主要組成有三點：註音、含意與分布地點。

（二）本辭典有關地名的含意與說明盡量簡單扼要，如果有兩個以上相同的地名則以其共通含意為準。

（三）註音旁邊用不同的記號作為泉州臺語音、漳州臺語音、客家音，與其他特殊音的區分。

（四）分布地點旁邊也用不同的記號，代表當地是以何種語音較為盛行。

（五）如果有相同含意的地名或是兩個地名的含意相近的，亦或是有相對應的地名均列舉出來供作參考。

從本辭典中可明確知道當地地名的發音與意義、地名的語源依據以及分布地點。

陳氏以實證的方式，實際紀錄閩客地名的音與義，對臺灣的地名綜合的研究，開啓臺灣地名學的新方向。此書對於從語言學的角度來研究地名，提供相當有豐富的資料，書中標示發音與意義，對於地名用字的分析、地名語音的變化，都提供了許多訊息。因此筆者以此書作為本論文的取材的來源，從語言學角度研究地名者，必定要閱讀此書，此書是一本值得深入研究的地名辭典。

八、《臺灣地名辭書》

由施添福總編纂。臺灣文獻館有鑑於光復後行政區域重新調整，新舊地名發生斷層，希望建立地名的基本資料，記錄地名的起源及其演化過程，避免隨著時代變遷逐漸被世人淡忘，亦有助於後世對臺灣歷史、文化源流的了解與認識，因此自 84 年起展開臺灣地名全面系統性的普查，並由師大地理系

施添福教授進行研究。目前已出版一系列《臺灣地名辭書》，包括基隆市（1996）、新竹市（1996）、嘉義市（1996）、臺東縣（1999）、臺南市（1999）、高雄市（2000）、宜蘭縣（2000）、屏東縣（2001）、南投市（2001）、南投縣（2001）、雲林縣（2002）、臺南市（2002）、澎湖縣（2002）等縣市的地名辭書，預計完成全省21縣市地名普查工作。此套《臺灣地名辭書》的編輯架構，首先說明縣市發展的沿革、行政區域、聚落的形成與發展、詳析各縣市內鄉鎮的地名緣起、生態環境、地區特色、所屬各里的地名釋意，除文字考據外，亦輔以相關圖表，在閱讀上更容易理解，唯一可惜之處在於此套地名辭書無地名的語音紀錄。此書非透過文獻探討的方式，其資料來源是透過普查方式徵集而得，藉由調查方式或得實證研究資料，較為眞實、完整，且極富參考價值。

九、《漢語地名學論稿》

李如龍著。李如龍認爲地名學應運用語言學作爲基礎理論和基本方法才能建立科學的地名學，而中國地名研究源遠流長，歷代的地名資料可謂汗牛充棟，古代語文學家也不乏用字的音譯訓釋和考證，但是未能有現代地名學的聚合研究。李如龍在〈自序〉中提及：「撰寫此書的用意就在於運用語言學的理論與方法對漢語地名的研究作一番整體的思考」。的確，在此書中李如龍以語言學的角度對於漢語地名的語詞結構、漢語地名的詞彙系統、漢語地名的義音形、漢語地名的命名法、漢語地名的類型區、地名的語源考釋、地名的演變與發展、漢語地名反映出來的民族地域、時代、文化特徵、漢語地名學的應用研究，皆有深入的見解，對於欲從語言學的理論研究地名者，提供一個極佳的方法及具有指引及啓示作用，值得反覆閱讀，對筆者而言，此書幫助很大。

十、《地名與語言學論集》

李如龍著。此書是李如龍關於地名與語言關係的論文總集，李如龍把語言學的研究方法運用到地名的研究中，將這些大多都已發表過的論文，且加上新著，特別是閩臺地區的地名與語言學問題的相關單篇論文匯集成冊，有〈地名的分類〉、〈地名的符號特徵〉、〈地名中的古音〉、〈閩臺地名通考〉、〈閩臺地名中雅俗異名〉、〈閩臺地名與閩臺方言〉、〈地名中的同形異名和同名異形〉等共二十餘篇，李如龍書中所探討的問題論點精闢、深入細緻，尤其是

〈地名的分類〉、〈地名的語詞特徵〉、〈通名叢議〉、〈地名詞的特點與規範〉四篇清楚地分析地名語詞特徵，有助於本論文的研究，此書對地名語言學的發展具有重要意義，提供很多思考的方向。

十一、《臺灣地名學文集》

陳國章著。陳國章相當致力於臺灣地名的研究工作，《臺灣地名學文集》是他十餘年的研究成果的大集成，共收錄 15 篇地名的文章，在《臺灣地名學文集》的〈序〉中，陳氏闡述地名學的要旨，有三點：

研究地名之語源、讀音、含意及其演變，以探索民族或族群分布、遷徙、習俗或生活方式的特色。

探索地名反映的自然地理或人文地理特徵，以復原當地自然或人文環境的歷史景觀，並進而研究區域開發、環境演變的過程。

透過地名隱含的文化、歷史習俗等訊息的釐清，以探索當地歷史上的政治、經濟、文化、社會組織等方面的演化。

陳鸞鳳提出他對此書的評論：「在陳國章教授的《臺灣地名學文集》一書唯一可惜的是，各篇文章均未使用任何一張地圖，來標示文中所提及的每一個地名，倘若地名學能結合地圖的使用，使我們藉由各種地名出現的地理位置，配合所在的地理環境，就更能達到我們認識臺灣地名的各種意義。」，〔註3〕筆者十分贊同陳鸞鳳所言，若地名學能結合地圖的使用，一定能事半功倍。

陳國章以語言學的研究方法為主，以計量性的歷史與地理分析為輔，從事地名綜合性的研究，對研究臺灣閩、客語地名貢獻很大，閱讀此書可增進對臺灣閩客地名的了解，並擴大視野。

十二、《高雄市地名探源》

曾玉昆著。此書內容如同書名，即是探討高雄市地名的來源，全書將高雄市地名歸類成 14 種大類，如源於相關位置、地勢高低、地形外貌、數字次序、空間與時間、農村舊貌、地緣或血緣、自然生態、特殊建物、外族制定、舊行政區域、軍屯或營署、古廟舊寺等大類，且又將其大類分為小類，敘述其地名的由來及意義，分類及說明非常詳細。此外書中亦論述高雄市各區的

〔註 3〕 陳鸞鳳：〈桃、竹、苗縣市境內之小地名與閩、客族群之拓墾與分布〉，《新竹師院學報》10 期，1997 年，頁 186。

沿革、補充各區增補的地名及道路的名稱，文後並附有 22 張圖表，有〈高雄市清領時代輿地圖〉、〈高雄舊地名位置圖〉等，使人可以從圖表，對內容有更深刻的體驗，此書分類撰寫，讓讀者容易找到所需的材料，簡單明瞭。

十三、《情歸故鄉·壹（總篇）——臺灣地名探索》

　　洪英聖著。《情歸故鄉·壹（總篇）——臺灣地名探索》一書共分為七大冊，第一冊總篇，簡要地敘述全臺灣地區三百多個鄉鎮市名稱意義和由來。第二冊到第七冊在詳述鄉鎮市地名的典故，以及相關的鄉土人文歷史，可惜目前只出版《情歸故鄉 1 臺灣地名探索總篇》、《情歸故鄉 2 臺北市地名探索》、《情歸故鄉 3 新北市地名探索》。洪英聖本著在地人的精神，規劃本土方向的遠景，從懷抱臺灣本土土地的情感，整理臺灣歷史、民情風俗、文化、藝術，以親切、生活化的風格，用心撰寫《情歸故鄉》這一系列套書，洪英聖指出臺灣這塊土地上由於種族的不同，展現出的文化五花八門，是世界上少見的種族大融爐，使臺灣呈現一種彩色的文化，可謂是文化人類學的寶藏，書中藉由臺灣地名探討出臺灣歷史、民情風俗、文化、藝術等，想了解臺灣文化的人，可以仔細閱讀此書，相信會有一些收穫及感想。

十四、《臺灣種族、地名、政治沿革》

　　張德水著。《臺灣種族、地名、政治沿革》一書之內容共分為政治、種族、地名三部分，張在前言中提及：「本書為臺灣鄉土誌的初考」。張德水詮釋政治沿革，臺灣一直在「外來政權」統治，處在特殊政治生態下，此書自人民的觀點，敘述在原住民高砂族時代、荷蘭時代、西班牙時代、鄭氏時代、清國時代、日據時代、二次大戰後，特殊環境下的政治沿革。其次，從種族的觀點分析原住系臺灣人：高砂族、平埔族；移民系臺灣人：福佬人、客家人；國民系支那人。第三部分有地名概說、地名的變遷及起名的原則、臺灣島的名稱及各地方的地名變遷。書中附有明鄭時期臺灣行政區域圖、清初臺灣行政區域圖、清末臺灣行政區域圖、日據時期臺灣全圖、現在臺灣行政區域圖，可從這些圖中清楚看出臺灣行政區域的改變。

十五、《中國地名文化》

　　牛汝辰著。此書特別之處在於以文化的角度審視，發現地名與民族文化

的關係。牛汝辰認為地名的形式結構，地名的內隱含義，都是由文化派生出來的，都可以從文化的角度加以解釋，此書內容分三部分論述，第一部份是地名與理論的研究；其次是地名文化透視，從中華民族的圖騰崇拜、民族遷徙、宗教信仰、姓氏淵源等方面來探討地名與中國文化的關係，再者是北京、臺灣、新疆、海南島地名說略。此書作者從地名追尋中國的文化，深入淺出的勾畫出中國地名的文化情況，引人入勝，牛汝辰以文化的角度審視地名與民族文化的關係，是一項方法上的突破。

十六、《普通地名學》

　　蘇俄朱奇格維奇著，由崔志升根據 1980 年第三版所譯。作者在前言提及：「原書分為兩部分，第一部分論述地名學的基本規律，第二部分詳細敘述蘇聯地名」。此書是由崔志升翻譯緒言及原書的第一部分。內容論述地名學的基本原理、地名產生和發展的基本規律、地名的特點、地名的社會政治意義、地名的類型、地名的背景和層次、地名分區的原則等，亦論述了地名學與語言學、歷史學、地理學的關係，也介紹地名的轉寫與分類等，此書提供研究地名、語言、地理、地圖、歷史工作者，都是不錯的參考用書。

十七、《地名學新探》

　　馬永立著。《地名學新探》是匯集南京大學專業研究地名的學生所寫的論文，此書就是一本有關地名論文集。馬永立在〈序〉中提出他因此本論文集產生的想法，他認為地名的研究在中國已經源遠流長，雖然學者取得許多成果，但從側面總體來看，還是側重在具體地名的淵源和研究結果，缺乏系統性和全面性。筆者認為這點很值得提出來作為參考，地名系統性和全面性的研究，實在仍需更多學者的研究與努力。

　　《地名學新探》此書中共收錄了 37 篇文章，書中的論文多已由《地名知識》刊登，其中趙長渝〈論同地異名〉、殷延海〈安徽地名的文化分區和歷史層次〉、石浩生〈論析地名的現代功能〉、顏艷紅〈赫特納的地名學觀點評述〉、孫武〈人口因素對地名的影響〉五篇對筆者影響最深，尤其以殷延海〈安徽地名的文化分區和歷史層次〉為最，此篇分析安徽不同歷史時期產生的地名層次，從縱向剖析安徽地名分為底層、中層、表層三個層次，並且分析安徽地區的是楚文化、吳越文化及北方中原文化三種文化的交匯處，因此安徽地

名具有相當的特色，因此讓筆者分析臺灣閩南語地名的層次時，能有更深刻
的了解與研究想法。

十八、《地名學文集》

中國地名委員會辦公室編。《地名學文集》和《地名學新探》一樣皆是有
關地名論文集，共收錄了 31 篇地名研究的論文，其中王希杰〈地名中的語言
學與歷史學〉、李如龍〈地名詞的特點與規範〉、劉盛佳〈地名通名和通名系
統的初步研究〉、杜祥明〈我國少數民族與地名的漢字譯寫〉、葛茂恩〈廣西
壯語地名及其用字〉五篇，從語言學角度深入剖析地名，啓發人許多想法，
爲研究地名者也提供一個研究方法的藍圖。

十九、《中國地名通名集解》

吳郁芬著。《中國地名通名集解》一書是第一本專門研究地名通名的專業
性著作，此書整理了中國各地地名中的通名，書中指出通名是地名中表示該
地所指事物類別的字眼，這類字眼用於各種地名時有相同的意義，經過聯合
國地名專家的解釋，及結合實際的狀況分析歸納出此本《中國地名通名集
解》，書中地名中的通名讀音、用字、部分釋義等，都可作爲從語言學角度研
究地名者參考之用。

第二節　博、碩士論文

在博、碩士論文方面，就筆者所知尚未有直接以「臺灣閩南語地名」爲
題目的研究論文，而以地名做研究的論文，僅有葉牡丹《用漢語構詞與語音
解讀客家地名》一篇論文。

一、《用漢語構詞與語音解讀客家地名》

葉牡丹著。葉牡丹從漢語構詞及語音的角度來分析客家的地名，以桃竹
苗地區的客家鄉鎮市爲例。其內容有五項：（一）在「用語音分析解讀客家地
名」一章中，主要介紹海陸客家話的語音（含聲母、韻母與聲調）特色。（二）
在「用構詞分析解讀客家地名」介紹構詞之音節結構、語法特點以及用字的
原則，並以之作爲基礎來解讀客家地名。（三）「客家人對地名之命名風格」

說明客家人命名的風格特色。(四)「從語音及構詞的角度來看客家地名的訛誤現象」分別從語音及構詞的角度探討客家地名中訛誤的現象。(五)最後在文後附錄「客家地名命名分類舉例」,以供作參考用。此論文是第一本研究臺灣客家地名的學術論文,文後附錄「客家地名命名分類舉例」依客家地名的通名分類,舉出地名實例,若欲研究客家地名或比較閩客地名,即可參考此論文。

第三節　單篇期刊、論文

一、〈臺灣地名學研究回顧與地名義蘊的詮釋〉

　　池永歆著。此篇論文是由陳國章的學生池永歆為紀念陳國章退休而作,池永歆在論文摘要中即點出此篇的目的,池永歆云:

> 本文主要的目的,是要將臺灣地名研究作一回顧,以了解學者對於臺灣地名研究的成果,爾後,嘗試對地名的命名過程,與地名文化群體生活世界中的重要性,作一初步探討,期能展顯地名所蘊藉的深邃內涵。

池永歆首先對回顧臺灣地名研究,將伊能嘉矩《大日本地名辭書續編・第三臺灣》、安倍明義《臺灣地名研究》、陳正祥先生《臺灣地名辭典》、洪敏麟《臺灣舊地名之沿革》、陳國章先生《臺灣地名辭典》分別論述,並提出他對以上書籍的看法及評論,次之,提出地名實存義蘊的闡釋,認為地名的命名過程及地名文化群體是重要的,〈臺灣地名學研究回顧與地名義蘊的詮釋〉簡單扼要的論述過去臺灣地名研究的結果,此篇文章對於想了解臺灣地名研究的情況者,具有參考價值。

二、〈語言與資訊:釐清臺灣地名厝屋〉

　　鄭錦全著。鄭從網路資訊查詢,在地名沿革與文獻歷史簡述中指出「厝」是閩南語,屋是客家話,他認為厝與屋的標準頗費斟酌,並根據中央研究院計算中心所提供的中國大陸七萬多個地名,檢查「厝」與「屋」出現的地方,從研究調查中發現看出「厝」為名的地名多布在閩地區,然而以「屋」為名的地名卻不限於在客家地區,從鄭的研究中推翻了「厝」是閩南語相對於「屋」

是客家語的觀點，也更確定「厝」是閩語獨有的字詞，鄭錦全利用電腦資訊來釐清「厝」與「屋」，提供一個地名語言研究的方法與思考方向。

三、〈臺灣閩、客語地名的對比〉

陳國章著。此篇主要針對閩、客語之間含意相似的地名，因語言的差異而產生不同讀音及文字的地名，分為三類（一）專名及通名均不相同（二）專名相同通名不同（三）專名不同通名相同，舉出數例進行分析，從中比較出閩、客語的差異，亦發現閩南語地名比客家地名複雜，且客家地名多分布在桃竹苗三區，顯示出閩、客族群在臺灣的分布特徵。陳國章運用語言學的方法，針對臺灣閩、客語地名進行比較，使人們可了解閩、客語地名，也較容易區別閩、客語地名之間的差異，為臺灣地名的研究帶來一股新氣象。

四、〈不同語群的接觸對地名命名的影響——以臺灣為例〉

陳國章著。本篇論述臺灣語言混合所產生的混用地名。不同的語群接觸的時候，當優勢族群的語言使用頻率高時，會產生優勢語言取代弱勢語言的現象，亦或是產生語言融合的現象。此篇討論臺灣語言混合的現象，分為臺日用語混用地名、閩客用語混用地名、泉漳用語混用地名，分析討論並舉出數例，如九房厝、七座厝等佐證。臺灣混合地名的產生可用來說明一個民族與其他民族語言接觸而形成的歷史遺跡，人們的活動都在地名裡留下痕跡。

五、〈語言與地名——以臺灣為例〉

陳國章著。此篇論述不同語言對臺灣地名的影響，陳國章將這些影響臺灣地名的語言分外國及本國語言，外國語言有荷蘭語、西班牙語、日語；本國語言有漢語的閩南語、客語及非漢語的平埔族語、高山族語，並提出具有眾多音、字、義不符合的地名，且舉出數例為證。陳認為在外國地名中，因日治的時間最長，因此影響也最大，而在本國語言的影響有二：其一，閩客語言的差異，產生涵義相似，文字卻不相同的地名；其二，漢人移入後翻譯原住民地名，這些地名需透過原始發音才能了解涵義。臺灣地名受到眾多語言的影響，致使地名中蘊含著濃厚的異國色彩，研究地名者，一定得閱讀此篇，此篇以啟發筆者思考的方向，幫助不少。

六、〈用臺灣語言為臺灣地名做一些考證〉

范文芳著。此篇內容可分四部份,首先臺灣語言定義,說明臺灣語言包括閩南方言、客家方言、臺灣國語及南島語言系內之臺灣各族原住民語言,其次敘述命名與語言的關係,亦闡述語言中的詞彙及語法宣示了語族的自然觀和價值觀,最後舉例臺灣地名的訛誤,舉出漢譯非漢語時出現之訛誤、日譯臺灣語地名時出現之訛誤、客語借用閩南語來命名、中國北方官話對臺灣地名之訛誤與篡改的例子。此篇從語言學的角度來探討臺灣地名訛誤的現象,對研究地名者,具有啟示作用。

七、〈從殘存之舊地名來看竹塹開發史〉

范文芳著。此篇文章研究竹塹地區的舊地名,首先為地名定義,說明地名的形成,敘述地名的構詞反映當地居民之生活方式和價值觀及地名表現出當地人的命名風格,且從地名的改變之歷史,來看各族群,包括原住民、漢人移民、洋人、日本、中國的命名風格;此外,從「頭前溪」這個名稱來看竹塹地區的開發歷史,並將竹塹地區閩、客地名作一番比較,范氏認為從未修改過的舊地名,可以追尋原住民、閩南、客家移民勇敢、樸實、有理想的民風,也可看到族群之間有爭逐也有合作的經驗。其中,范文芳從地名的改變之歷史,來看原住民、漢人移民、洋人、日本、中國話的命名風格,最引起筆者的注意,也啟發筆者許多的想法。

結　語

本章是就前人在「臺灣閩南語地名」及其地名相關的文獻作一回顧,期能從前人的貢獻中,找到本論文的研究依據,並期能補其不足之處。然而限於篇幅,無法一一列出,從以上地名著作來看,發現臺灣地名起源、歷史沿革的文獻資料不在少數,已提供相當豐富的資料。然其中從語言學的角度研究地名之著作並不多,其中陳國章所著《臺灣地名辭典》及《臺灣地名學文集》,以語言學的研究方法為主,紀錄臺灣閩客地名的音與義,相當有助於語言學的研究,故本文以之作為取材的範圍之一,從語言學的角度來研究地名,建立系統化的研究,是仍需努力之處。

就筆者所知,目前尚未見到以臺灣閩南語地名的學位論文出現,或許是

從語言學的角度來探討臺灣閩南語的地名，意義十分重大，撰寫本文起來，也更加戰戰兢兢。

第三章　臺灣閩南語地名之命名依據

第一節　臺灣閩南語地名的定義與分類

　　地名（Place Names），英文亦作 Geographical Names（地理名稱），又稱 toponym。研究地名的學科稱為地名學，英文稱為 toponomastics 或稱 toponymy，地名學是對地名起源和意義的研究，toponym 一詞源於希臘語 topos（地方）和 ounouma（名稱），它是專有名詞學（即所有種類名字的研究）的分支。〔註1〕

　　地名是人類歷史發展下的產物，是人類生活交際活動中不可缺少的，它和我們的生活息息相關，但「地名」是什麼呢？以下從文獻及一些學者對地名的說法，來探討地名的定義。

一、「地名」一詞的出現

　　地名的出現已經有相當久遠的時間，遠在文字尚未出現前，地名即已產生。然而「地名」一詞究竟是何時出現呢？就文獻記載中，「地名」一詞最早見於戰國時期的《周禮》。〔註2〕但在當時的地名並不是現代意義地名的概念。《周禮》卷三三《夏官司馬第四》：「邍〔註3〕師，掌四方之地名，辨其丘、陵、

〔註1〕 此句出自 http://en.wikipedia.org/wiki/Toponymy。原文如下：Toponymy is the taxonomic study of place names, their origins and their meanings. The word is derived from the Greek topos, place, and *ounouma*, name. It is itself a branch of onomastics, the study of names of all kinds.

〔註2〕 華林甫：《中國地名學史考論》，社會科學文獻出版社，北京，2002.2 初版，頁 15。

〔註3〕 邍，愚袁切，地之廣平者。

墳、衍、邍、隰之名。」，當時邍師掌管四方的地名是指具體的丘名、陵名、墳名、衍名、邍名、隰名，當時地名的意義沒有現在豐富，範圍也較狹窄。

東漢初年，班固著《漢書‧地理志》後，使「地名」的概念由模糊而清楚，《漢書‧地理志》是第一本解釋地名淵源的書，也是第一部有關地名研究的代表作，書中收錄了約 4500 個地名，是對前代地名沿革的承續與變異的總結，不僅如此，其中又記錄了四十多種的地名通名，累積了地名的知識，使地名的概念和意義清楚而完善，在班固的《漢書‧地理志》後，研究地名的著作也漸多。

二、地名的形成

世界萬物，經過人類的接觸和認識，指稱和交際的需要，這是名稱產生的必要條件（李如龍，1998：1）。一個族群在一個地區生活，他們用自己的語言、傳統習慣、價值觀、認知與願望對自然景觀與人文事物，包括人、動植物、用品、地域等取一個稱呼，閩南語稱爲「號名」，形成族群特有的詞彙。地名即是在這樣的背景下形成的，是把某個地方、某個地點取一個名稱，方便自稱或向他人指稱，並經過一段時間，得到多數人認同後確定。

遠在文字尚未出現時，地名已經出現在人們的口語中，地名的形成通常是最早開拓或定居的人所命名，不是一朝一夕間突然形成，早期的地名是以地表實體爲命名的依據，往往僅標記著小範圍的地域，而現今許多大範圍的地名，都是由小地名衍化而成。

地名是由專名形成或由普通名詞形成的呢?有以下兩種不同的觀點：布龍菲爾德在《語言論》提出：「一切的名稱起初都是專名，也就是僅僅指一件實物」（1980：140），又洛克認爲人們所創造的名稱都是由具體的特指而發展到抽象的泛指（李如龍，1998：79）〔註4〕，如此說來，早期地名應該是專名，單指一特定的對象。然而另一方面，德國萊布尼茲則以爲：「那些專名的起源通常本是通稱，即一般名詞」（李如龍，1998：79）〔註5〕，又蘇俄學者朱奇格維奇提出他對地名形成的觀點，朱氏認爲地名屬於專有名詞類，它是在語言發展的一定階段和比較晚的階段上由普通名詞形成的。早期專有名詞少，多半是普通修飾性詞組起專有名詞作用，所以早期多半是普通修飾性詞組作

〔註4〕李如龍引洛克《人類理解論（下）》，關文遠譯，商務印書館，頁311。
〔註5〕李如龍引德人萊布尼兹《人類理解新論》，陳修儒譯，商務印書館，頁311。

爲地名，但表示具體地理事物的詞和固定詞組的數量有限，因此普通修飾性的詞組就獨立變成專有名詞。此外，他提出地名的形成與普通概念的具體化和個性化有關，認爲地名必須經標記在一個具體的事物上，因而成爲個別的概念，也就是說地名是由過去的普通名詞經具體化及個性化的過程而形成專有名詞。〔註6〕

　　從以上的論述看來，那麼地名究竟是由專名形成還是由普通名詞形成呢？答案恐怕沒有那麼絕對，不同時期會有不同的答案。由人類思維發展過程來看，在原始的社會中，人類對事物的認識由具體到抽象是比較符合邏輯的，以漢語的觀點來看，早期漢語的「江」指的是長江，「河」指的是黃河，「江」、「河」在早期皆是專名，綜合上述，在早期的社會而言，布龍菲爾德、洛克認爲名稱起初是專名是合理的，在早期地名應該是由專名所形成的，人類爲各類事物命名時，表現出人們認知活動的成果。然而，人們在命名時固然是客觀的呈現出他們具體的感受，但同時也受到心理的影響，人們根據各類事物的概念推理、綜合、分析，甚至歸類出他們科學性的認知。簡單的說，在地名發展的後期經由人們整理，將同一類的普通名詞的地名歸納在一起，且依照歸類後的普通名詞再造出地名，因此早期地名多是專名形成，到後期才出現由普通名詞轉變成的地名，因此地名的形成有些是由專名形成，有些是由普通名詞形成。

三、「地名」的定義

　　「地名」的定義是什麼呢？筆者試從以下數位學者，針對他們對「地名」的觀點及想法找到理據，並爲臺灣閩南語地名下定義，以下舉出各個學者的看法：

（一）陳國章

地名（place-name）是人類對一特定地點或地區所賦予的專有名稱〔註7〕

又：

地名乃由居住該地的居民，或由該地有關的人們，使用他們的語言

〔註6〕朱奇格維奇，崔志升譯：《普通地名學》，北平：高等教育，1984年，頁9。
〔註7〕陳國章：《臺灣地名學文集》，臺北：師大地理學系，1995年，序。

所命名者。〔註8〕

又：

地名係人和地相互結合的結果。其源起和「人」所居之地的環境特色或「地」上所居之人的文化背景有相當密切的關係。例如，散布於臺灣各地迄今廣泛在民間使用的舊地名。〔註9〕

（二）池永歆

地名是人類對其生活世界中各種自然景觀與人文景觀加以命名所得的人文物，地表上的不同地名在一定程度上，可反映該地理區加以命名之文化群體的特質；此外，地名也可隨著時間向度的增加，而積澱了文化歷史的深度。藉由地名的深入解讀，往往可以探究出，該地特有的文化歷史內涵與人文發展脈絡（池永歆，1997：7）。

（三）穆爾扎耶夫

地理名稱是與其他詞不同的一部分詞彙，它們不帶有可感覺的意義，而擔負標記地理事物的職能。（朱奇格維奇，1983：14）

（四）常敬宇

地名是一種文化現象，因爲地名眞實反映了民族的地理、歷史、語言、文化，同時也反映民族的心態和風俗等。〔註10〕

（五）周振鶴・游汝杰

地名是人們在社會中給實體、行政區域或居民點所起的名稱。我國的漢語地名、少數民族語言地名、方言地名，它們往往帶有強烈的地方色彩。〔註11〕

（六）馬曉東

地名最初是隨著社會發展和語言發展的一種社會現象，是人們由於生活和生產的需要，在長期觀察、改造客觀世界的實踐中所共同約

〔註8〕 陳國章：〈臺灣地名的特色〉，第一屆本土文化學術研討會論文集（下），1994年，頁509。
〔註9〕 陳國章：〈臺灣以蔬菜爲名之地名的特色〉，《地理教育》18期，1992年，頁5。
〔註10〕 常敬宇：《漢語詞彙與文化》，北京市：北京大學出版社，1995年，頁186。
〔註11〕 周振鶴・游汝杰：《方言與文化》，臺北：南天書局，1990年，頁135。

定的，代表某一地域的語言符號。〔註12〕

（七）李如龍

地名是一定的社會群體為特定地域所約定的專有名稱，各種類別、
各種層次的地名形成一定的系統，這些系統與地域的自然環境有
關，反映了現實和歷史的社會生活特點。地名有命名時初始意義，
也有命名後隨著地域馳名而獲得的特徵意義，但地名最重要的基本
含意，還是在指明一定地域的方位、範圍、和所屬的地理類別。（李
如龍，1998：6）

又云：

地名是歷史現象，作為交際工具，地名與其它語詞口耳相傳，世代
相因，只有保持穩定才能發揮社會職能。地名又是人們對地理空間
的特定方位所概括的符號，隨著社會生活的發展，地理環境不斷被
改造，人的認識也不斷的變化，地名就必然有所更革。地名符號的
穩定性和變異性的矛盾和統一構成了它的歷史發展。〔註13〕

（八）趙介民

地名是人類社會活動須臾不能離開的交際工具，不同的民族對居
民地和自然地理實體的命名或更名，必然採用本民族語言，強烈
地表現本民族的生產、生活和信仰。地名的社會性、民族性和相
對穩定性，使現存地名不僅刻印著留居開發民族的豐碑，也才留
著過去遷徙或消亡民族的足跡，它和出土文物一樣，起著歷史認
證作用。〔註14〕

綜合上述學者對地名的定義，筆者歸納出形成地名的幾項條件：

1、產生背景：基於人類生活交際的需要而產生。

2、來源：地名是人們對地表實體所起的名稱，多與自然環境、社會人
　　文有關。

3、語源：各地地名帶有族群語言及地方色彩。

〔註12〕馬曉東：〈地名的起源、發展與演變〉，《地名知識》總第 72 期，1991 年第 2
　　　　期，太原：地名知識編輯部出版，頁 17。
〔註13〕李如龍：《地名與語言學論集》，福建：地圖出版社，1993 年，頁 9。
〔註14〕趙介民：〈地名是民族語言遷徙的腳步〉，《地名知識》總第 76 期，1991 年第
　　　　6 期，太原：地名知識編輯部出版，頁 37。

4、風格上：反映該地命名之文化群體的風格。

5、使用上：需經由人們約定俗成，使用頻率高。

6、邏輯上：是人類對地理環境的認識。

7、功能上：擔負標記地理事物的職能，特指一個具體的地域及反映民族的地理、歷史、語言、文化及民族的心態和風俗等。

8、變異性：隨著地理環境及社會生活的變化而變更。

根據上述學者對地名的定義及歸納出的地名的條件，筆者試著為地名下定義，筆者認為：

地名基於人類生活交際的需要而產生，是族群用自己的語言對地表實體，包括自然環境、社會人文特徵所起的名稱，擔負標記地理事物的職能。地名反映民族的地理、歷史、語言、文化及民族的心態和風俗等，也隨著時間、地理環境及社會生活的變化而變更。

前面我們討論了地名的定義，那麼臺灣閩南語地名定義為何呢?就筆者所收集的語料、文獻當中，到目前為止，尚未有學者明確指出臺灣閩南語地名的定義，然而從前面所探討地名的定義來看，臺灣閩南語地名是通行於臺灣地區，指的是閩南人用他們的語言為臺灣某一地域所取的名稱，具有臺灣的地域性特色及反映閩南人語言的特點。從廣義來說，臺灣閩南語地名是在臺灣以使用閩南語所稱說的地名，即是臺灣閩南語地名；但若狹義來說，臺灣閩南語地名必須係由臺灣的閩南人用其語言為某地域所取的名稱，方能稱為臺灣閩南語地名。前面我們討論地名的定義，了解地名是人們對自然環境、社會人文環境所起的名稱，反映民族的地理、歷史、語言、文化、民族的心態和風俗。

筆者綜合前述地名的定義，試著提出臺灣閩南語地名的定義：

在臺灣以閩南語所稱說的地名，即稱為「臺灣閩南語地名」，能反映閩南文化群體的語言特點及民族色彩。

四、臺灣閩南語地名的分類

地名的分類自古以來皆是受討論的重要主題之一，地名分類的研究一直以來有不同的分類方法，且依不同的標準會有不同的分類，以下分別就各家的分法敘述之：

（一）陳國章將臺灣地名的起源，區分為兩類：

1、以居住之原始地形、方位、地點、氣候、天然植物、野生植物等自然特色作爲命名依據者,如大坑、東勢、埔心、恆春、松柏林、山豬湖等。

2、以「地」上居民的地緣、血緣、拓墾、水利等關係或產業活動的特徵作爲命名依據者,如陸豐、蔣厝、頭圍、大坡、田子、牛稠、蚵子寮、瓦窯等。(陳國章,1992:5)

(二)陳正祥將臺灣地名的來源分類,歸納出七類:

1、地形地名

2、方位地名

3、示意地名

4、紀念地名

5、聚落地名

6、特產地名

7、複合地名。〔註15〕

(三)林衡道對臺灣地名的分類:

1、平埔語、山地語地名。

2、從祖籍移植而來的地名。

3、與荷蘭、西班牙有關的地名。

4、與鄭氏之統治有關的地名。

5、與地形有關的地名。

6、與移民墾殖有關的地名

7、與漢番雜居有關的地名

8、與移民村落有關的地名。

9、與建造物有關的地名。

10、與生產物有關的地名。

11、與重要史實有關的地名。

12、傳說故事爲地名。〔註16〕

(四)蘇俄學者朱奇格維奇依地名的普通名詞固定下來特徵的特色,將地名分爲八類:

〔註15〕陳正祥:《臺灣地名辭典》,臺北:南天書局,1993年二版一刷,頁375。

〔註16〕林衡道:〈臺灣地名的分類〉,《臺灣文獻》27卷4期,1976年,頁50~52。

1、在地面的自然條件，包括地貌、土壤、植物等。

2、社會和經濟現象，包括人種的組成、勞動習慣、交通運輸、親屬關係等。

3、表示事物本身的特點，包括大小、年齡、特徵、位置、性質等。

4、父系姓氏地名

5、移民地名

6、宗教和文化性質名稱

7、紀念性和象徵性地名

8、無法歸類地名。（朱奇格維奇，1983：101）

（五）王維屏將漢語地名語源用詞分為九類：

1、與水有關的地名。

2、與地貌有關的地名。

3、與地理位置有關的地名。

4、形象化地名〔註17〕。

5、與經濟有關的地名。

6、從組合的地名中，各取一字組成的地名。

7、以吉祥字組成的地名。

8、與歷史有關的地名。

9、與迷信神話和傳說有關的地名。〔註18〕

（六）李如龍把地名依據結構、語用、語源、命名法加以分類。（李如龍，1993：40）

　　1、依語源分類：

　　　　（1）共同語地名〔註19〕

　　　　（2）方言地名

　　　　（3）民族地名

　　　　（4）外來語地名。

　　2、依語言結構分類：

　　　　（1）原生地名：

〔註17〕 這裡所指的形象化地名是指那些一看即知道涵義的地名，如龜山島，即可了解遠看如海龜在浮游的意思。

〔註18〕 王維屏：《中國地名語源》，江蘇科學技術出版社，1963年第一版，頁9。

〔註19〕 李氏的共同語指現代漢語共同語，即大陸之普通話，臺灣之國語。

　　　　a、單純詞；b、複合地名；c、詞組地名。

　　（2）相關地名：

　　　　a、轉類地名；b、仿造地名；c、派生地名（附加、拼合、緊縮）。

　3、依語用分類：

　　（1）歷時分類：

　　　　a、現實地名；b、非現實地名。

　　（2）虛實分類：

　　　　a、實體地名；b、虛擬地名

　　（3）共時分類：

　　　　a、通用地名；b、非通用地名（舊稱、簡稱、別稱、俗名）。

　4、依命名法分類：

　　（1）描述性地名：

　　　　a、表示地理位置；b、描述自然景觀；c、說明自然資源。

　　（2）記敘性地名：

　　　　a、敘述文化景觀；b、紀錄人物族姓；c、記載史實傳說。

　　（3）寓托性地名：

　　　　a、觀念地名；b、意願地名；c、感情地名。

　　綜觀上述學者的分類，大多數僅以地名命名方法分類，無法呈現地名的本質特徵，而其中以李如龍分類最爲詳細。筆者認爲地名分類必須用不同的角度來作分類，才能充分反映地名與自然現象及社會現象的關係，因此筆者主要參考李如龍對地名的分類，試將臺灣閩南語地名進行分類如下：

　1、依產生時間分類

原住民時期	如：烏來、大肚。
荷、西時期	如：富貴角、三貂角。
明、清時期	如：石牌、頭城。
日治時期	如：玉井、清水。
光 復 後	如：信義鄉、博愛路。

2、依語源分類

漢語地名	閩語地名	如：王厝廍、泉州厝。
	客語地名	如：伯公崗、田窩仔。
	華語地名	如：永安里、新光里。
非漢語地名	原住民語地名	如：北投、暖暖。
	西洋語地名	如：三貂角、富貴角。
	日語地名	如：萬華、池上。

3、依地名使用分類

歷　時	非現時地名	如：打狗、打貓、半線。
	現時代地名	如：高雄、屏東、彰化。
共　時	政區地名（文字地名）	如：嘉興村、豐興村。
	民間地名（口語地名）	如：茄苳腳、廍前寮

4、依命名法分類

描述性地名	表示地理方向	如：臺西、田中。
	表示地理位置	如：後壁厝、溪口。
	描述自然景觀	如：沙崙、龜山。
	描述物產氣候	如：金山、風吹沙。
記敘性地名	說明自然資源	如：礦山、鹽埕。
	敘述文化景觀	如：阿公店、瑞芳。
	紀錄人物族姓	如：林鳳營、吳厝
	記載史實傳說	如：爽文路、補城地。
寓托性地名	觀念地名	如：仁德、尚義。
	意願地名	如：福隆、福興。
	感情地名	如：觀音山、相思仔腳。

5、依地名內容分類

自然環境	地形	地形	如：三角嶺、溪洲。
		形態	如：牛眠山、鳳形山。
	氣候		如：恆春、飛沙。
	方位	方向	如：東港、西港。
		位置	如：山腳、崁頂。

	物產	礦物	如：鹽埕、金仔空。
		植物	如：蘆竹湳、大欉榔。
		動物	如：山豬湖、牛埔。
	移民	地緣	如：泉州厝、安溪寮。
		血緣	如：黃厝、邱厝厝。
	語言譯音	歐人譯音	如：三貂角、富貴角。
		原住民譯音	如：東埔、麻豆。
		日人譯音	如：金崙、高雄。
人文環境	事蹟	歷史事蹟	如：爽文路、斗換坪。
		個人事蹟	如：林鳳營、林圯埔。
	建築物		如：關廟、王爺宮。
	聚落機能		如：油車、鹽行。
	交通	陸路	如：中路、橋頭。
		水路	如：新港、南港。
	墾殖	灌溉設施	如：水梘頭、水汴頭。
		土地面積	如：二甲、三張犁。
		屯田制渡	如：營盤、七股。

五、地名與人名的比較

語言作為人類的交際工具，而同為語言詞彙一部分的地名與人名，兩者有許多相似之處，因此筆者試藉由將地名與人名比較其異同之處，期能更了解地名的內涵，以下試列出地名與人名的異同：

（一）地名與人名相同之處

1、數量都龐大

地名和人名數量相當龐大，要比一般名詞多，因此要整理出一個系統，如此才能系統化，也才能方便使用。

2、皆是專有名詞

地名和人名皆是專有名詞，地名所指的是一個特定地域所在位置的名稱；而人名是指某一特定人物的名稱。拼音文字中把專名的首字母改為大寫，就是為了區別一般的泛指和具體的特指（李如龍，1998：1）。

3、皆是人類生活的交際工具

地名和人名都是在文字產生前，即已開始使用，兩者也皆是為了指稱和交際的需要而產生的，所以說地名和人名是基於人類生活的需要而產生的交際工具。

4、皆有正名及俗名

地名和人名相同之處，還有一點即是地名和人名皆有正名及俗名，以地名來說，正名是官方頒佈的標準地名，俗名是民間通行的口語說法，這有點像人名中的「官名、大名」和「小名、乳名」，也像一般詞語中的書面語詞和口頭語詞的關係，正名用於正式場合，用於書面，用於與外人交流；俗名則用於本地人日常口語交際之中（李如龍，1998：43）。例如：雲林縣褒忠鄉又稱埔姜崙，褒忠鄉即是正名（政區名），埔姜崙是俗名（民間地名）。以人名來說，正名為人們身分證上的名稱，而俗名即為乳名或綽號的意思。

（二）地名與人名相異之處

1、非所有地域皆有名稱，但人們在社會交際都必須有名稱

地名和人名皆是專有名詞，也皆是人類生活的交際工具，但地名和人名又有許多不同，從社會交際面來看，人們在人類社會中生活都必須有名字，然而以地名而言，卻並非所有地域皆有名稱，例如無人到達的深山，遠洋往往就沒有名稱，基本上地名因交際需要而產生，無人到達的深山、遠洋，因此也就不需要地名，這是地名和人名不同處其中之一。

2、從命名來看，地名的命名有較客觀的依據；人名則取決於人們主觀的意識

地名的命名多半取其與當地自然環境，如地形、物產等，或人文歷史相關的名稱，因此地名取名有較客觀的依據，例如臺北市圓山，從圓山這個名稱即可明白當地有丘頂圓形的山丘，故命名為圓山；又鹿寮，從鹿寮這個名稱也推知此與鹿相關的茅寮作為地名。而人名的命名則沒有客觀的依據，幾乎可以說是取決於人們主觀的意識，有些人在為新生兒取名時會求助於姓名學，但最後的決定權仍屬於個人的主觀意識。

3、從名稱形成來看，地名須經人們約定俗成；而人名不須經人們約定而成

地名的命名和人名相比有較客觀的依據，且地名需經過人們約定俗成，

荀子云：「名無固宜，約之以命，約定俗成爲之宜」，在地名形成後，必須經過人們約定俗成，在社會群體中共同使用，才能推行使用久遠，倘若地名形成後，少爲人們使用，那麼久之這個地名就會爲人遺忘。至於人名在命名後，是不須經人們約定而成。

4、地名的使用可長達數千年；而人名的使用通常不過百年

從使用的時間來看，地名的使用有的延用了千年仍不改其舊，例如大陸四川的成都、山西的襄垣等；而人名的使用通常不過百年，除因人的壽命因素外，還有其他如沉迷姓名學、逃亡或躲債等外在因素，影響人們改變其姓名。

5、從穩定性來看，地名較具穩定性；人名變異性較高

地名是歷史的產物，它有變化的一面，也有穩定的一面。地名和人名相比，地名比人名更具穩定性，前面提及地名的使用可長達數千年，人名則通常不過百年，而且人名的變異性極高，尤其近年來流行姓名學，許多人認爲改名可以改換運勢，因此改名之風大吹，造成人名的變異性更高。

6、從使用頻率來看，地名較人名使用率高

地名是因社會交際的需要而產生，所以說地名是語言中相當重要的社會交際工具，而這個工具表現的就是它的廣泛性。在人們的談話中，使用地名的頻率是相當高，幾乎每人每天都會用到地名，反之，一般而言，除了特定公眾人物外，人名的使用率是低的多。

7、從文化內涵的角度來看，地名較人名更具反映族群自然、人文特點

有些地名取其當地自然環境、人文歷史相關的名稱，有些以當地自然景觀，有些以當地的歷史事件、當地著名英雄人物、當地傳說、當地族稱等能表現出當地人文特點的名稱作爲地名，因此相較人名而言，地名比人名更具有反映自然及人文特點。

第二節　臺灣閩南語地名的語言背景

任何一個國家，任何一個地方，其名皆有其命名的起源，亦有其原因。〔註20〕在臺灣這塊土地可說是少見的大融爐，種族的不同展現出來的文化特

〔註20〕洪敏麟：《臺灣舊地名之沿革第一冊》，臺中：臺灣省文獻委員會，1980 年，頁 3。

色，五花八門（洪英聖，1995：5）。此外，三百七十多年來，曾歷經外來政權的殖民統治，地理、歷史的特殊性，體現且遺留在地名上，各族群的語言直接或間接的影響著臺灣閩南語地名，首先有平埔族高山族的原住民語言，其次有西洋人如葡萄牙人、荷蘭人、西班牙人以其語言命出特殊的西洋地名；日人據臺時，產生日式的地名；隨後國民政府來臺又取華語地名，因此臺灣閩南語地名的語言層次可分為原住民語地名層、西洋語地名層、日語地名層、華語地名層，臺灣閩南語的地名具有反映不同族群、不同時期的風格，紀錄著百代過客的足跡，透露著不同的語言特色。

　　對於了解地名的得名之由、演變因素和各地與自然社會的變遷都有重要的意義，以下試就臺灣閩南語地名的語言背景加以分析探討。

一、原住民語地名層

　　十七世紀荷蘭尚未佔領臺灣前是原住民的時代，陳正祥：「1603 年陳第著（東番記）時，在西南沿海雖已有少數漢族的漁夫、商販和先驅農民，但所佔比例不過百分之一二」（1993：361），臺灣的原住民分為平埔族（熟蕃）和高山族（生蕃），當時無文字、歷史記載，各部落散居各地，處於頭目的統治，許多地名因無文字記載，僅以口語傳續，孫元衡《赤崁集》：「臺地諸山皆從番語譯出」，事實上不僅山名，即使一般地名亦多如此。臺灣閩南語地名中有許多地名是音譯自原住民語社名，閩南人來臺以後。以音近的漢字，音譯原住民社名作為地名。音譯的地名是將原名用同音、近音的漢字譯出或是省略原名一部分，許多地名一見頗似閩南人命名，大部分是假借或轉訛而成。閩南人將原住民語言命名的社名，以沿用原名讀成漢音，寫成漢字，從語言學的角度來看稱為「底層」的現象，舉例如下：

　　（一）凱達格蘭族（ケタガラン）

　　　原住民社名（漢譯地名）

vanka〔註21〕（艋舺）	patsutao（北投）
kimari（瑪陵）	namukamu（南崁）
samatau（沙蔴廚）	chipari（芝芭里）

〔註21〕原住民社名部分皆出自安倍明義《臺灣地名研究》日文版，臺北：番語研究會，1938 年，筆者將原書中片假名轉譯為羅馬拼音。

takara（大加蚋）　　　　　　tatayu（搭搭攸）

（二）噶瑪蘭族（カヴアラン）

hetabutabu（踏踏）　　　　　hipariru（擺厘）
hematarin（瑪僯）　　　　　herizao（里腦）
hemuraurau（流流）　　　　　hetsukarayawan（加禮宛）
hiyawai（歪子歪）　　　　　hibokao（奇武老）
heparau（吧老鬱）　　　　　hemizitan（奇立丹）
hedekanan（利澤簡）　　　　hetaduoan（打那岸）
hibanuran（奇武蘭）　　　　Hetobaiyatsu
toupayatsupu（抵百葉）
heburuwan（奇武暖）　　　　heshinahan（新子罕）
hetarabi（打那美）　　　　　hetsutarin（南搭吝）
hitorubian（哆囉里遠）　　　machitenrotsu（蔴友鎮路）
heshinahohan（新罕羅罕）　　hemurubuhan（貓里霧罕）
hedumihoku（抵美福）　　　　hetsutonurikan（珍珠里簡）
hibanakabatsu（屏仔貓仔）　　hetsupohan（穆罕穆罕）
heburuyan（瑪荖武煙）　　　　heburushinawan（波羅辛子宛）

（三）道奧卡斯族（タオカス）

vari（貓里）　　　　　　　　owanri（苑裡）
pari（房裡）　　　　　　　　vau（貓盂）
tonshiau（通霄）　　　　　　auran（後壠）
taika（大甲）　　　　　　　kashiko（加志閣）

（四）巴塞赫族（パゼッヘ）

tarienu（搭連）　　　　　　　atav（阿罩霧）
furuton（葫蘆墩）　　　　　　aoran（烏牛欄）
varizan（蔴裡蘭）

（五）伐普蘭族（ヴプラ）

guma（牛罵）　　　　　　　　soara（沙轆）
toato（大肚）

（六）波布沙族（ポヴオサア）

vavsaga（貓霧揀）　　　　poasoa（半線）

machirinu（馬芝遴）　　　tanrue（東螺）

vairi（眉裡）　　　　　　zina（二林

（七）阿里昆族（アリクン）

varo（貓羅）　　　　　　taivkunu（大武郡）

（八）羅茲亞族（ロツア）

taniau（打貓）　　　　　tauraku（斗六）

saire（西螺）　　　　　　tariv（他里霧）

torokoku（哆囉嘓）　　　tsurousan（諸羅山）

bosurimu（布嶼稟）

（九）希萊耶族（シライヤ）

chiyakamu（赤嵌）　　　toukau（卓猴）

moatau（蔴荳）　　　　　opu（芋匏）

shiauran（蕭壠）　　　　auon（漚汪）

tavokan（大目降）　　　toavran（大武壠）

pansoa（放索）　　　　　tapani（噍吧哖）

vakarawan（目加溜灣）

（十）馬卡泰奧族（マカタオ）

takao（打狗）　　　　　akau（阿猴）

aka（阿加）　　　　　　tarau（搭樓）

tapuien（大傑顛）　　　vroku（武洛）

riri（力力）

　　閩南語音譯地名除了有音譯自平埔族社名外，還有音譯自高山族社名，
限於篇幅無法一一列出。另一方面從原住民地名意義來看，可以探求其命名
的文化意義，日人伊能嘉矩指出：「於臺灣之土蕃其地理性思想固然渾沌，但
尚懂得對於其部落及山河、丘原等，給予一定之名稱，而現今其意義不明瞭
者，爲數極多，此現象均由於語言今昔之變遷、轉訛所致」，（伊能嘉矩，1908：

360）目前保留下來的原住民語地名，有許多已不明其義，無法追溯。筆者試就其可得知的原住民地名的命名意義，將其分為自然環境與人文環境兩大類，並舉例如下：

（一）自然環境

從可文獻中可探得的原住民地名中，從其地名來源在自然環境類的地名大致可分為地形、地物、與水相關、動物、植物五種。

1、地形方面

噶瑪蘭族：kavaran（平原）、himachitenrotsu（低地）、hetsudubukan（浮地）、hetsupohan（沙崙）、hedumihoke（泥地）、hemarubuhan（海岸）。

泰雅族：gukutsu（鍋狀地）、doreku（階梯地）、kuru（凹地）、puranaho（緩斜地）、daorashi（斷崖）、tsubura（崖下臺地）、repokku（山腰窪地）、hogo（豬尾狀地）、russau（平坦地）。

布農族：honko（山稜凹下處）、sakusaku（崎嶇地）、habi（鞍部）、bakurau（平地）。

排灣族：chiokoziyoru（谷）、chiarishi（急斜地）、makazayazaya（斜坡上方）、badain（崖下突出角狀小平地）。

阿美族：arakomai（突出狀平地）、matarimu（山間窪地）、karara（地形像籠）、dabudabu（傾斜地）、harawan（山嶽重疊）。

2、與水相關

噶瑪蘭族：hibanuran（河川）、heshinahan（河邊）、hetobaiyatsu（溫泉）、hiparira（埤塍）、hetabutabu（濁水、無水）、heparau（溫泉）、hemuraurau（水沖）。

泰雅族：rimgan（曲流）、habun（急流）、tohen（河曲）、ririyun（河岸）、teirikku（瀑布）、urai（溫泉）、sikayan（池）。

布農族：rakuraku（溫泉）、masubouu（合流點）、bakurasu（河岸）、haion（臭水）。

阿美族：kachirai（鹹水）、makutaai（濁水）、（ansoho）臭水、shiatebu（瀑布落下擊溪石聲）。

3、地　物

泰雅族：bantonchu（石頭）、tashiri（岩石）、pinsubukan（裂岩）。

布農族：namosan（赤土）、kariboan（石灰）。

4、動　物

噶瑪蘭族：hemizitan（鯉魚）、hibanuran（鳩多處）。

泰雅族：pakari（鳶巢）、shikarahan（小魚）、sunmekku（虱子）、iboho（小鳥名）、karabai（山蜂）、mukabuburu（豬膀胱）、mukatata（蟲鳴聲）。

布農族：oktou（蜂巢）、karan（蟹）、habaan（獸肉）、ishirou（紅蟻）、babaino（蜜蜂）。

排灣族：chiyokomarisu（捕鷹地）、ziyomoru（獸類聚集地）、kuraragao（蒼蠅）、tsutsuranu（蛙）。

阿美族：chirarikohai（烏龜）、peshirien（山羊）、pakaraatsu（小魚名）、koyo（山貓）、mantsuran（羌仔）。

5、植　物

噶瑪蘭族：herizao（臭木）、heburushinawan（竹）、hetaragan（梶木）、hiyawai（藤）、hedubdubi（毒藤）。

泰雅族：batakan（竹）、raga（楓樹）、bokorohu（鬼茅）、keihui（榕樹）、sado（栗）、seraokanihu（百日紅）、burayau（草名）。

布農族：bunbvn（芭蕉）、rito（山枇杷）、konmutsu（樹名）、babahuru（桐樹）、ranrun（山椒）、tarunas（小竹子）。

排灣族：mahiyogau（草名）、torokowai（藤）、chiyobao（莿桐樹）、borigatsuto（草茂生地）、tcbutobusu（爛心木）。

阿美族：ropakatsu（山牛蒡）、tabukoru（楠木）、chiarachiaran（樹名）、bataan（樹豆）、bakon（草名）、chihaku（蓬萊紫）、oarippu（萱名）。

（二）人文環境

在人文環境類的地名可分為人名、建築物、用具、歷史與傳說事件四種。

1、人　名

噶瑪蘭族：hetarabi（婦人名）、hetaduoan（婦人名）、hemurubuhan（頭目

名）。

泰雅族：butonokan（頭目名）、takonan（祖先名）、tarakkas（祖先名）、
　　　　yabagan（婦女名）、buyon（頭目名）。

布農族：kaiton（祖先名）、mishikowan（拓墾者名）、barobo（祖先名）、
　　　　ibao（人名）。

阿美族：karoro（人名）、toreku（創社者名）、piyan（人名）。

2、建築物

噶瑪蘭族：hibokao（木造小屋）。

泰雅族：kinebo（碉堡）、hagaparisi（掩堡）、kanagan（木柵）、tarowan
　　　　（舊跡）。

布農族：asanraigau（大社）、asanraiga（本社）。

排灣族：tebabao（高臺上的社）、mariburu（岩上的社）、kataburan（深山
　　　　的社）。

阿美族：pikakasauwan（瞭望處）、pasogan（刈草建社）。

3、用　具

凱達格蘭族：vanka（獨木舟）。

噶瑪蘭族：heburayan（籠子）、hetsutonurikan（烏老珠）。

泰雅族：battoru（貝殼耳飾）、togan（火隧石）、koro（桶）。

布農族：hairaro（木篦）、tonbo（斧頭）。

阿美族：sappa（食桌臺）。

4、歷史與傳說事件

噶瑪蘭族：hematarin（死地）、hezimama（製鹽地）、hetsusautsu（大喝傷
　　　　　腿）、hezukanan（休息處）。

泰雅族：koran（通過）、kinrowan（往返）、mekaran（發現臼齒地）、koropain
　　　　（敵首）。

阿美族：mikaroruan（洗頭之處）、kariparawan（迷路過之地）、murogan
　　　　（發生皮膚病之地）。

　　至今所存之原住民語地名中，筆者發現臺灣平埔族的地名除了噶瑪蘭族
保留較多的命名起源意義外，其他族群地名意義大部分已流失，相較於平埔

族而言，高山族則保留下較多的地名意義。牛汝辰：「一種語言的地名在接受語中，由於語音的變化變得毫無含義或原義難尋了，這在民族區或歷史上民族更替、遷徙頻繁的地區，是一個普遍的現象」（牛汝辰，1993：39）。

在原住民時期，生活是相當原始，狩獵維持生存是他們主要活動，所以這一時期的地名多與地形動、植物、器物、物產等相關，從原住民語時期的地名來看，此時期是崇尚自然的文化風格。

二、西洋語地名層

臺灣閩南語地名中保留少數的西洋語地名，所謂西洋語可分為葡萄牙語、荷蘭語、西班牙語，葡萄牙人曾以「Formosa」稱臺灣，譯為福爾摩沙，意為美麗之島。而荷蘭與西班牙曾統治臺灣一段時間，其多採取尊重臺灣原有地名的方式，因此重新命名的地名並不多，到明鄭時期亦多半不使用，未留下太多地名，在語言上留下的遺跡不多，影響不大。從紀錄中僅以「甲」留下並成為閩南語地名的底層詞，「甲」是荷蘭語的「cap」（度量單位），之後閩南人多以「甲」作為土地面積的單位。以下分別荷蘭人及西班牙人所命名之地名舉例如下：

（一）荷蘭人命名之地名

De Hoek van Camatiao：荷蘭人稱富貴角為 De Hoek van Camatiao，富貴角為閩南人音譯 De Hoek van Camatiao 中的 Hoek。

（二）西班牙人命名之地名

西班牙自 1626 年佔領臺灣北部淡水一帶，達 16 年之久，但留下的地名不多。

Santiago：西班牙人到達三貂角時命名為 Santiago，三貂角即是由此音譯而來。

三、日語地名層

1895 年馬關條約後日本正式佔領臺灣後，日本積極實行語言同化的殖民政策，在地名上做了很大改變。雖然日治時期是奠定臺灣地名研究重要的時期，一方面在臺灣進行測量及繪製地圖，一方面有學者研究臺灣地名，但1920 年實施地方行政區域改革，大規模對臺灣地名進行修訂的工作，也影響為數不少的地名。日本據臺 50 多年，對臺灣語言的影響很大，在閩南語

中留下許多日語借詞，在閩南語地名中亦留下許多日式地名，舉例如下：

（一）將原地名留一字，改另一字成日式地名

舊　名		今　名
金包裡（kim1 pau1 li2）	→	金山（kim1 san1）
三角湧（sam1 kak4 ing2）	→	三峽（sam1 kiap4）
梅仔坑（bue5 a2 khenn1）	→	小梅（sio2 mue5）
水堀頭（cui2 khut4 thau5）	→	水上（cui2 siong2）
港仔墘（kang2 a2 kinn5）	→	小港（siong2 kang2）
鹿寮（lok8 liau5）	→	鹿野（lok8 ia2）

（二）重新命名的日式地名

錫口（sik4 khau2）	→	松山（siong1 san1）
叭哩沙（pa1 li2 sa1）	→	三星（sam1 sing1）
葫蘆墩（hoo5 loo5 tun1）	→	豐原（hong1 guan5）
牛罵頭（gu5 ma7 thau5）	→	清水（ching3 cui2）
店仔口（tiam3 a2 khau2）	→	白河（peh8 ho5）
加走灣（ka1 cau2 uan1）	→	長濱（tiong5 pin1）
公埔（kong1 poo1）	→	富里（hu3 li2）
六階鼻（lak8 kai1 phinn7）	→	山崎（san1 ki5）
水尾（cui2 be2/bue2）	→	瑞穗（sui7 sui17）
番挖（huan1 uat4）	→	沙山（sa1 san1）
里壠（li2 lang5）	→	關山（kuan1 san1）
巴塱衛（pa1 lo1 ue7）	→	大武（tai7 bu2）
十六股（cap8 lak8 koo2）	→	豐川（hong1 chuan1）
織羅（cit4 lo5）	→	春日（chun1 jit8）
納納（lap8 lap8）	→	靜浦（cing7 poo1）
馬太鞍（mann2 thai3 an1）	→	上大和（siong7 tai7 ho5）
七腳川（chit4 kha1 chuan1）	→	吉野（kiat4 ia2）
烏鴉立（oo1 a1 lip8）	→	鶴岡（hok8 kong1）
里漏（li2 lau7）	→	舟津（ciu1 tin3）
頭人埔（thau5 lang5 poo1）	→	竹田（tik4 chan5）

沙汝灣（sa1 li2 uan1）	→	大濱（tai7 pin1）
嘎嘮吧灣（ha7 la5 pa1 uan1）	→	高原（ko1 guan5）
加只來（ka1 ci2 lai5）	→	鹽濱（iam5 pin1）
姑子律（koo1 a2 lut8）	→	樟原（ciunn1 guan5）
彭子存（pinn5 a2 cun5）	→	城山（siann5 suann1）
貓公（ba5 kong1）	→	豐濱（hong1 pin1）
姑律（koo1 lut8）	→	戶敷（hoo7 hu1）
下膀灣（ha7 la5 uan1）	→	落合（lok8 hap8）
軍威（kun1 ui1）	→	宮下（kiong1 ha7）
歸化（kui1 hua3）	→	佐倉（co3 chong1）
堵港埔（too2 kang2 poo1）	→	堺（kai3）

這些日式地名有的將原地名留一字，改另一字成日式地名，有些透過音譯或意譯，有些則是重新命名而成為日式地名，其中許多新造日式地名幾乎都分佈於臺東、花蓮地區，這是因為在日據時期才開始開發東臺縱谷之故，顯現出在日據時期除繼續開發西部外，亦開始開發東部地區。日本在此時期實施地名大改革，使得今日臺灣的閩南語地名增添濃濃的日本文化色彩，但也使地名和過去歷史文化典故嚴重脫節，以致於後人很難從今日地名了解先人當時取名的意義。

四、華語地名層

1945 年，臺灣光復後是華語地名層，此時期的地名有兩個特點：其一、自大陸來臺的國民政府，將獨裁統治的方式用在地名上，受到中國文人典雅文化的觀念影響，認為臺灣地名「粗俗」，因此利用政治統治的力量，大規模的更改舊有的地名，將原地名改為新地名；其二、多以政治、道德、吉祥之字句來命名。

（一）大規模的更改舊有的地名，改為新地名，形成政區地名

此時期地名的改變主要是政治力量以及人們心理等因素而改變，國民政府將原有舊地名改為文雅的新地名，但民間口語間仍以舊地名指稱，因此人們在正式書面上，使用政區地名，口語上仍習慣使用舊地名的現象，形成一地雙名，有官方地名與民間地名兩套系統。如：

官　方　地　名	民　間　地　名
褒忠（po1 tiong1）	埔姜崙（poo1 kionn1lun5）
奮起湖（hun3 khi2 oo5）	畚箕湖（pun3 ki1 oo5）
大富村（tua7 hu2）	大埔厝（tua7 poo1 chu3）
御史里（gu7 sai2 li2）	牛屎里（gu5 sai2 li2）
富寮里（hu2 liau5 li2）	匏子寮（pu5 a2 liau5）

（二）多以政治、道德、吉祥之字句來命名

1、政治理想方面

民權、民族、民生、民和、民榮、法治、互助、自強、博愛、中興、復興、平等、太平、公明、明正、行健、新生、眞理、建國、五權、光復等。

2、道德方面

忠勇、忠孝、忠心、大忠、孝廉，仁愛、仁安、信忠、信義、義德，義和、義興、義仁、尙義、大義、正義、和平、建德、九德、成德、智勇、恭敬等。

3、吉祥方面

永德、永和、永樂、永昌、永慶、永安、永寧、永豐、永光、萬安、瑞豐、新豐、五福、慶平、福仁、建興、興隆、長平、光榮、光明、泰安、平安等。

此時期將多舊地名全面改爲新地名，但民間口語間仍以舊地名指稱，新地名多成爲書面地名；新地名多數以有關政治理想、道德或吉祥的字句有關，反映國民政府求雅的心態及懷念大陸的心情。

第三節　臺灣閩南語地名的附加字與基本字

一、附加字與基本字的定義

陳正祥指出按中國地名的構成，通常可分爲基本字與附加字兩部份，基本字或稱通名部，附加字或稱專名部（陳正祥，1993：353）。李如龍指出地名通常分爲專名和通名兩部分（李如龍，1993：28）。又劉寧顏將附加字稱爲專詞，基本字又稱爲通詞〔註22〕。臺灣閩南語地名大多數是附加字和基本字

〔註22〕劉寧顏：《重修臺灣省通誌　卷三　住民志　地名沿革篇》，臺灣省文獻委員

兩部分組成，例如「大溪」、「北港」，其中「大」、「北」是附加字，「溪」和「港」是基本字。

（一）附加字（specific part）

附加字是表示某地所指代的地理實體專有詞，具有強烈的個性或特指性，其作用是爲該地名定向、定位，反映出地名的含意和來源，以區別其他地名。李如龍（1998：31）：

> 專名是人們對該地域的最初了解和認識相關，體現著各式各樣的命
> 名法，也就是通常所說的地名得名之由，地名的命名法可以研究地
> 理環境變遷人類認識規律和社會發展多方面的素材。

閩南語地名附加字的種類相當繁多，種類有顏色、大小、上下、新舊或其他屬性的形容詞，其中常用的附加字，如大小、新舊、前後、內外等，皆有明顯的對稱作用。其他如用品、數量、人物、職業、方位、形態、地物、現象、感情等，這些種類的附加字附於基本字之前或後，多用於形容基本字或表示基本字的特性，地名中的附加字大致又可分爲單純附加字與複合附加字兩類：

1、單純附加字：指僅以一種意義用以形容基本字，大多是單字，如「新」厝、「舊」營。

2、複合附加字：指有兩種以上意義用以形容基本字，如「後埔」窟、「泉水」洞。

綜觀臺灣閩南語地名中的附加字取材範圍相關廣泛，下表舉出臺灣閩南語地名附加字之例：

大小	「大」溪、「大」莊、「大」溝、「大」崎、「大」坑、「大」洲、「小」坡、「小」橋、「小」坑、「小」溪
新舊	「新」埔、「新」園、「新」塭、「新」街、「新」厝、「新」城、「新」埤、「新」崙、「舊」營、「舊」廍、「舊」寮、「舊」塭、「舊」街、「舊」厝、「舊」城
數或數量	「一」結、「二」水、「三」屯、「十六」結、「十八」分、「二十四」分、「三十」甲、「三十二」間、「七塊」厝、「八塊」厝、「三十張」犁

會，1995，頁2。劉指出傳統臺灣地名，在結構上，皆由二個以上之語詞拼成之合成詞，其中必有一專詞，一通用詞。所謂通詞即具有共同之自然、人文特徵之地，採用共通之語詞，作爲描述表現該地者；方位、形貌、新舊、前後等修飾詞強化其指位性，屬專詞，筆者採取陳正祥所謂基本字與附加字的結構稱之。

方位	「前」厝、「頂」厝、「後」埔、「東」港、「北」汕、「南」門、「西」湖、「口」隘、「面前」崙、崙「頂尾」、崎「頭」、埤子「墘」、埤子「底」、崁「腳」
顏色	「赤」山、「赤」土仔、「赤」崎仔、「烏」崁、「烏」山、「黑」橋仔、「黑」塗、「紅」坡、「青」潭
用品	「畚箕」湖、「花矸」嶼、「柴梳」山、「烘爐」埕、「時鐘」崁、「草鞋」墩、「枕頭」山、「木屐」寮
人物	「林」厝、「黃仔信」埔、「和尚」洲、「律師」巷、「阿公」店、「阿媽」厝、「保長」廍、「提督」巷
形態	「五指」山、「牛眠」山、「龜」山、「日月」潭、「鐵砧」山、「鳳形」山、「獅」潭、「球仔」山
物產	「苦瓜」寮、「硫磺」坑、「蚵」寮、「鮑子」寮、「埔羌」崙、「芋子」潭、「牛」埔、「鹿」寮、「茶」園
地物	「土牛」溝、「車」埕、「古亭」坑、「牛稠」坑、「柴」埕、「大稻」埕、「石」牌
感情	「同安」宅、「詔安」寮、「南靖」寮、「平和」厝、「興化」店、「福州」厝、「永春」寮、「南平」里
其他	「仁愛」鄉、「和平」島、「中山」區、「復興」里

（二）基本字（generic part）

　　基本字起區分地名類別的作用。陳國章指出人們在命名時，通常會以通名地名命名時的依據，是最基本的部分。（陳國章，1993：2）李如龍也指出：「通名是概括某種地物的共同性，是人們對於自然地理環境及人文環境的認識及分類，紀錄著人類生活在自然界建設的各種設施，也體現著政區行政管理的系統。」（李如龍，1998：31）。從語詞的結構來說，地名的基本字是指能單說或者能與附加字分離、能替換其他的附加字的名詞，以「枕頭山」而言，「山」為基本字，「山」能單說也能替換不同的附加字成為另一個地名，如「龜山」、「柴梳山」。根據基本字的內容涵義和語詞結構的特徵來看，地名的基本字是表示地理實體的各種大小類別的名稱，是可以和附加字分離開來、替換別的專名構成的同類地名，以下綜合臺灣閩南語地名中的基本字，列表如下：

類　別	基　　本　　字
山嶺類	山、崎、崙、崁、嶼、峰、嶺、岩、島、巖、崎、鼻
坑坪類	墩、坪、埔、洞、墘、堀、壟、洋、坿、窟、坑、地、堆、場、坡、礁、空、岸、地

與水相關	埤、陂、坡、湳、濫、杙、汕、泉、海、溪、澳、洲、溝、池、湖、港、灣、塭、湧、水、圳、汴、凹
聚落類	厝、寮、埕、城、亭、廟、舖、窯、廊、宮、店、營、田、營盤、社、園、宅、田、寺、家、橋、館、柵、壇、門、木周、社、隘
行政區劃	府、廳、堡、省、市、縣、區、鎮、鄉、村、庄、里、路、街、巷、弄、樓、號、室
其他	甲、結、圍、份、股、犁、竹、佃、行、堵、圖、櫃、梘、林、岫

　　以上為臺灣閩南語地名常見的基本字，其中較特殊的的基本字，討論如下：

　　1、崁（kham3）

　　崁字為閩南語地名中常見的基本字，亦寫作坎。相當於小崖，高低二平坦面間，接近垂直的轉移面。（洪敏麟，1980：79），《臺灣閩南語辭典》：「崁，高土堆」，《中國地名通名集解》：「崁，臺階或高崖」，地名如山崁子（suann1 kham3 a2）、崁子（kham3 a2）、下崁（e7 kham3）。

　　2、洋（iunn5）

　　閩南語指稱平原為「洋」，華語的「洋」則指稱大海。《臺灣閩南語辭典》作垟：「垟，一片廣大的田地」，《中國地名通名集解》：「洋，平坦的地段或田段」，地名如田洋（chan5 iunn5）、洋子（iunn5 a2）。

　　3、壠、壟（long2）

　　平地突起長條狀的地名為「壠」（洪敏麟，1980：79），亦寫為壟。《說文》：「壠，丘壠也」。《臺灣閩南語辭典》：「壟，田中分界的高地」，《中國地名通名集解》：「壠，田間的土埂子」，地名如王爺壟（ong5 ia5 long2）。

　　4、埒（luah8）

　　和「壟」相同，平原上有條突起之地形稱「埒」，（劉寧顏，1995：81）《臺灣閩南語辭典》：「埒，堤防、田埂等成行可以作為界線之物」，《中國地名通名集解》：「埒，田間的土埂子」，地名如埒內（luah8 lai7）、埒仔（luah8 a2）。

　　5、鼻（phinn7）

　　山地突出處或海岬為「鼻」。《中國地名通名集解》：「地勢隆起或突起的部分」，地名如港子鼻（kang2 a2 phinn7）、鼻子頭（phinn7 a2 thau5）。

　　6、垵（uann1）

　　意為小山谷，通行於閩南。（劉寧顏，1995：89）《中國地名通名集解》：

「小坑」，地名如內垵（lai7 uann1）、水垵（cui2 uann1）、井子垵（cinn1 a2 uann1）、外垵（gua7 uann1）、網垵（bang7 uann1）。

7、湳、濫、垚（lam3）

鬆軟的溼地為「湳」，或寫為「濫」、「垚」。董教授《臺灣閩南語辭典》中指出「湳」、「垚」皆非漢語，是語意指稱爛泥的代用字，地名如湳仔（lam3 a2）、湳底（lam3 tue2/te2）、頂草湳（ting2 chau2 lam3）、頂草濫（ting2 chau2 lam3）、頂草垚（ting2 chau2 lam3）。

8、墘（kinn5）

墘為邊緣之意，《戚林八音》、《彙音妙悟》、《建州八音》都有收錄墘字。《中國地名通名集解》：「墘，邊緣、岸邊之地」，地名如埔墘（poo1 kinn5）、埤子墘（pi1 a2 kinn5）、港子墘（kang2 a2 kinn5）。

9、埕（tiann5）

房屋前後的空地或廣場為「埕」。《臺灣閩南語辭典》：「埕，曬物場……廣場」。《中國地名通名集解》：「埕，空曠平坦的場地」，地名如車埕（chia1 tiann5）、鹽埕（iam5 tiann5）、炭埕（thuann3 tiann5）。

10、梘（king2）

梘是引水用的竹管，亦寫筧。《集韻》：「吉典切，筧、梘，通水器」。《中國地名通名集解》：「通水槽」，地名如梘尾（king2 bue2）、梘頭（king2 thau5）。

11、墩（tun1）

《臺灣閩南語辭典》：「墩，堆積如小山的」。《中國地名通名集解》：「墩，土堆；小山丘」，地名如圓墩（inn5 tun1）。

12、灣（uan1）

閩南語地名中的灣除了真實海灣外，一般亦慣用於陸上三面圍高地環繞之平坦地，或山麓凹入處（劉寧顏，1995：81）。《中國地名通名集解》：「灣，水流彎曲的地方；海岸凹入陸地的部分」，實際海灣地名如大沙灣、白沙灣，陸上三面圍高地環繞聚落地名如銅鑼灣（tang5 lo5 uan1）、內灣（lai7 uan1）。

13、陂（pi1）

《諸羅縣誌》：「凡築堤瀦水灌田為之陂」，（周鍾瑄，1993：34）亦寫為埤或坡，為灌溉水利的設施。《中國地名通名集解》：「陂，池塘，水邊」，地名如陂仔（pi1 a2）、陂仔頭（pi1 a2 thau5）、陂仔頂（pi1 a2 ting2）。

14、社（sia7）

《說文》：「社，地主也……一曰周禮二十五家爲社，各樹其土」。《中國地名通名集解》：「社，古代基層行政單位，舊時祭土神之所」，在中國大陸漢人的聚落稱爲社，在臺灣閩南語地名中則相反，以指稱原住民聚落爲社。地名如番社（huan1 sia7）、新社（sin1 sia7）、頭社（thau5 sia7）。

15、厝（chu3）

「厝」是閩語獨有的字詞，是閩語地名的特色，閩南語稱房屋爲「厝」。《中國地名通名集解》：「厝，房屋」，地名如洪厝（ang5 chu3）、許厝（khoo2 chu3）。大部分的地名研究書籍及地名沿革文獻中多指出「厝」是閩南語用詞，而「屋」是客語用詞，閩南語的「厝」對應於客家的「屋」，是指房屋的意思，鄭錦全在〈語言與資訊：釐清臺灣地名厝屋〉指出在臺灣地名中以「厝」爲名的地名相較客家以「屋」爲名的地名要多的多。鄭錦全的調查中指出全臺灣用「厝」當地名的地點有 1201 筆，不記重複，共有 594 種，其中出現最高頻爲分別爲三塊厝、新厝、陳厝、劉厝、五塊厝、下厝、吳厝、王厝等，而以「屋」爲地名的筆數是 94 筆，共 79 種。然而這種以「厝」爲名的地名多於「屋」的情況在中國大陸卻不然，在中國大陸「屋」的分布範圍是要比「厝」分布的廣，鄭以中央研究院計算中心所提供的中國大陸七萬多個地名檢查「厝」與「屋」出現的地方（地名是鄉鎮以上的地點），針對臺灣及中國大陸地名中的「厝」與「屋」做了研究與調查，從研究調查中可以發現「厝」爲名的地名，多布在閩地區，而以「屋」爲名的地名卻不限於在客家地區。鄭氏指出：「從這個地圖可以看出帶『屋』的地名遍布許多省區，可見『屋』並不是客家方言特有的地名詞語。『厝』的地名出現在福建和廣東閩方言地區。」（鄭錦全，2004），從鄭的研究中推翻了「厝」是閩南語相對於「屋」是客家語的觀點，也更確定「厝」是閩語獨有的字詞。李如龍指出閩方言最有方言特色的通名其中就有「厝」，李云：「厝意爲房子或家……福建省 55 個縣市，帶厝字地名達 3643 處」（李如龍，1998：50），綜合上述，明確的來說，在漢語民族中用「屋」來指稱房屋不限於客家語，因此地名研究書籍及地名沿革文獻中多指出「厝」是閩南語，而「屋」是客家語恐怕是不正確的。

16、廍（phoo7）

《臺灣閩南語辭典》：「廍，製糖廠」。《中國地名通名集解》：「廍，閩臺

一帶舊時鄉村榨糖的作坊」，「廍」是舊式的製糖工廠，在臺灣的舊地名中佔有相當重要的位置。早期臺灣利用甘蔗製糖，日治時期製糖的地點就是「廍子」，是以人力和牛為生產動力的製糖工廠，但設備簡陋、規模小，在當時廍子的數量分非常眾多，也因此產生了許多以「廍」字作為命名依據的地名。陳國章〈廍子與地名〉一文中指出以「廍」為地名共有三類，有直接以「廍」為名的地名，如廍仔（phoo7 a2）；有以「廍」和自然景觀相結合的地名，如廍子溪（phoo7 a2 khue1/khe1）；有以「廍」和人文景觀結合的地名，如廍前寮（phoo7 cing5 liau5），其中有表示相對位置，如頂廍（ting2 phoo7）、廍尾（phoo7 be2/bue2），或血緣關係，如王厝廍（ong5 chu3 phoo7）、廖廍子（liau7 phoo7 a2）、或地緣關係，如興化廍（hing1 hua3 phoo7）。

二、臺灣閩南語地名與客家地名的比較

　　閩南語與客語同為漢語，因此閩南人及客家人在命名上顯露出漢族的共通性，但大同中仍有小異，相同的可看出漢人相同的命名風格，相異的可看出閩南人及客家人不同的命名方式，從閩、客語地名的差異，更可看出閩、客族群不同的語言特點。地名詞彙表現出來的語言性，表現閩南語地名與客家地名不同之處。

　　由於不同的地理環境、不同的歷史背景、不同的語言都決定著附加字與基本字之間的差異，浦扇新〔註23〕：

> 不同的民族往往使用不同的語言文字，而不同的語言文字在語法、
> 語音、詞彙構成等方面的差異性多或少會在地名中反映，不同民族
> 的語言文字對同一地理實體的讀音、稱謂、書寫是不同。

就漢語而言，各個語言間指稱自然環境或人文環境會有一些相同的稱謂，但其中也有所不同，任何語言大都有屬於自己語言特有的地名附加字與基本字系列，因此說地名的附加字和基本字帶有民族語言性，臺灣閩南語地名擁有自己特有語言的特色。陳國章〈臺灣閩、客地名的對比〉一文中曾提出數例閩、客地名意義相同，但所用詞彙不同的例子，經由語料的整理，發現尚有其他閩、客地名對比的詞彙及地名例子，綜合整理出這些閩南語地名與客家地名意義相似，但所用的附加字和基本字不相同的地名，透過比較發現出閩

〔註23〕浦扇新：《數字地名》，北京：建築工業出版社，2000年，頁23。

南語和客語語言詞彙上的不同，突顯出臺灣閩南語地名語言的特點，以下將閩客地名分爲附加字與基本字舉例：

（一）地名意義相近，基本字相同，附加字不同

1、頂──上

閩南人指稱在上方用「頂」；客家人用「上」。

閩　語　地　名	客　語　地　名
頂田寮（ting2 chan5 liau5） 意「上方的田寮」。 地點：新北市瑞芳鎮上天里；基隆市暖暖區碇安里。（陳國章，1999：227）	上田寮（shong3 thian5 liau5） 意「上方的田寮」。 地點：苗栗縣頭份鎮田寮里；屏東縣屏東市大連里。（陳國章，1997：61）
頂庄（ting2 cng1） 意「上方的村莊」。 地點：臺中市大甲鎮銅安里；雲林縣北港鎮樹腳里。（陳國章，1999：227）	上庄（shong3 cong1） 意「上方的村莊」。 地點：苗栗縣頭份鎮後庄里、頭份鎮東庄里。（陳國章，1997：62）
頂埔（ting2 poo1） 意「上方的平地」。 地點：新北市土城區頂埔里；宜蘭縣頭城鎮頂埔里。（陳國章，1999：231）	上埔（shong3 pu1） 意「上方的平地」。 地點：苗栗縣頭份鎮上埔里、頭份鎮上興里、銅鑼鄉興隆村。（陳國章，1997：63）
頂湖（ting2 oo5） 意「上方的盆狀地」。 地點：臺北市北投區湖山里、北投區泉源里；桃園縣龜山鄉大崗村。（陳國章，1999：233）	上湖（shong3 fu5） 意「上方的盆狀地」。 地點：苗栗縣大湖鄉東興村。（陳國章，1997：64）
頂番婆（ting2 huan1 po5） 意「上方的番婆」。 地點：彰化縣鹿港鎮頂番里。（陳國章，1999：234）	上番婆（shong3 fan1 pho5） 意「上方的番婆」。 地點：苗栗縣頭份鎮蟠桃里。（陳國章，1997：64）

2、土地公──伯公 〔註24〕

閩南人稱土地神爲「土地公或福德正神」；客家人稱爲「伯公」。

〔註24〕閩語地名「土地公坑」相對於客語「伯公坑」以及「土地公崎」相對於「伯公崎」見於陳國章〈臺灣閩、客地名的對比〉，《地理教育》19期，頁9。

土地公坑（thoo2 ti7 kong1 khenn1） 意「有福德祠的谷」 地點：臺中市太平鄉光隆村；南投縣中寮鄉龍安村。（陳國章，1997：58）	伯公坑（pak4 kung1 hang1） 意「有福德祠的谷」。 地點：苗栗縣西湖鄉三湖村、三義鄉西湖村。（陳國章，1998：146）
土地公崎（thoo2 ti7 kong1 kia7） 意「有福德祠的坡」。 地點：南投縣名間鄉赤水村；嘉義縣番路鄉江西村；臺南市東山鄉林安村。（陳國章，1997：58）	伯公崎（pak4 kung1 kia1） 意「有福德祠的坡」。 地點：苗栗縣銅鑼鄉竹森村。（陳國章，1998：146）

3、濁——汶〔註25〕

閩南人指稱污濁爲「濁」或「撈」；客家人稱爲「汶」。

濁水（lo5 cui2） 意「混濁的水」。 地點：宜蘭縣大同鄉樂水村；南投縣名間鄉濁水村。（陳國章，1999：321）	汶水（vun2 shui2） 意「混濁的水」。 地點：苗栗縣獅潭鄉竹木村、泰安鄉錦水村。（陳國章，1998：146）
濁水坑（lo5 cui2 khenn1） 意「河水混濁的谷」。 地點：臺中市太平區黃竹東汴二村之間界線上。（陳國章，1999：321）	汶水坑（vun2 shui2 hang1） 意「河水混濁的谷」。 地點：新竹縣新埔鎮清水里；臺中市北屯區東山里。（陳國章，1998：146）

4、舊——老〔註26〕

閩南人指較古早或歷史較悠久以「舊」稱之；客家人則用「老」。

舊庄（ku7 cng1） 意「較早形成的村莊」。 地點：臺中市清水鎮高南里、海風里；雲林縣崙背鄉舊庄村、大埤鄉怡然興安二村等。（陳國章，1998：330）	老庄（lau2 cong1） 「較早形成的村莊」。 地點：苗栗縣造橋鄉造橋村、卓蘭鎮老庄里。（陳國章，1998：134）
舊街（ku7 ke1） 意「較早形成的市街」。 地點：臺北市士林區舊佳里；宜蘭縣頭城鎮城東里、五結鄉鎮安村等。（陳國章，1998：330）	老街（kau2 kai1） 意「較早形成的市街」。 地點：新竹縣關西鎮西安里；苗栗縣頭份鎮仁愛里、三義鄉廣盛村。（陳國章，1998：135）

〔註25〕閩語地名「濁水」相對於客語「汶水」以及「濁水坑」相對於「汶水坑」見於陳國章〈臺灣閩、客地名的對比〉，《地理教育》19期，頁10。

〔註26〕閩語地名「舊庄」相對於客語「老庄」以及「舊街」相對於「老街」見於陳國章〈臺灣閩、客地名的對比〉，《地理教育》19期，頁11。

舊坡（ku7 pi1）	老埤（lo2 pi1）
意「舊的池塘」。	意「舊的池塘」。
地點：臺北市信義區六合里。（陳國章，1998：330）	地點：屏東縣內埔鄉老埤村。（陳國章，1998：135）

5、礁、乾──燥、旱〔註27〕

閩南人以「礁」或「乾」指稱乾而無水的意思；客家人用「燥」或「旱」。

礁坑（ta1 khenn1）	燥坑（cau1 hang1）
意「乾而無水的谷」	意「乾而無水的谷」。
地點：臺北市士林區溪山里。（陳國章，1999：329）	地點：新竹縣關西鎮南新里。（陳國章，1999：329）
乾坑（ta1 khenn1）	
意「乾而無水的谷」	
地點：基隆市七堵區六堵里；苗栗縣苑裡鎮蕉埔里。（陳國章，1999：256）	
乾溝子（ta1 kau1 a2）	旱溝（hon1 keu1）
意「乾而流水稀少的溝渠」。	意「乾而流水稀少的溝渠」。
地點：臺中市北區淡溝里。（陳國章，1999：256）	地點：苗栗縣頭份鎮山下里。（陳國章，1998：147）

6、腳──下〔註28〕

閩南人指稱在下方用「腳」；客家人用「下」。

白石腳（peh8 cioh8 kha1）	白石下（phak8 shak8 ha1）
意「白色岩石下面」。「白石腳」即有「白色岩石下面的聚落」。	意「白色岩石下面」。
地點：新北市淡水鎮水源里、平溪鄉白石村。（陳國章，1997：118）	地點：苗栗縣公館鄉開礦村、大湖鄉栗林村。（陳國章，1997：117）
山子腳（suann1 a2 kha1）	山下（san1 ha1）
意「山的下面」。	意「山的下面」。
地點：新北市樹林鎮溪山東山二里。（陳國章，1997：65）	地點：苗栗縣頭份鎮下興里。（陳國章，1997：65）

〔註27〕 閩語地名「礁坑」相對於客語「燥坑」見於陳國章〈臺灣閩、客地名的對比〉，《地理教育》19期，頁11。

〔註28〕 閩語地名「白石腳」相對於客語「白石下」以及「營盤腳」相對於「營盤下」見於陳國章〈臺灣閩、客地名的對比〉，《地理教育》19期，頁12。

崁腳（kham3 kha1） 意「崖下」。 地點：基隆市信義區孝岡里。（陳國章，1998：205）	崁下（kham2 ha1） 意「崖下」。 地點：新竹縣關西鎮北山里、芎林鄉上山村。（陳國章，1998：204）
營盤腳（iann5 puann5 kha1） 意「兵營下方」。 地點：桃園縣楊梅鎮上田里。（陳國章，1999：329）	營盤下（yang5 phan5 ha1） 意「兵營下方」。 地點：苗栗縣西湖鄉湖東村。（陳國章，1999：329）
石壁腳（cioh8 piah4 kha1） 意「石壁下面」。 地點：新北市八里鄉龍源村，嘉義縣竹崎鄉緞繻村、番路鄉草山村。（陳國章，1997：104）	石壁下（shak8 piak4 ha1） 意「石壁下面」。 地點：苗栗縣頭屋鄉北坑村。（陳國章，1997：104）
崩崁腳（pang1 kham3 kha1） 意「崩崁的下面」。即崩崁的下面的聚落之意。 地點：苗栗縣造橋鄉談文村。（陳國章，1999：237）	崩崁下（pen1 kham2 ha1） 意「崩崁的下面」。即崩崁的下面的聚落之意。 地點：苗栗縣通宵鎮城南里。（陳國章，1999：237）

7、後──背〔註29〕

閩南人指稱在後方用「後」或「後壁」；客家人則以「背」指稱在後方的意思。

公館後（kong1 kuan2 au7） 意「公館的的後面」。即有「在公館後面的聚落」。 地點：新北市深坑阿柔村、三峽鎮永館鳶山二里。（陳國章，1997：91）	公館背（kung1 kwon2 poi3） 意「公館的的後面」。即有「在公館後面的聚落」。 地點：苗栗縣頭份鎮庄里、頭份鎮尖山里。（陳國章，1997：91）
社後（sia7 au7） 意「番社的後面」。 地點：新北市汐止鎮北峰里、板橋市社后自強民權等里。（陳國章，1998：158）	社皮（sia7 phe5）〔註30〕 意「番社的後面」。 地點：臺中市豐原區社皮里；屏東縣萬丹鄉社皮村。（陳國章，1998：158）

〔註29〕閩語地名「公館後」相對於客語「公館背」見於陳國章〈臺灣閩、客地名的對比〉，《地理教育》19期，頁12。

〔註30〕爲「社背」諧音字，客家音「背」音poi3與漳州系臺語的「皮」（phue5）相近，發生諧音變化成「社皮」。

8、稻——禾〔註31〕

閩南人稱稻穀爲「稻」；客家人稱爲「禾」。

地名實例：

大稻埕（tua7 tiu7 tiann5） 意「大曬稻穀場」。 地點：臺北市士林區天福三玉二里、大同區；宜蘭縣羅東鎮義和里。（陳國章，1997：43）	大禾埕（thai3 vo5 thang5） 意「大曬穀場」 地點：苗栗縣大湖鄉武榮村。

9、腹——肚

閩南人稱身體腹部爲「腹」；客家人稱爲「肚」。

埤腹內（pi1 pak4 lai7） 意「池塘腹部的內側」。即「池塘的腹部內側的聚落」。 地點：高雄市鳳山區海風美齡埤頂等里。 （陳國章，1999：239）	埤肚（pi1 tu2） 意「池塘的肚子」，即「池塘的腹部的聚落」。 地點：苗栗縣頭份鎮頭份里。（陳國章，1999：239）

（二）地名意義相近，附加字相同，基本字不同

1、厝——屋〔註32〕

閩南人稱房子爲「厝」；客家人稱房子爲「屋」。

馬厝（ma2 chu3） 意「馬姓的房屋」。 地點：嘉義縣番路鄉公田村；嘉義市東區王田里。（陳國章，1999：220）	馬屋（ma1 vuk1） 意「馬姓的房屋」。 地點：苗栗縣頭屋鄉獅潭村。（陳國章，1999：220）
江厝（kang1 chu3） 意「江姓的房屋」。 地點：臺中市南屯區田心里。（陳國章，1998：136）	江屋（kong1 vuk1） 意「江姓的房屋」。 地點：苗栗縣西湖鄉金獅村。（陳，1998：136）
林厝（lim5 chu3） 意「林姓的房屋」。 地點：臺中市西屯區林厝里；嘉義市西區重興里。（陳國章，1998：155）	林屋（lim5 vuk1） 意「林姓的房屋」。 地點：苗栗縣頭份鎮蟠桃里。（陳國章，1998：155）

〔註31〕 閩語地名「大稻埕」相對於客語「大禾埕」見於陳國章〈臺灣閩、客地名的對比〉，《地理教育》19期，頁5。

〔註32〕 採用鄭錦全的觀點，這裡厝、屋指的是閩南語和客語用不同的詞指稱房子，非厝相對於屋。

賴厝（lua7 chu3） 意「賴姓的房屋」。 地點：新北市新莊區西盛里；臺北市北投區文林里。（陳國章，1999：323）	賴屋（lai3 vuk1） 意「賴姓的房屋」。 地點：新竹縣新埔鎮寶石里。（陳國章，1999：323）
崁頭厝（kham3 thau5 chu3） 意「在崖上臨崖處的房屋」。 地點：桃園縣新屋鄉永安村；雲林縣古坑鄉永光村。（陳國章，1998：206）	崁頭屋（kham2 theu5 vuk1） 意「在崖上臨崖處的房屋」。 地點：苗栗縣頭屋鄉頭屋村。（陳國章，1998：206）
新厝（sin1 chu3） 意同「新屋」。 地點：彰化縣鹿港鎮洋厝里、溪州鄉榮公村；屏東縣萬巒鄉新厝村。（陳國章，1999：292）	新屋（sin1 vuk1） 意「新屋」。 地點：桃園縣新屋鄉新生新屋二村。（陳國章，1999：292）
竹篙厝（tik4 ko1 chu3） 意同「形似竹竿有節的結棟房屋」。 地點：宜蘭縣頭城鎮下埔里。（陳國章，1998：128）	竹高屋（cuk4 kau1 vuk1） 意同「形似竹竿有節的結棟房屋」。 地點：新竹縣湖口鄉鳳山村；苗栗縣大湖鄉大寮村。（陳國章，1998：126）
紅瓦厝（ang5 hia7 chu3） 意「覆紅瓦的房屋」。 地點：彰化縣和美鎮好修里；臺南市歸仁鄉歸仁村。（陳國章，1998：196）	紅瓦屋（fong5 nga2 vuk1） 意「覆紅瓦的房屋」。 地點：桃園縣新屋鄉埔頂村。（陳國章，1998：196）
單塊厝（tuann1 te3 chu3） 意「單獨一棟的房屋」。 地點：雲林縣東勢鄉龍潭村。（陳國章，1999：276）	單座屋（tan1 cho3 vuk1） 意「單獨一棟的房屋」。 地點：屏東縣長治鄉新潭村。（陳國章，1999：276）
石頭厝（cioh8 thau5 chu3） 意「石頭砌的房屋」。 地點：新北市淡水鎮屯山里、新店市柴埕里。（陳國章，1997：105）	石頭屋（shak8 theu5 vuk1） 意「石頭砌的房屋」。 地點：新竹縣竹北市十興里。（陳國章，1997：105）

2、墘──唇〔註33〕

閩南人稱邊緣為「墘」；客家人稱為「唇」。

〔註33〕閩語地名「圳溝墘」相對於客語「圳溝唇」見於陳國章〈臺灣閩、客地名的對比〉，《地理教育》19 期，頁 12。。

圳溝墘（cun3 kau1 kinn5） 意「灌溉溝渠的邊緣」。 地點：嘉義縣民雄鄉鎮北村。（陳國章， 　　　1998：131）	圳溝唇（cun3 keu1 shun5） 意「灌溉溝渠的邊緣」。 地點：桃園縣龍潭鄉烏林村。（陳國章， 　　　1998：131）
溪仔墘（khue1 a2 kinn5） 意「河邊」。 地點：臺北市北投區泉源里。（陳國章， 　　　1999：279）	河唇（ho5 shun5） 意「河邊」。 地點：苗栗縣頭份鎮下興里。（陳國章， 　　　1998：172）
溪墘（khue1 kinn5） 意「溪子墘」。 地點：新北市蘆洲區溪墘里。（陳國章， 　　　1999：283）	河壩唇（ho5 pa3 shun5） 意「河邊」。 地點：苗栗縣頭份鎮頭份里。（陳國章， 　　　1998：173）

3、稠——欄〔註34〕

閩南人稱牛舍為「牛稠」；客家人稱為「牛欄」。

大牛稠（tua7 gu5 tiau5） 意「大的牛欄」。 地點：新北市淡水鎮興仁里、林口鄉湖南 　　　村；桃園縣大園鄉大海村。（陳國 　　　章，1997：29）	大牛欄（thai3 nyu5 lan5） 意「大的牛欄」。 地點：桃園縣新屋鄉永村屋、中壢市信義 　　　里。（陳國章，1997：29）
赤牛稠（chiah4 gu5 tiau5） 意「飼養乳牛的牛舍」。 地點：臺北市北投區長安里。（陳國章， 　　　1998：140）	赤牛欄（chak4 nyu5 lan5） 意「飼養乳牛的牛舍」。 地點：桃園縣新屋鄉赤欄村。（陳國章， 　　　1998：140）

4、湖——窩〔註35〕

對於盆窪地閩南人稱為「湖」；客家人稱為「窩」。

糞箕湖（pun3 ki oo5） 意「形似糞箕的盆狀地」。 地點：雲林縣土庫鎮奮起里；嘉義縣竹崎 　　　鄉中和村；臺南市白河鎮河東里、 　　　學甲鎮頭港里。（陳國章，1999： 　　　329）	糞箕窩（pun3 ki1 vo5） 意「形似糞箕的盆狀地」。 地點：新竹縣湖口鄉湖南村、關西鎮東安 　　　里；苗栗縣頭鄉飛鳳村。（陳國章， 　　　1999：329）

〔註34〕閩語地名「大牛稠」相對於客語「大牛欄」見於陳國章〈臺灣閩、客地名的
　　　對比〉，《地理教育》19 期，頁 5。

〔註35〕閩語地名「糞箕湖」相對於客語「糞箕窩」以及「竹子湖」相對於「竹窩子」
　　　見於陳國章〈臺灣閩、客地名的對比〉，《地理教育》19 期，頁 6。

竹子湖（tik4 a2 oo5） 意「茂生竹子的盆狀地」。 地點：臺北市北投區湖山里。（陳國章， 　　　1998：125）	竹窩子（chuk4 vo1 e2） 意「茂生竹子的盆狀地」。 地點：桃園縣龍潭鄉烏林村。（陳國章， 　　　1998：128）

5、嶺——崠〔註36〕

對於山脊閩南人稱爲「嶺」；客家人稱爲「崠」。

草嶺（chau2 nia2） 意「茂草的山脊」。 地點：桃園縣大鄉鎮福安里；雲林縣古坑 　　　鄉草嶺村。（陳國章，1998：213）	草崠（chau2 tong2） 意「茂草的山脊」。 地點：苗栗縣大湖鄉大寮村。（陳國章， 　　　1998：211）
嶺頂（nia2 ting2） 意「山脊上」。 地點：桃園縣龜山鄉嶺頂村；臺南市六甲 　　　鄉大丘村、龍崎鄉崎頂村。（陳國 　　　章，1999：325）	凍頂（tong2 ting2） 意「山脊上」。 地點：南投縣鹿谷鄉彰雅村。（陳國章， 　　　1998：218）

6、坑——壢〔註37〕

大坑（tua7 khenn1） 意「大谷」。 地點：臺中市北屯區大坑東山二里；高雄 　　　市大樹鄉大坑村。（陳國章，1997： 　　　32）	大壢（thai3 lak4） 意「大谷」。 地點：新竹縣寶山鄉山湖油田二村。（陳 　　　國章，1997：44）
樹梅坑（chiu7 m5 khinn1） 意「茂生楊梅的樹」。 地點：新北市淡水鎮竹圍里。（陳國章， 　　　1999：321）	楊梅壢（yong5 moi5 lak4） 意「茂生梅樹的谷」。 地點：桃園縣楊梅鎮楊梅楊江紅梅等里。 　　　（陳國章，1999：300）

結　語

　　從本章對地名的研究探討，經過各個學者對地名的觀點，探討出閩南語的定義、分類。透過人名和地名的比較，提出地名的特點。又經過一連串的

〔註36〕閩語地名「草嶺」相對於客語「草崠」以及「嶺頂」相對於「凍頂」見於陳
　　　　國章〈臺灣閩、客地名的對比〉，《地理教育》19 期，頁 7～8。

〔註37〕閩語地名「樹梅坑」相對於客語「楊梅壢」見於陳國章〈臺灣閩、客地名的
　　　　對比〉，《地理教育》19 期，頁 3。

的分析後，筆者得到以下幾項結果：

1、從地名的語言層次研究中，在臺灣閩南語地名的底層中可分為原住民語地名層、西洋語地名層、日語地名層、華語地名層，這些按著時間的層次被保留下來，顯露出臺灣閩南語地名中的不同的語言層次，反映出不同族群、不同時期的語言特色。

2、從臺灣閩南語地名中，透過閩南語地名與客語地名中的基本字和附加字相較，發現閩南語特有語言的詞彙特點，地名中基本字和附加字的表現出來的語言性，表現出閩南與客家語言上的差異。

第四章　臺灣閩南語地名之語言分析

　　本章主要探討閩南語地名中語言的特點分析，包括音譯地名語音折合的現象、閩南語地名用字的情形以及構詞探討。

第一節　臺灣閩南語音譯地名語音分析

　　由於政權、遷徙、墾殖或自然環境等因素的改變，一個地域更換不同的語言群體，新的族群用自己的語言重新命名，部分保留下來的地名就會經過民族語的改造。臺灣現在的許多地名多是漢人來臺後用閩南語及客語重新命名，其中本來許多原住民語命名的地名，也多經過音譯或意譯的改造，使得地名帶有語言性。在兩種語言的翻譯上，語音是受到民族語言的語音結構規律所制約，當其他民族語言轉譯時，語音上往往要經過折合改造。例如藏語地名 lhasa，漢語沒有清邊擦音 lh，就改寫成 l，寫成拉薩，國外的 ALPS 原是一個音節，漢語沒有複合輔音，於是翻譯成四個音節的「阿爾卑斯山」（李如龍，1993：6）。

　　本節主要探討閩南語音譯地名語音轉變的情形。音譯地名（transcription name）是不同語言間的地名，根據語音作為材料，以翻譯另一種語言地名的一種轉寫方式，但一種語言的發音很難用另一種語言的音標完全表達出來，音譯時會受另一種語言的語音結構規律所影響。如前所言，在閩南語地名中有許多地名是音譯自原住民語，就目前筆者所收集的原住民地名的記錄，以荷蘭時期的平埔族戶口表及安倍明義《臺灣地名研究》較為完整，然而兩者分別以荷蘭語及日語紀錄，在語音上已經過折合，所以更難完全反映

原住民語的發音。荷蘭時期平埔族戶口表與安倍明義《臺灣地名研究》因不同語言或紀錄上的差異，同樣的地名有不同的紀錄。這二份紀錄中，有些地名接近，但有增加或減少出某些音節的現象，有些地名完全不同，舉例如下：

1、音近：地名的語音接近，但有音節增加或減少出入現象。

地　名	荷蘭平埔族戶口表〔註1〕	安倍明義〔註2〕
北投	kipatauw、kippatauw kipaton、kipatouw	パッタオ（patsutao）
霄裡	sousouly、soulaleij sausaulij	シアウリイ（shiauri）
抵百葉	kipattobbiaer quipatoebaijer pattoubaijar kipatobiaer	ヘトバイヤツ（hetobaiyatsu） トウパヤツプ（toupayatsupu）
新仔罕	sasinogan　sinachan kisinnegan	ヘシナハン（heshinahan）
奇武暖	baboelian、babolan kibaboloan	ヘブルワン（heburuwan）
奇武蘭	kibannoran、banouran quibaranm	ヒバヌラン（hibanuran）
擺厘	parerier	ヒパリル（hipariru）
踏踏	Tabbetab、taptap tabetab、kitabtab	ヘタブタブ（hetabutabu）
吧老鬱	broude paroud promode　kiparaude	ヘパラウ（heparau）

2、地名不同

地　名	荷蘭平埔族戶口表	安倍明義
竹塹	pocael、pocael pocaal	テエクツアム（tekutsuamu）
房裡	warrouwar、warrowan waronwaer	パンリイ（panri）
大甲	tomel、tommel	タイカア（taika）

　　從荷蘭平埔族戶口表與日人安倍明義《臺灣地名研究》原住民地名的紀錄來看，除了語言不同影響了紀錄外，其他包括時間的先後、發音人的差異、

〔註1〕 出於張耀錡《平埔族社名對照表》，臺灣省文獻委員會刊行，1951年，爲荷蘭平埔族戶口表之地名爲不同時期之記載。

〔註2〕 出自安倍明義《臺灣地名研究》日文版，臺北：番語研究會，1938年，筆者將原書中片假名轉譯爲羅馬拼音。

記錄人的語音感知，甚至可能指稱不同地點，這些因素都可能影響地名的語音紀錄。

　　兩份資料中因不同語言或紀錄上的差異，使得研究上也呈現困難。現今許多原住民地名如平埔族已無法追尋，加上限於時間及能力，無法進行高山族地名的調查，因此筆者僅能從現有荷蘭時期平埔族戶口表與安倍明義《臺灣地名研究》二份資料作為主要語料，但荷蘭平埔族戶口表僅紀錄平埔族地名，且許多地名相距甚遠，然二者之中以安倍明義《臺灣地名研究》紀錄較為完整，因此筆者以安倍明義《臺灣地名研究》一書為主，並參考荷蘭平埔族戶口表，試著探討閩南語音譯原住民地名時語音上的演變情況。此外，日語音譯閩南語或原住民語的地名造成語音上的折合現象，也是研究的重點之一，以下分別就閩南語音譯地名及日語音譯地名語音上的變化進行歸納分析：

一、閩南語音譯地名的語音現象探討

　　根據閩南語音譯地名可歸納為 1、語音對應；2、雙聲；3、疊韻；4、省略四種對應的方式，以下舉例之：

（一）語音對應

　　語音對應指的是原住民社名的發音與閩南人用漢字所紀錄的語音相合，依其音節可分為二音節、三音節，以下舉例之：

1、二音節

族　　別	原住民社名（安，1938）	閩　譯　地　名
凱達格蘭族	kantau〔註3〕（カンタウ）	kan1 tau7（干豆〔註4〕）
凱達格蘭族	shiauri（シアウリイ）〔註5〕	siau1 li2（霄裡）
伐普蘭族	guma（グウマア）〔註6〕	gu5 ma7（牛罵）
巴塞赫族	moachi（モアチイ）	mua5 ci5（蔴薯）
希萊耶族	moatau（モアタウ）〔註7〕	mua5 tau7（麻豆）

〔註3〕　安倍明義《臺灣地名研究》日文版原書以片假名標示番語發音，本文將又其譯為羅馬拼音，以求接近日人紀錄時的發音，而日語「ン」不分n、nn、ng，因此ン可能為n、nn、ng，日語不分r、l，因此「r」可能為r、l。
〔註4〕　又有關渡、甘答、肩脰、墘竇的寫法。
〔註5〕　荷蘭戶口表記為 sousouly、soulaleij、sausaulij。
〔註6〕　荷蘭戶口表記為 gomach。

希萊耶族	opu（オープウ）	oo7 pu5（芋匏）
希萊耶族	auon（アウオン）	au1 ong1（漚汪）
羅茲亞族	saire（サイレェ）	sai1 le5（西螺）
巴塞赫族	tauraku（タウラク）〔註8〕	tau lak8（斗六）
馬卡泰奧族	akau（アアカウ）〔註9〕	a2 kau5（阿猴）
馬卡泰奧族	takao（タアカオ）	ta2 kau2（打狗）
道奧卡斯族	auran（アウラン）	au7 lang5（後壠）
希萊耶族	shiauran（シアウラン）〔註10〕	siau1lang5（蕭壠）
排灣族	goroan（ゴロアン）	go5 luan5（鵝鑾）
泰雅族	urai（ウライ）	u1 lai1（烏來）
泰雅族	noannoan（ノアンノアン）	nuan2 nuan2（暖暖）
武倫族	ranrun（ランルン）	lang5 lun5（人倫）
武倫族	rakuraku（ラクラク）	lak8 lak8（轆轆）
阿美族	tauran（タウラン）	tau7 lan5（荳蘭）
阿美族	bakon（バコン）	ba5 kong1（貓公）
阿美族	orau（オラウ）	oo1 lau7（烏漏）
曹族	tonpo（トンポ）	tong1 poo1（東埔）

2、三音節

族　　別	原　住　民　社　名	閩　譯　地　名
凱達格蘭族	chipari（チイパリイ）	ci1 pa1 li2（芝芭里）
凱達格蘭族	kirigan（キリガン）〔註11〕	ki5 li2 gan7（唭里岸）
希萊耶族	tapani（タパニイ）	ta1 pa1 ni5（噍吧哖）
噶瑪蘭族	maroyan（マロヤン）	ma5 loo2 ian1（瑪魯烟）
阿美族	kachirai（カチライ）	ka1 ci1 lai5（加芝來）
阿美族	sayasai（サヤサイ）	sai1 a2 sai1（獅仔獅）
阿美族	harawan（ハラワン）	ha7 la5 uan1（下朥灣）
阿美族	maraurau（マラウラウ）	ma5 lau2 lau7（麻荖漏）
曹族	sabiki（サビキ）	sa1 bi2 ki2（砂米箕）

〔註 7〕荷蘭戶口表記為 mattauw。

〔註 8〕荷蘭戶口表記為 aaissangh talackbayen、talackbayen、arrissangh talackbaijen、talackbayen takkais。

〔註 9〕荷蘭戶口表記為 akauw、ackauw、akkauw。

〔註10〕荷蘭戶口表記為 soelangh、soulangh。

〔註11〕荷蘭戶口表記為 kirragenan、kernannanarma、quiranganan、kieranganon、kerannanna。

（二）雙　聲

原住民社名的頭音節與閩譯地名的頭字音節相合謂之雙聲，依其音節分為二音節、三音節、四音節，以下舉例之：

1、二音節

族　別	原　住　民　社　名	閩　譯　地　名
凱達格蘭族	ritsuopu（リツオプ）〔註12〕	li2 cok8（里族）
希萊耶族	pansoa（パンソア）〔註13〕	pang3 soh4（放索）
伐普蘭族	soara（ソアラ）	sua1 lak4（沙轆）
泰雅族	kara（カラ）	ka1 lau5（加勞）
泰雅族	buyon（ブヨン）	bu2 ing5（武榮）
泰雅族	shipazi（シパジー）	sip8 pat4 ji5（十八兒）
曹族	hosa（ホサ）	ho5 sia7（和社）
曹族	kapoa（カアポア）	ka1 puat8（茄拔）

2、三音節

族　別	原　住　民　社　名	閩　譯　地　名
凱達格蘭族	mashiyon（マシヨオン）〔註14〕	ma5 siau2 ong1（麻少翁）
凱達格蘭族	samatau（サマタウ）	sa1 ma5 tu5（沙麻廚）
凱達格蘭族	parifun（パリフン）〔註15〕	pat8 li2 hun7（八里坌）
泰雅族	sahean（サヘアン）	sa1 hit8 am3（沙核暗）
泰雅族	kantaban（カンタバン）	kan1 toh4 ban7（千卓萬）
排灣族	buriizi（ブリイジ）	bu7 li2 it4（霧里乙）
排灣族	karoru（カロル）	ka1 lo2 lan5（加路蘭）
阿美族	parongoe（パロンゴエ）	pa1 bong7 ue7（巴望衛）
阿美族	makutai（マクタアイ）	ma2 ku2 tah4（馬久答）
阿美族	paonowan（パオンオワン）	pa1 ong1 ong1（叭翁翁）

〔註12〕荷蘭戶口表記爲 litsiouck、litsiongh、litsock、litsouck、litsyongh。
〔註13〕荷蘭戶口表記爲 pangsoya、panggoija、pangsoija。
〔註14〕荷蘭戶口表記爲 malsaou、masiaou、massou、kinassauw、kimassou、kimassouw。
〔註15〕荷蘭戶口表記爲 parigon、parrigon。

3、四音節

族　別	原　住　民　社　名	閩　譯　地　名
阿美族	karimagai（カリマガイ）	ka1 li2 bing2 ap8（加里猛狎）
泰雅族	shikayau（シカヤウ）	si1 ka1 ia1 bu2（司加耶武）

（三）疊　韻

　　原住民社名的韻尾與閩譯地名的尾字音節相合謂之疊韻，依其音節分為二音節、三音節、四音節、五音節，以下舉例之：

1、二音節

族　　別	原住民社名	閩　譯　地　名
凱達格蘭族	vasai（ヴアサイ）	ma2 sai2（馬賽）
道奧卡斯族	vari（ヴアリイ）	ba5 li2（貓里）
道奧卡斯族	vau（ヴアウ）	ba5 u5（貓孟）
阿里昆族	varo（ヴアロオ）〔註16〕	ba5 lo5（貓羅）
波布沙族	vairi（ヴアイリイ）	bai5 li2（眉裡）
巴塞赫族	taniau（タアニアウ）	tann2 niau1（打貓）
希萊耶族	toukau（トウカウ）	toh4 kau5（卓猴）
馬卡泰奧族	tarau（タアラウ）	tah4 lau5（搭樓）
泰雅族	saurai（サウライ）	siau2 lai5（稍來）
水沙連番	zarian（ザリアン）	sa1 lian5（沙連）

2、三音節

族　　別	原　住　民　社　名	閩　譯　地　名
巴塞赫族	aoran（アオラン）〔註17〕	oo1 gu5 lan5（烏牛欄）
噶瑪蘭族	hiyawai（ヒヤワイ）〔註18〕	uai a2 uai（歪子歪）
噶瑪蘭族	hemizitan（ヘミジタン）〔註19〕	ki5 lip8 tan1（奇立丹）
噶瑪蘭族	hetsukarayawan（ヘツカラヤワン）〔註20〕	ka1 li2 uan2（加禮宛）

〔註16〕荷蘭戶口表記為 kakarbaroch、kakar baroch、kakar barroroch。
〔註17〕荷蘭戶口表記為 aboan auran、abouan auran、abouans auran。
〔註18〕荷蘭戶口表記為 wayouway、waijawaij、kiwaij yawaij。
〔註19〕荷蘭戶口表記為 kimadipitan、madipatan、quimadieptan
〔註20〕荷蘭戶口表記為 kikarriawan。

噶瑪蘭族	hetsudubukan（ヘツヅブカン）〔註21〕	tu2 bi2 kan2（抵美簡）
噶瑪蘭族	hibanuran（ヒバヌラン）〔註22〕	ki5 bu2 lan5（奇武蘭）
排灣族	kinaziyan（キナジヤン）	kin1 ia7 jian5（根也然）
噶瑪蘭族	heshinahan（ヘシナハン）〔註23〕	sin1 a2 han2（新子罕）
泰雅族	piyasan（ピヤサン）	pai5 ge5 san2（排衙散）
泰雅族	takasan（タカサン）	toh4 ko1 san1（卓高山）
排灣族	chiyabari（チヤバリイ）	tiau5 ba5 li5（朝貓籬）
阿美族	tanhonhon（タンホンホン）	tai7 hong1 hong1（大峰峰）
阿美族	chibuton（チブトン）	ciu1 bu2 tong1（週武洞）
阿美族	chiyoachiyoko（チヨアチヨコ）	tai7 tik4 ko1（大竹篙）

3、四音節

族　　別	原　住　民　社　名	閩　譯　地　名
噶瑪蘭族	ヘヅビヅビ（hedubidubi）〔註24〕	tu2 bi2 tu2 bi2（抵美抵美）
噶瑪蘭族	ヘムルブハン（hemurubuhan）	ba5 li2 bu7 han2（貓里霧罕）
噶瑪蘭族	ヘブルヤン（heburuyan）〔註25〕	ma2 lau2 bu2 ian1（瑪荖武煙）

4、五音節

族　　別	原　住　民　社　名	閩　譯　地　名
噶瑪蘭族	ヘブルシナワン（heburushinawan）〔註26〕	po5 lo5 sin1 a2 uan2（波羅辛子宛）

（四）省　略

　　閩南人音譯原住民社名，除了用同音、近音的漢字譯出，亦有省略原名一部分。有些原住民社名音節長，因此音譯時會省略原名一部分，依其音節分為二音節、三音節，以下舉例之：

〔註21〕荷蘭戶口表記為 patobican、pattoucan、patoblican。
〔註22〕荷蘭戶口表記為 kibannoran、banouran、quibaranm。
〔註23〕荷蘭戶口表記為 sasinogan、sinachan、kisinnegan。
〔註24〕荷蘭戶口表記為 tabtobbe、tabe tobe、tobbe tobbe、kitobbe tabbe。
〔註25〕荷蘭戶口表記為 bragoelian、barachoeijan、barachoeijon、barriga yan。
〔註26〕荷蘭戶口表記為 bragoelian、barachoeijan、barachoeijon、barriga yan。

1、二音節

族　別	原　住　民　社　名	閩　譯　地　名
凱達格蘭族	ketangaran-keran	ke2 lang5（基隆）
噶瑪蘭族	hetsusautsu（ヘッサウツウ）	sau2 hut4（掃笏）
道奧卡斯族	owanri（オワンリイ）	uan2 li2（苑裡）
泰雅族	baboageku（バボアゲク）	a1 gik8（阿玉）
曹族	chiyochiyosu（チヨチヨス）	ciong1 su3（樟樹）
阿美族	okirai（オキライ）	ki5 lai5（奇萊）
阿美族	anzoho（アンゾホ）	ang5 co2（紅座）

2、三音節

族　別	原　住　民　社　名	閩　譯　地　名
噶瑪蘭族	hetsukarayawan（ヘツカラヤワン）	ka1 li2 uan2（加禮宛）
噶瑪蘭族	hetsudubukan（ヘツヅブカン）	tu2 bi2 kan2（抵美簡）
噶瑪蘭族	hibanuran（ヒバヌラン）	ki5 bu2 lan5（奇武蘭）
阿美族	pikakasauwan（ピカカサウワン）	ka1 cau2 uan1（加走灣）
排灣族	Aziyubuziyubun（アジユブジユブン）	a1 lu2 bong5（阿乳芒）
排灣族	ziyagaran（ジヤガラン）	ah4 a2 lan5（鴨仔蘭）

　　從原住民的音譯地名中發現：在音譯地名的語音受閩南語的語音結構所制，原住民語轉譯為閩南語時語音發生變化，有些音節增加，如泰雅族 maibarai（マィバラィ）音譯成 ma2 i2 ua5 lai5（馬以哇來）；而有些音節減少，如阿美族 makarahai（マカラハイ）音譯成 ma2 ka3 hai2（馬稼海），從中更可發現幾個語音變化的現象，以下說明之：

1、濁擦音/v/轉成濁唇音/b/、雙唇鼻音/m/或轉為/bu/

　　閩南語裡沒有濁擦音/v/，在音譯時部分會消失，一部分濁擦音/v/轉為濁唇音/b/或轉為/m/，以濁唇音/b/或唇音/m/替代濁擦音/v/，或另一部分轉為音近/v/的/bu/。

　　（1）/v/－/b/

族　別	原　住　民　社　名	閩　譯　地　名
凱達格蘭族	vanka（ヴアンカ）	bang2 kah4（艋舺）

凱達格蘭族	varichiyahau（ヴアリチヤハウ）	ba5 li2 cik4 hau2（貓里即吼）
道奧卡斯族	vau（ヴアウ）	ba5 u5（貓孟）
道奧卡斯族	vari（ヴアリイ）	ba5 li2（貓里）
希萊耶族	tavokan（タヴオカン）〔註27〕	tai7 bok8 kang3（大目降）
希萊耶族	vakaruwan（ヴアカルワン）〔註28〕	bak8 ka1 liu1 uan1（目加溜灣）
波布沙族	vavsaga（ヴアヴサガア）〔註29〕	ba5 bu2 sak4（貓霧揀）
波布沙族	vairi（ヴアイリイ）	bai5 li2（眉裡）
阿里昆族	varo（ヴアロオ）	ba5 lo5（貓羅）
曹族	vogavon（ヴオガヴオン）	bong5 a2 bong5（芒仔芒）
阿美族	tachiavaru（タチアヴアル）	tai7 ciau2 ban2（大鳥萬）
阿美族	kivitsu（キヴイツ）	ki5 bit8（奇密）

（2）/v/－/m/

族　　別	原　住　民　社　名	閩　譯　地　名
凱達格蘭族	vasai（ヴアサイ）	ma2 sai2（馬賽）
排灣族	savari（サヴアリ）	sia7 ma5 li2（射蔴裡）
巴塞赫族	varizan（ヴアリザン）	ma5 li2 lan5（蔴裡蘭）
伐普蘭族	varagao（ヴアラガオ）	ma2 lan5 au2（馬蘭拗）

（3）/v/－/bu/

族　　別	原　住　民　社　名	閩　譯　地　名
凱達格蘭族	kevtsutsu（ケエヴツッ）	ki5 bu2 cut4（奇武卒）
凱達格蘭族	vraoan（ヴーラオアン）	bu2 la5 uan1（武勝灣）
巴塞赫族	atav（アタアヴ）	a1 ta3 bu2（阿罩霧）
羅茲亞族	tariv（タアリイヴー）〔註30〕	thann1 li2 bu7（他里霧）
阿里昆族	taivkunu（タイヴークヌ）〔註31〕	tai7 bu2 kun7（大武郡）
馬卡泰奧族	vroke（ヴーロケ）	bu2 lok8（武洛）
希萊耶族	toavran（トアヴーラン）〔註32〕	tua7 bu2 lang5（大武壠）

〔註27〕荷蘭戶口表記爲 tavocan、tavokan、tavakan。
〔註28〕荷蘭戶口表記爲 backloan、bacclouangh、baccloan、backoloangh、baccloangh。
〔註29〕荷蘭戶口表記爲 babousack、babosack、babamsack。
〔註30〕荷蘭戶口表記爲 dalivo。
〔註31〕荷蘭戶口表記爲 tavocol。
〔註32〕荷蘭戶口表記爲 tevorangh、tievorangh。

2、雙唇鼻音/m/轉成濁唇音/b/

族　　別	原　住　民　社　名	閩　譯　地　名
噶瑪蘭族	hedumihoke（ヘヅミホク）	tu2 bi2 hok4（抵美福）
排灣族	manutsuru（マヌツル）	bang2 sut4（蚊蟀）
泰雅族	rimogan（リモガン）	lin1 bong7 gan2（林望眼）
阿美族	komai（コマイ）	a1 na7 ku1 bai5（阿那龜眉）
阿美族	tanman（タンマン）	tann2 ban7（胆曼）
武崙族	namogan（ナモガン）	na7 bo2 gan7（那母岸）

3、濁唇音/b/轉為雙唇不送氣塞音/p/

族　　別	原　住　民　社　名	閩　譯　地　名
噶瑪蘭族	hetobaiyatsu（ヘトバイヤツ）	tu2 pah4 iap8（抵百葉）
泰雅族	mabatoan（マバトアン）	mau7 pa3 to1 an1（冒巴多安）
排灣族	bashikau（バシカウ）	pak4 si1 khau1（北絲鬮）
泰雅族	tabirasu（タビラス）	tann2 pit4 lah8（打必曆）

4、/z/的演變

關於塞擦音/z/的變化，主要受後面音節的影響，因此轉譯的情形也較複雜，有些地名中的/z/音會消失，如排灣族 burizi（ブリイジ）轉譯爲 bu7 li2 it4（霧里乙），有些地名中的/z/音不變，有些受後面音節的影響則轉爲/n/、/c/、/s/。

（1）/z/不變

族　　別	原　住　民　社　名	閩　譯　地　名
凱達格蘭族	keiziyusan（ケイジユサン）	ke1 jiu5 san1（圭柔山）
泰雅族	shipazi（シパジー）	sip8 pat4 ji5（十八兒）
波布沙族	zina（ジイナア）	ji7 na5（二林）
排灣族	kuraziyutsu（クラジユツ）	ku1 a2 ji5（龜仔兒）

（2）/z/-/n/

族　　別	原　住　民　社　名	閩　譯　地　名
噶瑪蘭族	hirizao（ヒリザオ）	li2 nau2（里腦）
巴塞赫族	varizan（ヴアリザン）	ma5 li2 lan5（蔴裡蘭）〔註33〕

〔註33〕此例歸爲/z/-/n/的例子，乃因/n/、/l/爲同位音，在閩南語中一個音節兩個鼻音

（3）/z/-/c/

族　　別	原 住 民 社 名	閩 譯 地 名
阿美族	pikakazauwan（ピカカザウワン）	ka1 cau2 uan1（加走灣）
阿美族	anzoho（アンゾホ）	ang5 co2（紅座）

（4）/z/-/s/

族　　別	原 住 民 社 名	閩 譯 地 名
水沙連番	zarian（ザリアン）	sa1 lian5（沙連）

5、入聲韻尾

　　閩南語裡保存古漢語入聲韻尾～h、～p、～t、～k，這樣的現象也顯現在閩南語的音譯地名中，原住民語中有喉頭塞音～h，但無～p、～t、～k 入聲韻尾，閩南語轉譯原住民語時，則加入了入聲韻尾。

族　　別	原 住 民 社 名	閩 譯 地 名
凱達格蘭族	patsutao（パッタオ）	pak4 tau5（北投）
伐普蘭族	soara（ソアラ）	sua1 lak4（沙轆）
泰雅族	pakari（パカリ）	pat4 kua3 lik8（八卦力）
泰雅族	shipazi（シパジ）	sip8 pat4 ji5（十八兒）
曹族	kapoa（カアポア）	ka1 puat8（茄拔）
排灣族	burizi（ブリイジ）	bu7 li2 it4（霧里乙）
阿美族	kunanuka（クナヌカ）	kin7 na7 lok8 kak4（僅那鹿角）
阿美族	pasogan（パソガン）	pat4 sng1 an1（八桑安）
阿美族	panibon（パアニボン）	pat4 li2 bong5（八里芒）
阿美族	karara（カララ）	ka1 lap8 lap8（加納納）

6、鼻化韻

　　閩南語中的鼻化韻指的是韻母（母音或元音）鼻音化，鼻化韻是閩南語的語音中一種普遍的現象，音譯原住民地名時同時加入了鼻化韻。

族　　別	原 住 民 社 名	閩 譯 地 名
羅茲亞族	taniau（タアニアウ）	tann2 niau1（打貓）
噶瑪蘭族	hetarabi（ヘタラビ）	tann2 nann2 bi2（打那美）

不能共存，/m.n.ng/在鼻音韻母前會變成/b.l.g/。

羅茲亞族	tariv（タアリイヴー）	thann1 li2 bu7（他里霧）
波布沙族	poasoa（ポアソア）	puann3 suann3（半線）
噶瑪蘭族	hetaragan（ヘタラガン）	tann2 nann2 gan7（打那岸）
泰雅族	tabirasu（タビラス）	tann2 pit4 lah8（打必曆）
武崙族	tafun（ターフン）	tann2 hun3（打訓）

二、從日人音譯地名看語音的折合

　　羅常培：「被征服民族的文化借字殘餘在征服者的語言裡的，大部分是地名」（羅常培，1989：52）。閩南人自大陸來臺以「音同」或「音近」的方式音譯原住民地名的社名作爲地名。而日人自 1895 年據臺後，同樣以「同音」或「音近」的方式音譯閩南語或原住民語的地名，這些日式地名是音譯閩南語或原住民語的地名語音，而借用日語漢字形式或日語詞彙裡的意義，簡單的說，是以語音作爲基礎，以漢字作爲中介轉而成爲臺灣的日式地名。根據日語音譯的地名可分爲 1、語音對應 2、雙聲 3、音近三種對應的方式，以下舉例之：

（一）語音對應

　　（1）奇美（ki5 bit8）

　　閩南語奇密（ki5 bit8）音同きび（ki bi），き（ki）日文漢字爲「奇」，び（bi）日文漢字爲「美」。地點：花蓮縣瑞穗鄉奇美村。

　　（2）都蘭（to1 lan5）

　　閩南語都鑾（to1 lan5）音同とらん（toran），と（to）日文漢字爲「都」，らん（ran）日文漢字爲「蘭」。地點：臺東縣東河鄉都蘭村。

　　（3）利家（li7 ka1）

　　閩南語呂家（li7 ka1）音同りか（rika），「り」（ri）日文漢字爲「利」，「か」（ka）日文漢字爲「家」。地點：臺東縣卑南鄉。

（二）雙　聲

　　（1）花壇（hue1 tuann5）

　　閩南語茄苳腳（ka1 tang1 kha1）音近かだん（kadan），kadan 乃日文「花壇」的意思。地點：彰化縣花壇鄉。

（2）金崙（kim1 lun7）

閩南語虷子崙（ka1 a2 lun7），音近爲かなろル（kanaron），「かな」（kana）日文爲黃金的意思，故譯爲「金」，「ろん」（ron）日文漢字爲「崙」。地點：臺東縣太麻里鄉。

（3）多多良（to1 to1 liang5）

閩南語打臘打蘭（tann2 la1 tann2 lan5），日人記爲タラタラン（tarataran）音近たたら（tatara），「た」（ta）日文漢字爲「多」，「ら」（ra）音近日文漢字爲「良」。地點：臺東縣太麻里鄉。

（4）加津林（ka1 cin1 lin5）

閩南語鴿子籠（kap4 cu2 lang2）音近かつりん（katsurin），「か」（ka）日文漢字爲「加」，「つ」（tsu）日文漢字爲「津」，「りん」（rin）日文漢字爲「林」。地點：臺東縣大武鄉。

（5）初屯（cho1 tun7）

閩南語拔子洞（pat8 cu2 tong1），日人記爲パチトン（pachiton），音近なっとん（hatsuton），「はつ」（hatsu）日文漢字爲「初」，「とん」（ton）日文漢字爲「屯」。地點：臺東縣大武鄉。

（6）加奈美（ka1 nainn7 bi2）

閩南語甘那壁（kam1 nann2 piah4）音近かなび（kanabi），「か」（ka）日文漢字爲「加」，「な」（na）日文漢字爲「奈」，「び」（bi）日文漢字爲「美」。地點：臺東縣大武鄉。

（7）真柄（cin1 ping3）

閩南語馬稼海（ma2 ka3 hai2），日人記爲マカラハイ（makarahai）音近まから（makara），「ま」（ma）日文漢字爲「眞」，「がら」（gara）日文漢字爲「柄」。地點：臺東縣長濱鄉。

（8）彩泉（chai2 cuann5）

閩南語獅子獅（sai1 a2 sai1），日人記爲サャサイ（sayasai），音近さいせん（saisen），「さい」（sai）日文漢字爲「彩」，「せん」（sen）日文漢字爲「泉」。地點：臺東縣大武鄉。

（9）田浦（chan5 poo1）

荳蘭（tau7 lan5），日人記爲タウラン（tauran）音近たぅら（taura），「た」（ta）日文漢字爲「田」，「ぅら」（ura）日文漢字爲「浦」。地點：花蓮縣吉安鄉。

（10）高雄（ko1 hiong5）

打狗（ta2 kau2），日人記爲（takau）音近たかお（takao），「たか」（taka）日文漢字爲「高」，「お」（o）日文漢字爲「雄」。地點：高雄市。

（11）民雄（bin5 hiong5）

閩南語打貓（tann2 niau2）音近たみお（tamio），「たみ」（tami）日文漢字爲「民」，「お」（o）日文漢字爲「雄」。地點：嘉義縣民雄鄉。

（12）玉井（giok8 cenn2）

閩南語噍吧哖（ta1 pa1 ni5）音近たまし（tamai），「たま」（tama）日文漢字爲「玉」，「い」（i）日文漢字爲「井」。地點：臺南市玉井鄉。

（13）美濃（bī2 long5）

瀰濃（bi5 long5），音近日語びのう（binou），「び」（bi）日文漢字爲「美」，「のう」（nou）日文漢字爲「濃」。地點：高雄市美濃鎮。

（14）稻葉（to7 iap8）

卑南族語イナバラン（inabaran），日人僅譯一部分爲いたは（inaha），「いな」（ina）日文爲稻穗之意，故譯爲「稻」，「は」（ha）日文漢字爲「葉」。地點：臺東縣卑南鄉。

（15）舞鶴（bu2 hoh8）

阿美族語 maiburu（マイブル）音同日語まいつる（maitsuru），「まい」（mai）日語漢字爲「舞」，「つる」（tsuru）日語漢字爲「鶴」。地點：花蓮縣瑞穗鄉。

（三）音　近

（1）日奈敷（jit8 na7 hu1）

閩南語檳榔樹格（pin1 nng5 su3 kek4）音近ひなしき（hinashiki），「ひ」（hi）日文漢字爲「日」，「な」（na）日文漢字爲「戶」，「しき」（shiki）日文漢字爲「敷」。地點：臺東縣卑南鄉。

（2）初鹿（cho1 lok8）

閩南語北絲鬮（pak4 si1 khau1）音近はつしガ（hatsushika），「はつ」（hatsu）日文漢字爲「初」，「しか」（shika）日文漢字爲「鹿」。地點：臺東縣卑南鄉。

（3）名間（bing5 kan1）

閩南語湳仔（lam3 a2）音近なま（nama），「な」（na）日文漢字爲「名」，「ま」（ma）日文漢字爲「間」。地點：南投縣名間鄉。

（4）森川（sim1 chuan1）

閩南語文里格（bun5 li2 kek4），音近もりかわ（morikawa），「もり」（mori）日文漢字爲「森」，「かわ」（kawa）日文漢字爲「川」。地點：臺東縣太麻里鄉。

（5）香蘭（hiong1 lan5）

閩南語猴仔蘭（kau2 a2 lan5）音近こうらん（kouran），「こう」（kou）日文漢字爲「香」，「らん」（ran）日文漢字爲「蘭」。地點：臺東縣大麻里鄉。

（6）萬華（ban7 hua5）

閩南語艋舺（bang2 kah4）音近まんか（manka），「まん」（man）日文漢字爲「萬」，「か」（ka）日文漢字爲「華」。地點：臺北市萬華區。

（7）滿洲（buan2 ciu1）

閩南語蚊蟀（bang2 sut4）音近日語まんしゅう（manshiyu），「まん」（man）日文漢字爲「滿」，「しゅう」（shiyu）日文漢字爲「洲」。地點：屏東縣滿洲鄉。

（8）金樽（kim1cun1）

阿美族語「ganada」音近日語かなたる（kanataru），「かな」（kana）日文爲黃金的意思，故譯爲「金」，「たる」（taru）日文爲裝酒的木桶，故譯爲「樽」。地點：臺東縣東和鄉。

第二節　臺灣閩南語地名用字探討

語音與文字都是表達語言的符號，語音是音聲符號，文字是形象符號。

第二節　臺灣閩南語地名用字探討

　　語音與文字都是表達語言的符號，語音是音聲符號，文字是形象符號。〔註34〕地名有三項要素，即是音、義、形。作為人們交際的一種工具，除了有語音、語義的探討外，用字也是討論的重點之一。長期以來，閩南語被視為一種沒有文字的語言，人們對閩南語的用字概念欠缺，再加上截至目前為止，臺灣閩南語的漢字也尚未有一套統一的用法，因而在地名的用字造成了一些困擾，而閩南語地名中的用字，也因無一套統一標準的用字，許多地名的用字多以改字或任意借字的情形出現，使得許多地名的音、義、字不符，造成原地名的意義失真，使人無法了解其地名原始的意義。本節將針對臺灣閩南語地名中的用字進行分析探討：

　　近年來有關臺灣閩南語書寫用字的研究，姚師提出《閩南語書面使用漢字的類型分析》一文，分析閩南語漢字的類型，可謂是一個良好的典範，文中將臺灣閩南語漢字分為兩大類、三個次類、八小類的類型論，如下：

A 漢語「字源字」	1.本字
	2.準本字
	3.同源字

B 閩南語「本土字」　a 標義字	4.訓讀字	
	5.新表意字	新造字(會意；形聲)
		古字新用(借形字)
b 標音字	6.新形聲字	
	7.借閩音字	純借音字
	8.借國音字	

　　姚師指出「字源字」源遠流長，考求「本字」可以減少「本土字」（即俗字）的氾濫，「準本字」是不完全合乎演變規律的次級品，同源字則放寬條件，求其近似值，而其八小類其實可以放寬條件合併成本字、訓讀、借音、新造四個基本類型。筆者在研究閩南語地名的用字時依上述用字的概念作為基礎，並參考許極燉、臧汀生對漢字的觀念，將臺灣閩南語地名中的用字情況分為：本字、訓用字、借音字、方言字、方言借詞用、簡化字字等類型，分

〔註34〕許極燉：《臺灣語通論》，臺北：南天書局，2000年，頁95。

一、本　字

　　姚師指出所謂本字，就是音、義的演變可以從傳統的反切材料或古音研究找到對應的規律。本字又可分為三種類型：

　　　1、正字：即聲韻調都合乎演變規律的字，如儂（lang5）。

　　　2、準正字：從文獻中找到音、義條件接近，但又有一部分條件不符合音變規律，如哭（khau3）。

　　　3、同源字：凡音義相近的字，古音可以彼此相轉，即假定它們具有共同語根，因此當找不到本字時，可找同詞根的同源字替代，如捘（cun7）、轉（cuan2）同源。

　　在臺灣閩南語地名的用字中，使用本字的情形不多，舉例如下：

　　（1）陂

　　《說文》：陂，阪也，一曰池也，從阜，皮聲。據徐灝《段注箋》：（沱）隸變從池。《集韻》：蒲糜切，平支，並。《淮南子‧說琳訓》：十頃之陂可以灌四十頃，而一頃之陂可以灌四頃，大小之衰然。高誘注：蓄水曰陂。南朝宋劉義慶《世說新語‧德行》：叔度汪汪如萬頃之陂，澄之不清，擾之不濁。

　　地名實例：

　　　　陂仔（pi1 a2）　　　　　　　乾陂（ta1 pi1）

　　　　陂仔頂（pi1 a2 thau5）　　　蘆竹陂（loo5 tik4 pi1）

　　　　陂仔頭（pi1 a2 ting2）　　　番仔陂（huan1 a2 pi3）

　　（2）塗

　　《廣韻》：同都切，平模，定。《易‧睽》：睽孤見豕負塗，載鬼一車。高亨注：塗，泥也。負塗，背上有泥。《漢書‧王褒傳》：及至巧冶鑄干將之樸，清水焠其鋒，越砥斂其咢，水斷蛟龍，陸剸犀革，若慧汜畫塗。顏師古注：塗，泥也。董忠司指出「土」（thoo5）為俗讀音，其同義本為「塗」。〔註35〕

　　地名實例：

　　　　塗城（thoo5 siann5）　　　　塗潭（thoo5 tham5）

　　　　塗厝厝（thoo5 chu3 chu3）　塗樓（thoo5 lau5）

　　　　塗子崙（thoo5 a2 lun7）　　塗葛堀（thoo5 kat4 khut4）

　　「本字」是定位在古漢語的共同漢字上，經由多位學者的努力，考察出

〔註35〕董忠司：《臺灣閩南語辭典》，五南圖書出版，2001年，頁1456。

合乎漢語音韻演變規律的本字，如「骹」、「懸」、「蠓」等，然而一般人對於本字的概念缺乏，因此即使找出合乎音韻演變的本字也不知使用，舉例如下：

（1）骹

《說文》：骹，脛也，從骨，交聲。《廣韻》：口交切。在閩南語地名中，骹寫為「腳」，「腳」居勺切，音 kiok，「腳」的本字為「骹」。

地名實例：

樟腳（ciunn1 kha1）	山腳（suann1 kha1）
樹腳（chiu7 kha1）	六腳 （lak8 kha1）
嶺腳（nia2 kha1）	岸腳（huann7 kha1）
大尖腳（tua7 ciam1 kha1）	梅子腳（bue5 a2 kha1）
檨子腳（suainn7 a2 kha1）	頂山腳（ting2 suann1 kha1）
白石腳（peh8 cioh8 kha1）	拔子腳（pat4 a2 kha1）

（2）懸

《說文》：懸，繫也。《集韻》：胡涓切。《廣韻》：胡涓切，平先，匣。漢司馬相如《長門賦》：懸明月以自照兮，徂清夜於洞房。南朝梁蕭統《〈文選〉序》：若夫姬公之籍，孔父之書，與日月俱懸，鬼神爭奧。在閩南語地名中，懸寫為高，「高」的本字為「懸」。

地名實例：

高園子（kuainn5 hng5 a2）

（3）蠓

《說文》：蟆，蠓也。《集韻》：母摠切，蟲名。《廣韻》：蠓，莫孔切，上董，明。《列子‧湯問》：春夏之月有蠓蚋者，因雨而生，見陽而死。楊伯峻集釋：謂蟆蠓、蚊蚋也。二者小飛蟲也。羅惇曧《文學源流》：冥靈大椿之壽，朝菌蚋蠓之夭，鯤鵬之大等喻，《列子‧湯問》語，《莊子‧逍遙遊》引之。在閩南語地名中，蠓寫為蚊，而「蚊」的本字應為「蠓」。

地名實例：

蚊子坑（bang2 a2 khenn1） 蚊港 （bang2 kang2）

二、訓用字

閩南語地名中有大量的借音字，亦有借字義望文生義的訓用字，訓用字

又可稱爲借義字。鄭良偉指出：「訓用字是指借用一個漢字在別的語言中的意義來代表語言裡的詞。」，而許極燉也指出訓用法是以翻譯字義，只取字義而不管字音，如 sui3 用「美」（讀音 bi3）、lang5 用「人」（讀音 jin5），其中「美」是 sui3 的訓用字，「人」是 lang5 的訓用字（許極燉，2000：97）。許亦在《臺語文字化的方向》指出臺語書寫大量用訓用字主要是日本據臺時期開始的，這種訓用字大量的出現在臺語書面語料是造成臺語漢字不一致的另一大原因〔註36〕。以下就閩南語地名中的訓用字舉例說明：

1、以「板」爲「枋」的訓用

「板」閩南語唸爲 pan2，板橋（pang1 kio5）的「板」唸爲「pang1」，意爲「木板做的橋」，「板」爲「枋」的訓用字。

2、以「黑」爲「烏」的訓用

「黑」閩南語唸 hik4，「黑瓦厝仔」（oo1 hia7 chu3 a2）這個地名中的「黑」唸爲「oo1」，「黑」爲「烏」的訓用字。

地名實例：

黑塗（oo1 thoo5）　　　　　　黑瓦窯（oo1 hia7 io5）
黑瓦厝仔（oo1 hia7 chu3 a2）　黑橋頭（oo1 kio5 thau5）
黑橋仔（oo1 kio5 a2）　　　　　黑斗門（oo1 tau2 mng5/muinn5）
黑板仔厝（oo1 pang1 a2 chu3）

3、以「打」爲「扑」的訓用

「打」閩南語唸 tann2，「打鹿坑」中的「打」唸爲「phah4」，「打」爲「扑」的訓用字。

地名實例：

打牛湳（phah4 gu5 lam3）　　　打鐵坑（phah4 thih4 khinn1）
打鹿洲（phah4 lok8 ciu1）　　　打鐵厝（phah4 thih4 chu3）
打鹿埔（phah4 lok8 poo1）　　　打鐵寮（phah4 thih4 liau5）
打鐵店子（phah4 thih4 tiam3 a2）　打鐵店（phah4 thih4 tiam3）

4、以「殺」爲「thai5」的訓用

「殺」閩南語唸 sat4 或 sai3，「殺人坑」地名中的「殺」讀爲「thai5」，「殺」爲「thai5」的訓用字。

〔註36〕許極燉：《臺語文字化的方向》，臺北：自立晚報社出版，1999，頁 117。

5、以「乾」為「焦」的訓用

《臺灣閩南語辭典》:「漢語『乾』為濕的相對,或取以表示臺灣語 ta1 的音義,但是。音讀不合,只取其義,視為訓讀字」,同時指出音義較接近的漢字為「焦」,「焦」與「礁」臺灣語(閩南語)都念 ta1。

地名如:

乾坑(ta1 khenn1)　　　　乾溪(ta1 khue1/khe1)

乾陂(ta1 pi1)　　　　　　乾溪仔(ta1 khue1/khe1a2)

乾坑子(ta1 khenn1 a2)　　乾溝子(ta1 kau1 a2)

6、以「槍」為「銃」的訓用

「槍」閩南語唸 chionn1、chiunn1、chiong1,而槍櫃仔(ching3 kui7 a2)地名中的「槍」念為「ching3」,是以「槍」訓讀為「ching3」。

7、以「挑」為「擔」的訓用

「挑」閩南語唸 tiau1、thio1 ,地名「挑米坑」(tann1 bi2 khenn1)中的「挑」唸為「tann1」,「挑」為「擔」的訓用字。

地名如:

挑糖崎(tann1 thng5 kia7)

牛挑灣(gu5 tann1 uan1)

挑米坑口(tann1 bi2 khenn1 khau2)

挑米坑(tann1 bi2 khenn1)

8、以「杓」為「稀」的訓用

「杓」閩南語唸 siah8,指的是舀液體的器具,地名「匏杓崙」(pu5 hia1 lun7)中的「杓」唸為 hia1,是以「杓」作為「稀」的訓用。

9、以「凹」為「lap4」的訓用

「凹」閩南語音為 au1、nah4、naih4,指的是內陷不平之意,地名「沙凹子」(sua1 lap4 a2)意「為凹地的底部」,而其中「凹」為凹陷之處的意思,其語音不合,以此為以意義取字的例子。

地名實例:

茅凹(hm5 lap4)　　　　　沙凹子(sua1 lap4 a2)

凹子底(lap4 a2 te2)

三、借音字

　　借音字是指僅借字音不借字義的一種用字方法。許極燉（2000：98）指出借字音的假借字是把漢字當作音標用。姚師指出用漢字來標記閩南語的詞音，與漢字意義不相干，也就是古漢語常用的假借字，這類字甚多，而且具有任意性，寫的人不費力，讀的人較吃力。〔註37〕又在〈閩南語書面語使用漢字的類型分析〉指出：

> 　　本字和借字是一組相對的概念，當一個漢字的形音義和語言某個詞素完全對當，換言之，這個字是專門爲某個詞而造，它是就一個本字。反之，只取某個字的「音」來紀錄一個「同音詞」，就形成字形的借貸關係，這類的記音字就是古人所謂的「假借字」，後者所以濟前者之窮，也是漢字向標音文字邁進的一大步，借音字的大量出現，說明漢字不可能維持一音一字（一義）的理想；遇到有音無字時，還必須創造新字，以濟文字的不足。

地名中的用字從古代流傳下來，視爲本字，然而許多沒有本字概念的人，將許多地名用同音字替寫，也因此產生了許多異寫字。筆者經由整理地名中的語料，找出借音字大致有三種類型，分別爲純粹記音、同音借字及近音借字，以下舉例並加以探討：

（一）純粹記音

　　姚師在〈葉爾欽 vs 葉爾欽——兩岸外國人名地名漢譯分歧初探〉指出兩種語言的翻譯，首當其衝的是人名、地名的轉寫，它不同於一般名詞的是有音無義。〔註38〕臺灣閩南語地名中的音譯地名是以音近的漢字替代，音譯地名通常不具有任何意義，漢字起記音的功能，如凱達格蘭族艋舺（bang2 kah4）亦寫成莽甲、莽葛、蚊甲。凱達格蘭族里腦（li2 nau2）亦寫女荖、呂荖。原住民語言無聲調，而閩南語是聲調語言，因此除了同音字多的因素外，聲調的不同更增加了選字的任意性。此外，許多音譯地名的用字以加「口」字旁表擬音之意。地名如：叭哩港（pa1 lian1 kang2）、嘎嘮別（ha7 la7 piat8）、哆囉里遠（to1 lo5 li2 uan2）、哆囉嘓（to1 lo1 kok4）、噍吧哖（ta1 pa1 ni5）、嘎

〔註37〕姚榮松：〈閩南話書面語的漢字規範〉，《教學與研究》第 12 期，1990 年，頁82。

〔註38〕姚榮松：〈葉爾欽 vs 葉爾欽——兩岸外國人名地名漢譯分歧初探〉，《國文天地》，1992 年，頁 16。

嘮吧灣（ha1 lo5 pa1 uan1）、叭翁翁（pa1 ong1 ong1）。

（二）同音及近音借字

同音及近音借字的產生大抵有兩種情形，一為不識本字的情況下，以同音及近音的字代替；其次為人為的諧音而成，而依其借音的語源而言，又可分為閩音借字及華音借字，以下將閩南語地名中的借音字分為閩音同音借字、閩音近音借字及華音借字舉例，替代的用字參考董忠司《臺灣閩南語辭典》：

1、閩音同音借字

地名	替代的用字
大邱田（tua7 khu1 chan5）	邱（khu1）/坵（khu1）
大丘田（tua7 khu1 chan5）	丘（khu1）)/坵（khu1）
大區園（tua7 khu1 hng5）	區（khu1）/坵（khu1）
姜母寮（kiunn1 bo2 liau5）	姜（kiunn1）/薑（kiunn1）
埔羌林（poo1 kiunn1 na5）	羌（kiunn1）/薑（kiunn1）
埔羌坑（poo1 kiunn1 khenn1）	羌（kiunn1）/薑（kiunn1）
牛潮埔（gu5 tiau5 poo1）	潮（tiau5）/木周 tiau5
羊朝堀（iunn5 tiau5 khut4）	朝（tiau5）/木周 tiau5
猫子寮（kiunn1 a2 liau5）	猫（kiunn1）/羼（kiunn1）
姜子寮（kiunn1 a2 liau5）	姜（kiunn1）/羼（kiunn1）
堀尺嶺〔1〕（khut4 chiuh4 nia2）	堀（khut4）/屈（khut4）
加刀坑（ka1 to1 khenn1）	加（ka1）/鉸（ka1）
加走寮（ka1 cau2 liau5）	加走（ka1 cau2）/虼蚤（ka1 cau2）
竹戈寮（tik4 ko1 liau5）	戈（ko1）/篙（ko1）
交力坪（kau1 lat8 penn5）	力（lat8）/栗（lat8）
角秀（kak4 siu3）	秀（siu3）/宿（siu3）
姑子寮（koo1 a2 liau5）	姑（koo1）/罟（koo1）
下茹寮（e7 koo1 liau5）	茹（koo1）/罟（koo1）
丁臺（ting1 tai5）	丁（ting1）/登（ting1）
照安寮（ciau3 an1 liau5）	照（ciau3）/詔（ciau3）
樟普坑（ciunn1 phoo2 khenn1）	樟普（iunn1 phoo2）/

漳浦（iunn1 phoo2）

銅安厝（tang1 uann1 chu3）　　　銅（tang5）/同（tang5）

莢子坑（lai5 a2 khenn1）　　　莢（lai5）/梨（lai5）

覆鼎金（phak4 tiann2 kim1）　　覆（phak4）/仆（phak4）

景尾（kinn2 bue2）　　　　　　景（king2）/梘（king2）

拷潭（kho2 tham5）　　　　　　拷（kho2）/洘（kho2）

澹水溪墘（tam7 cui2 khe1 kinn5）　澹（tam7）/淡（tam7）

溝皂（kau1 co7）　　　　　　　皂（co7）/漕（co7）

狗恩勤 kau2 un1 khun3　　　　　恩（un1）/蝹（un1）

狗殷勤 kau2 un1 khun3　　　　　殷（un1）/蝹（（un1）

竿蓁林（kuann1 cin1 na5）　　　竿（kuann1）/菅（kuann1）

較場埔（kau3 tiunn5 poo1）　　　較（kau3）/教（kau3）

無水療（bu5 cui2 liau5）　　　　療（liau5）/寮（liau5）

西嶼平（sai su7（si7）ping5）　　平（ping5）/坪（ping5）

施瓜寮（si1 kue1 liau5）　　　　施（si1）/西（si1）

埔鹽藍（poo1 iam5 na5）　　　　藍（na5）/林（na5）

2、閩音近音借字

校栗埔（kau7 lat8 poo1）　　　　校（kau3）/厚（kau7）

好收（hoo2 siu7）　　　　　　　好收（hoo2 siu7）/火燒（hue2 sio2）

拔西猴（puah8 si2 kau5）　　　　西（si1）/死（si2）

安坑（am3 khenn1）　　　　　　安（an1）/暗（am3）

呼神坑（hoo5 sin5 khenn1）　　　呼神（hoo1 sin5）/胡蠅（hoo5 sin5）

金蕉灣（kim1 ciu1 uan1）　　　　金（kim1）/芎（kin1）

田螺堀（chan5 le5 khut4）　　　　堀（khut4）/窟（khut8）

苦練腳（khoo2 ling7 nia2）　　　練（lian7）/苓（ling7）

褒子寮（pu5 a2 liau5）　　　　　褒（po1）/匏（pu5）

加道坑（ka1 to1 khenn1）　　　　加道（ka1 to7）/鉸刀（ka1 to1）

狗殷勤（kau2 un1 khun3）　　　　勤（khun5）/睏（khun3）

來利坑（la5 li2 khinn1/khenn1）　　來利（lai5 li2）/鯪鯉（la5 li2）

王功（ong5 king1）　　　　　　功（kong1）/宮（king1）

鹽水埤（kiam5 cui2 pi1）　　　　鹽（iam5）/鹹（kiam5）

塗葛掘（thoo2 kak4 kut4）　　　　葛掘（kat4 kut4）/墈窟（kak4 khut8）

3、華音借字

（1）挖子（uat4 a2）

此地名意爲「轉彎處」，其中「挖」語音爲 oo2，爲挖掘的意思，語音及意義皆不符合，然「挖」字華音爲「ㄨㄚ」，與「uat4」接近，是以華語借音的用字。地名還有挖子尾（uat4 a2 be2）、挖子內（uat4 a2 lai7）、挖子厝（uat4 a2 chu3）、外挖子（gua7 uat4 a2）。

（2）九讚頭（kau2 can3 thau5）

九讚頭原名「九層頭」，其中閩南語「層」語音爲 can3，音同華語「ㄗㄢˋ」，亦是以華語借音的用字。。

四、方言字

就是漢語支系爲自己需要所製的字，一般稱爲俗字或方言字，相對於正字故稱爲俗字，相對於國語而稱爲方言字，這一類包括不見於古籍的新造字，及古字今用，用法與古義無關的新義字，（姚榮松，1990：81）姚教授在〈兩岸閩南話辭典對方言本字認定的差異〉對於方言字也提出見解〔註39〕：

> 一向把「本字」定位於古漢語的共同的漢字，這是非常狹隘的看法，古漢語固有詞的寫法，保存至今天閩南語，固然爲本字，但是對一個從來沒有完整用漢字紀錄下來的語言，其所有第一次出現的文字紀錄，都相當於文字的初造，因此我們應該承認許多方言造字的原創性，這些字或許不合乎古漢語的音韻條件，但是它也可能反映某個階段的音韻變化，因此必須嚴格追蹤每個字出現的準確時代及地域，這樣，我們才能眞正掌握正字還要多出數倍的所謂俗字或方言字，同時，對於方言字的現象，應該是最重要的研究課題，儘可能從不同的方面進行分析，歸納造字的一般規律，對於今後閩南語規範，也有一定的作用。

閩南語地名中的用字在找不到本字的情況下，以俗字代替，如「刣」、「欉」、「墩」、「埒」等，以下舉例之：

〔註39〕姚榮松：〈兩岸閩南話辭典對方言本字認定的差異〉，《國文學報》第 22 期，臺灣師範大學出版，頁 318。

（1）刣〔註40〕，宰殺

地名實例：

　　刣人埔（thai5 lang5 po1）　　　　　刣豬厝（thai5 ti1 chu3）

　　刣牛坑（thai5 gu5 khenn1）

（2）檨，芒果

地名實例：

　　檨子坑（suainn7 a2 khinn1/khenn1）　檨子腳　　（suainn7 a2 kha1）

　　檨子林（suainn7 a2 na5）　　　　　檨仔宅　　（suainn7 a2 theh8）

　　檨子林埤（suainn7 a2 na5 pi1）　　檨仔寮　　（suainn7 a2 liau5）

（3）墘，邊緣

　　湳墘（lam3 kinn5）　　　　　　　圳墘（cun3 kinn5）

　　溪墘（khue1/khe1）kinn5）　　　　大溪墘（tua7 khue1/khe1 kinn5）

　　港墘仔（kang2 kinn5 a2）　　　　圳溝墘（cun3 kau1 kinn5）

　　溪仔墘（khue1 a2 kinn5）　　　　潭仔墘（tham5 a2 kinn5）

　　潭子墘（tham5 a2 kinn5）　　　　海墘厝（hai2 kinn5 chu3）

　　溪墘厝（khe1 kinn5 chu3）　　　　東路墘（tang1 loo2 kinn5）

　　溪墘寮（khue1/khe1 kinn5 liau5）　田墘厝（chan5 kinn5 chu3）

　　溝仔墘（kau1 a2 kinn5）　　　　　新埔墘（sin1 poo1 kinn5）

4、埕，指庭院或廣場

　　車埕（chia1 tiann5）　　　　　　炭埕（thuann3 tiann5）

　　青菜埕（chenn1 chai3 tiann5）　　鹽埕（iam5 tiann5）

　　洪厝埕（ang5 chu3 tiann5）　　　柴埕（cha5 tiann5）

　　洪厝埕（ang5 chu3 tiann5）　　　烘爐埕（hang1 loo5 tiann5）

　　祖厝埕（co2 chu3 tiann5）　　　　做戲埕（co3 hi3 tiann5）

5、厝，房屋

　　土人厝（thoo5 lang5 chu3）　　　半路厝（puann3 loo7 chu3）

　　土壠厝（thoo5 lang5 chu3）　　　四座厝（ci2 co2 chu3）

　　大厝（tua7 chu3）　　　　　　　永定厝（ing2 ting7 chu3）

　　中港厝（tiong1 kang2 chu3）　　　瓦厝（hia7 chu3）

_____

〔註40〕本字或作「治」。

內厝（lai7 chu3）　　　　　　田墘厝（chan5 kinn5 chu3）

六塊厝（lak8 te3 chu3）　　　三塊厝（sann1 te3 chu3）

王厝寮（ong5 chu3 liau5）　　王厝廍（ong5 chu3 phoo7）

6、廍，製糖工廠

頂廍（ting2 phoo7）　　　　　頂廍子（ting2 phoo7 a2）

中廍（tiong1 phoo7）　　　　 下廍（e7 phoo7）

南廍（lam5 phoo7）　　　　　 後廍（au7 phoo7）

廍腳（phoo7 kha1）　　　　　 廍邊（phoo7 pinn1）

蔗廍（cia3 phoo7）　　　　　 廍後（phoo7 au7）

溫厝廍（un1 chu3 phoo7）　　後壁廍（au7 piah4 phoo7）

蔗廍田（cia3 phoo7 chan5）

　　閩南語地名中其他方言字尚有「埤」、「硐」、「汫」、「碃」、「磅」、「挖」、「搰」、「柃」、「砌」、「柃」、「芢」、「芉」、「棹」、「鱲」等。

　　地名實例：

砌磘（hui5 io5）

瓦硐（ua7 tang5）

埤坡（pang1 pi1）

猴硐（kau5 tong7）

汫水港（ciann2 cui2 kang2）

汫水澳（ciann2 cui2 o3）

柯椳腳（kho1 si1 kha1）

石碃子（cioh8 khang1 a2）

現天磅碃（hian7 thinn1 pong7 khang1）

磅磚坑（lak8 tak8 khenn1）

搰柃腳（khoo2 ling7 kha1）

挖子（uat4 a2）

芢萊宅（ong7 lai7 theh8）

芢萊坑（ong7 lai5 theh8 khinn1/ khen1）

芉蒨坑（kuann1 cin1 khinn1/khenn1）

芉蒨林（kuann1 cin1 na5）

鰱尾（tai7 be2）

鰱魚崛（tai7 hi5 khut4）

鰱港埔（tai7 kang2 poo1）

神棹山（sin5 toh4 suann1）

五、方言借詞用字

閩南語中存有發生民族融合過程中保留下來的底層現象，這些「底層現象」也在地名展現。李如龍（1993）指出發生過民族融合的地區保留了一些少數民族語通名的底層，如湳、垃可能古百越通名的遺存，因此閩南語地名中存有著其他民族語的用字，如「湳」、「垃」、「泵」等。

（一）湳、垃

湳、垃語音皆為「lam3」，閩南語地名中，凡指爛泥之意的多用湳、濫、垃三字。董忠司指出在《說文解字》、《廣韻》、《康熙字典》、《中文大辭典》文獻中未見「湳」、「垃」二字，其音義與壯侗語有對應的關係，「湳」、「垃」可能是古越語留在閩南語的底層，在《臺灣閩南語辭典》指出「湳」、「垃」皆非漢語，是語意指稱爛泥的代用字。〔註41〕

地名實例：

湳子（lam3 a2）　　　　　　湳港西（lam3 kang2 sai1）

湳子埔（lam3 a2 poo1）　　　湳港舊（lam3 kang2 ku7）

湳子溝（lam3 a2 kau1）　　　湳窟（lam3 khut4）

湳仔（lam3 a2）　　　　　　湳墘（lam3 kinn5）

湳仔溝（lam3 a2 kau1）　　　湳底寮（lam3 te2 liau5）

湳仔橋（lam3 a2 kio5）　　　湳雅（lam3 a2）

湳底（lam3 te2）　　　　　　垃仔（lam3 a2）

垃尾（lam3 bue2）　　　　　垃埔（lam3 poo1）

頂草湳（ting2 chau2 lam3）　　頂草垃（ting2 chau2 lam3）

（二）泵

泵，利用機械能以提高源於液（水或油等）的位能（壓力）並使流動的

〔註41〕董忠司：《臺灣閩南語概論講授資料彙編》，臺灣語文學會出版，1996 年，頁10～11。

機械，按用途又可分氣泵、水泵、油泵。又作幫浦、幫浦、滂埔。源於英 pump〔中古英語 pump〈中古荷蘭語 pumpe〈西班牙語 bomba 可能來自擬聲語源〕〔註42〕。地名如凱達格蘭族音譯地名巴浪泵，泵乃擬石落水聲。

六、簡化字

臺灣閩南語中的用字，亦有簡化的現象。日治時期大量將地名的用字的字體筆劃刪減，許極燉指出日人用漢字的歷史已久，在使用漢字的經驗中，對於筆劃繁雜的字加以簡化並接受愛用的字，此外政府也不吝運用行政的力量推展漢字的簡化（許極燉，1999：123）。如「圓」改為「員」、「仔」改為「子」、「蔴」改為「麻」、「荳」改為「豆」、「灣」改為「澳」等。

地名實例：

圓山子（inn5 suann1 a2）	→	員山子（inn5 suann1 a2）
大陂（tau7 pi1）	→	大坡（tau7 pi1）
七份仔（chit4 hun7 a2）	→	七分子（chit4 hun7 a2）
蔴豆（mua5 tau7）	→	麻豆（mua5 tau7）
山仔腳（suann1 a2 kha1）	→	山子腳（suann1 a2 kha1）

以上依其用字的類型統整臺灣閩南語地名中的用字，有助於了解臺灣閩南語用字的情形，並從地名用字的情形中發現閩南人的語言現象。此外，筆者在整理閩南語地名用字時，發現到許多地名的音、義、字不合的地名，以下舉出並加以探討：

（一）大牛稠（tua7 gu5 tiau5）

此地名意為「大的牛舍」，而其中「稠」語音為 tiu5、tiu1，為多而密或一直不停的的意思，語音、意義及用字皆不符合。

其他地名還有羊稠（iunn5 tiau5）、羊稠子（iunn5 tiau5 a2）、羊稠坑（iunn5 tiau5 khenn1）、羊稠厝（iunn5 tiau5 chu3）、牛稠（gu5 tiau5）、牛稠子（gu5 tiau5 a2）、牛稠內（gu5 tau5 lai7）、牛稠坑（gu5 tiau5 khenn1）、牛稠底（gu5 tiau5 te2）、牛稠後（gu5 tiau5 au7）、牛稠埔（gu5 tiau5 po1）、牛稠腳（gu5 tiau5 kha1）、牛稠崎（gu5 tiau5 kia7）、牛稠湖（gu5 tiau5 oo5）、牛稠港（gu5 tiau5 kang2）、牛稠嶺（gu5 tiau5 nia2）。

〔註42〕劉正土炎，高明凱：《漢語外來詞詞典》，上海辭書出版社，1985 年，頁 41

（二）草漯（chau2 lap4）

此地名意為「茂草的凹地」，其中「漯」《廣韻》：他合切，入合，透。《漢語大辭典》：1、古水名。漯水，為古黃河支流，其道屢有變遷。《書・禹貢》：浮于濟漯，達到河。漢陳琳《為袁紹檄豫州》：並州越太行，青州涉濟漯。2、低濕；潮濕。漢董仲舒《春秋繁露・天地之行》：是故春襲葛，夏居密陰，秋避沙風，冬避重漯，……地名用字。河南省有漯河市。《中國地名通名集解》：「漯，低濕；潮濕，作為自然村落名稱，主要分布於湖南省，如雙牌縣長漕漯、溪石漯、寧遠縣三家漯。」，「漯」音與義皆不合，由此可見，「漯」應為閩南人沿用大陸的地名用字。其他地名還有草漯仔（chau2 lap4 a2）、漯底（lap4 te2）、草漯尾（chau2 lap4 be2）。

從以上的地名探討中，不難發現許多地名用字紛亂，其實不管是地名的用字或是臺語文的寫作，亦或是鄉土語言教材上，閩南語的用字都需要一套完整的用法，這也是未來用字上仍需努力的方向。

第三節　臺灣閩南語地名構詞分析

地名乃由居住該地的居民或由該地有關的人們使用他們的語言所命名，〔註43〕地名是遵循一定語言規律而形成的，且地名是專有名稱學的一部份詞彙，從語言學家的觀點來看，地名不僅是專有名稱的一部份詞彙，更是語言的一部份。

地名既是遵循一定語言規律而形成詞彙，和其他語詞一樣，有一定的語詞結構方式（李如龍，1998：23）。在漢語中，研究語詞的結構問題，一般稱為「構詞法」。盧廣誠指出構詞法要研究的是語詞的內部結構，〔註44〕劉叔新也指出「構詞法」是詞的結構方式，是純就詞的結構平面來觀察其結構組合的項以及項與項之間的連結形式和層次〔註45〕，對地名而言，它是對地名的語素結構關係的橫向平面的靜態分析（李如龍，1998：23）。

筆者在本節討論臺灣閩南語地名的構詞研究，依照臺灣閩南語地名構詞的實際情形，將臺灣閩南語分為帶詞綴地名、音譯疊字地名、複合詞地名

〔註43〕陳國章：〈臺灣地名的特色〉，《第一屆本土文化學術研討會論文集（下）》，1994年12月，頁509。
〔註44〕盧廣誠：《臺灣閩南語詞彙研究》，臺北：南天書局，1999年，頁19。
〔註45〕劉叔新：《漢語描寫詞彙學》，商務印書館，1995年版，頁69。

（composite name）三類，以下分析及舉例說明：

一、帶詞綴地名

帶詞綴地名是附加而成的地名，楊秀芳指出附加是指詞根和詞頭或詞尾黏合的構詞方式，該合成詞的語意主要由詞根表達，詞頭、頭尾只有抽象的語法意義。〔註46〕盧廣城（1999：20）：

> 詞綴是只能附著在其他詞根、詞幹或詞基上的附著詞素，又可依其
> 附著的位置而分為詞頭、詞尾和詞嵌，附著在詞根、詞基或詞幹前
> 端的稱為詞頭，附著在後端的稱為詞尾，插入詞根之間的稱為詞嵌。

簡單的說，帶詞綴地名是指地名中帶有詞頭（prefix）、詞尾（suffix）及詞嵌（infix）的地名，就臺灣閩南語地名可分為帶詞綴地名分為帶詞綴地名、帶詞尾地名、帶詞嵌地名三類，並舉例如下：

（一）帶詞頭地名

帶詞頭地名指的是地名的詞根前面加上一個非獨立成分。臺灣閩南語帶詞頭的地名不多，閩南語地名中的詞頭僅有「阿」，「阿」多半是用加在親屬稱謂或人名前，就其數量而言，帶詞頭「阿」的地名數量不多。

地名實例：

阿公店（a1 kong1 tiam3）	阿泉坑（a1 cuann5 khinn1）
阿四坑（a1 si3 khenn1）	阿兼城（a1 kiam1 siann5）
阿考崎（a1 kho2 kia7）	阿蘭城（a1 lan5 siann5）
阿媽厝（a1 ma2 chu3）	

（二）帶詞尾地名

帶詞尾地名是在一個地名的詞根後面加上一個非獨立的成分。這類地名較帶詞頭地名多，且多附在名詞的詞尾，臺灣閩南語地名中的詞尾僅有「仔」，加上「仔」字的地名多有表示較小地區的意思。

地名實例：

崙仔（lun7 a2）	湳仔（lam3 a2）
坑仔（khinn1/khenn1 a2）	店仔（tiam3 a2）

〔註46〕楊秀芳：《臺灣閩南語語法稿》，臺北：大安出版社，1991年四月第一版，頁163。

埒仔（luah8 a2）　　　　　　杙仔（lam3 a2）

陂仔（pi1 a2）　　　　　　　廍仔（phoo7 a2）

員林仔（inn5 na5 a2）　　　　門樓仔（mng5 lau5 a2）

茄苳仔（ka1 tang1 a2）　　　林厝仔（lim5 chu3 a2）

虎形仔（hoo2 hing5 a2）　　　茅埔仔（bang5 poo1 a2）

車頭仔（chia1 thau5 a2）　　　十甲仔（cap8 kah4 a2）

公舘仔（kong1 kuan2 a2）　　江厝仔（kang1 chu3 a2）

石牌仔（cioh8 pai5 a2）　　　王爺宮仔（ong5 ia5 king1 a2）

磺田仔（hong5 chan5 a2）　　灰窰仔（hue1 io5 a2）

海口仔（hai2 khau2 a2）　　　清水仔（ching1 cui2 a2）

花園仔（hue1 hng5 a2）　　　罟寮仔（koo1 liau5 a2）

（三）帶詞嵌地名

在一個複音詞之間插入一個非獨立成分的地名稱爲帶詞嵌地名，閩南語地名中的詞崁僅有「仔」一個，帶詞嵌「仔」的地名受日本簡化字影響，多將「仔」字簡寫爲「子」。

虎仔耳〔註47〕（hoo2 a2 hinn7）　　茶仔溝（te5 a2 kau1）

田仔頭（chan5 a2 thau5）　　　　蛇仔形（cua5 a2 hing5）

湖仔內（oo5 a2 lai7）　　　　　　路仔頭（loo7 a2 thau5）

球仔山（kio5 a2 suann1）　　　　梘仔埔（king2 a2 poo1）

鬼仔坑（kui2 a2 khinn1/khenn1）　龜子山（ku1 a2 suann1）

港仔墘（kang2 a2 kinn5）　　　　渡仔頭（too7 a2 thau5）

二、音譯疊字地名

楊秀芳（1991：157）指出合成詞的重疊是重複一個語位兩次或三次，以構造成詞的辦法，重疊之前，這個語位不能獨用。其型態有 AA（如事事、日日）、AAA（如粉粉粉、長長長）、ABB（如冷 ki1 ki1）、AAB（ko1 ko1 纏、lin3 lin3 go7）、AABB（如 ching1 ching1 cho2 cho2、chut4 chut4 lip8 lip8）、ABAB（如 gong7 tit8 gong7 tit8）、ABAC（無理無由）、ABCB（皮癢股癢）。在臺灣

〔註47〕閩南語中指老虎以「虎」稱之，不會稱爲「虎仔」，故可判斷「虎仔耳」是插入詞嵌之地名；又如「茶仔溝」，閩南語不會稱爲「茶仔」，故「茶仔溝」亦是插入詞嵌之地名。

閩南語地名中，疊字地名相當少見，唯一找出五例，分別爲暖暖（luan2 luan2）、
集集（cip8 cip8）、踏踏（tap8 tap8）、猴猴（kau5 kau5）、流流（lau5 lau5），
但此五例皆是出於閩南語的音譯地名，但從漢字使用情況而言，一般人不知
或忘卻取其地名之意義，因此暫時可判爲重疊地名，從中也顯現出閩南人對
於地名少以重疊方式命名。

三、複合詞地名

複合詞（compound word）指兩個或兩個以上的實詞成分組成合成詞的構
詞方式，（楊秀芳，1991：170）一般複合詞有主謂式、並列式、偏正式、述
賓式、述補式五種類型的複合詞。又盧廣誠（1999：37）認爲複合詞指的是
一個語詞含有至少兩個詞根詞素，而且兩個詞素都可以是獨立使用的語詞。
筆者依其概念將臺灣閩南語地名的「複合詞地名」，定義爲「由兩個或兩個以
上含有概念意義的詞素合成的多音詞地名」，並將臺灣閩南語複合詞的地名依
「主謂結構」、「偏正結構」、「述賓結構」、「並列結構」、「述補結構」五種結
構方式，分類舉例：

（一）主謂結構

主謂結構是由一個主體名詞加上陳述、說明主體名詞的述詞性語素，反
映出陳述和被陳述、說明和被說明的關係。

地名實例：

牛鬬〔註48〕（gu5 to3）　　　　　水哮（cui2 hau1）

狗氳氛〔註49〕（kau2 un1 khun3）　虎爬壁（hoo2 peh4 piah4）

狗殷勤〔註50〕（kau2 un1 khun3）　牛相觸（gu5 sio2 tak4）

水流東（cui2 lau5 tang1）

（二）偏正結構

偏正結構是漢語地名最主要的構詞方式，也是臺灣閩南語地名中最主要
的構詞方式，偏正結構是以一個語詞爲中心詞加上中心詞的修飾語，這種結
構反映了修飾與被修飾、限制與被限制的關係。

〔註48〕 意「兩牛相鬥」。
〔註49〕 意「狗趴著睡覺」。
〔註50〕 意「狗趴著睡覺」，殷勤二字乃借音字。

1、名詞＋名詞

龜山（ku1 suann1）　　　　　樟湖（ciunn1 oo5）

龜穴（ku1 hiat8）　　　　　　鹽館（iam5 kuan2）

圳寮（cun3 liau5）　　　　　　竹林（tik4 na5）

枋寮（pang1 liau5）　　　　　炭寮（thuann3 liau5）

黃厝（ng5 chu3）　　　　　　謝厝（sia7 chu3）

牛埔（gu5 poo1）　　　　　　蔗廍（cia3 phoo7）

瓦窯寮（hia7 io5 liau5）　　　瓦寮（hia7 liau5）

雷公埤（lui5 kong1 pi1）　　　石牌嶺（cioh8 pai5 nia2）

甘蔗崙（kam1 cia3 lun5）　　　木瓜崙（bok8 kue1 lun7）

芎蕉灣（king1 ciu1 uan1）　　木屐寮（bak8 kiah8 liau5）

江厝店（kang1 chu3 tiam3）　　竹篙山（tik4 koo1 suann1）

石雨傘（cioh8 hoo7 suann1）　沙崙湖（sua1 lun7 oo5）

烘爐埕（hang1 loo5 tiann5）　　和尚田（he5 siunn7 chan5）

祖厝埕（co2 chu3 tiann5）　　　苦苓林（khoo2 ling7 na5）

梨園寮（lai5 hng5 liau5）　　　虎寮潭（hoo2 liau5 tham5）

蜈蚣窟（gia5 kang1 khut4）　　樟樹窟（ciunn1 chiu7 khut4）

麻園寮（mua5 hng5 liau5）　　樹梅坑（chiu7 m5 khinn1/khenn1）

蜈蚣崙（gia5 kang1 lun7）　　　蕃薯寮（han1 cu5/ci5 liau5）

王爺宮（ong5 ia5 king1）　　　鳥鼠洲（niau2 chu2 /chi2 ciu1）

田寮港（chan5 liau5 kang2）　　蜈蜞埔（go5 khi5 poo1）

石土地公（cioh8 thoo2 ti7 kong1）　媽祖厝（ma2 co2 chu3）

2、形容詞＋名詞

青潭（chinn1/chenn1 tham5）　大厝（tua7 chu3）

紅坡（ang5 pi1）　　　　　　大埔（tua7 poo1）

員山（inn5 suann1）　　　　　大池（tua7 ti5）

小橋（sio2 kio5）　　　　　　尖山（ciam1 suann1）

烏山（oo1 suann1）　　　　　冷泉（ling2 cuann5）

舊塭（ku7 un3）　　　　　　舊莊（ku7 cng1）

粗窟（cho1 khut4）　　　　　半山（puann3 suann1）

深溝（chim1 kau1）　　　　　舊港（ku7 kang2）

圓潭（inn5 tham5）　　　　黑斗門（oo1 tau2 mng5/muinn5）

黑塗（oo1 thoo5）　　　　　烏瓦厝（oo1 hia7 chu3）

烏瓦窯（oo1 hia7 io5）　　　大籬笆（tua7 li5 pa1）

破瓦厝（phua3 hia7 chu3）　大槺榔（tua7 khong1 long5）

舊泉州厝（ku7 cuan5 ciu1 chu3）

3、數詞＋名詞

二水　（ji7 cui2）　　　　　二城（ji7 siann5）

二崎（ji7 kia7）　　　　　　二結（ji7 kiat4）

二崙　（ji7 lun5）　　　　　二埔（ji7 poo1）

二橋（ji7 kio5）　　　　　　二埤（ji7 pi1）

二鎮（ji7 tin3）　　　　　　三溝（sann1 kau1）

三崁（sann1 kham3）　　　三灣（sam1 uan1）

三湖（sann1 oo5）　　　　　三結（sann1 kiat4）

五湖（goo7 oo5　）　　　　六腳　（lak8 kha1）

七坑（chit4 khenn1）　　　　七寮（chit4 liau5）

九寮（kau2 liau5）　　　　　九湖（kau2 oo5）

九䶅（kau2 khau1）　　　　　一槺榔（it4　khong1 long5）

十八埒（cap8 pueh4/peh4 luah8）　二鯤鯓（ji7 khun1 sin1）

二竹圍（ji7 tik4 ui5）　　　　十九灣（cap8 kau2 uan1）

4、數詞＋量詞

一甲（it4 kah4）　　　　　　二層（ji7 can3）

二甲（ji7 kah4）　　　　　　三層（sam1 can5）

九甲（kau2 kah4）　　　　　七戶（chit4 hoo7）

十六甲（cap8 lak8 kah4）　　八塊（peh8 teh4）

一百甲（cit8 pah4 kah4）　　九塊（kau2 te3）

十三張（cap8 sann1 tiunn1）　六張（lak8 tiunn1）

十六張（cap8 lak8 tiunn1）　七張（chit4 tiunn1）

十八張（cap8 pueh4/peh4 tiunn1）　八張（pueh4/peh4 tiunn1）

十一份（cap8 it4 hun7）　　十分（cap8 hun7）

十六分（cap8 lak8 hun7）　　十五分（cap8 goo7 hun7）

四十份（si3 cap8 thun7）　　八十分（pueh4/peh4 cap8 hun7）

四十二份（si3 cap8 ji7 hun7）　　二十四分（ji7 cap8 si3 hun7）

5、數量詞＋名詞

三塊石（sann1 te3 cioh8）　　二分埔（ji7 hun7 poo1）

三塊厝（sann1 te3 chu3）　　三條崙（sann1 tiau5 lun7）

三條圳（sann1 tiau5 cun3）　　三點山（sann1 tiam2 suann1）

三塊寮（sann1 te3 liau5）　　三間厝（sann1 king1 chu3）

五間寮（goo7 king1 liau5）　　三層崎（sam1 can3 kia7）

七塊厝（chit4 te3 chu3）　　六階鼻（lak8 kai1 phinn7）

九個厝（kau2 e5 chu3）　　九張犁（kau2 tiunn1 le5）

九層嶺（kau2 can3 nia2）　　十塊寮（cap8 te3 liau5）

十五張犁（cap8 goo7 tiunn1 lue5）　　三十張犁（sann1 cap8 tiunn1 le5）

六欉樣仔（lak8 cang5 suaninn7 a2）

6、動詞＋名詞

浮景（phu5 king2）　　禁山（kim3 suann1）

浮橋（phu5 kio5）　　崩坡（pang1 pi1）

浮洲（phu5 ciu1）　　崩山（pang1 suann1）

崩埤（pang1 pi1）

7、動賓詞組＋名詞

分山崙（hun1 cui2 lun7）　　分水龍（hun1 cui2 ling5）

打牛湳（phah4 gu5 lam3）　　打鹿洲（phah4 lok8 ciu1）

打鐵厝（phah4 thih4 chu3）　　打鹿埔（phah4 lok8 poo1）

打鐵寮（phah4 thih4 liau5）　　摸奶巷（moo1 ni1 hang7）

打鐵店（phah4 thih4 tiam3）　　摸乳巷（moo1 lin1 hang7）

出水坑（chut4 cui2 khinn1/khenn1）　　考試潭（khoo2 chi3 tham5）

做戲埕（co3 hi3 tiann5）　　刣人埔（thai5 lang5 poo1）

刣豬厝（thai5 ti1 chu3）　　刣牛坑（thai5 gu5 khenn1）

挑米坑（tann1 bi2 khenn1）　　挑糖崎（tann1 thng5 kia7）

牽牛坑（khan1 gu5 khenn1）　　殺人坑（thai5 lang5 khenn1）

滴水崁（tih4 cui2 kham3）

8、帶方位詞偏正結構

閩南人常以某一形成的聚落或地點為中心，對四周的地名加以「東、西、

南、北、頂、頭前、後壁、頭、尾、內、外、中、口、角、勢、邊、垅」相關位置，帶方位詞的地名反映了某一個主要的地名及周圍不同地域方位關係，可分為有兩種方式：

（1）方位前置的偏正結構

東社（tang1 sia7）	東庄（tong1 cng1）
西山（sai1 suann1）	西港 （se1 kang2）
西莊（sai1 cng1）	西湖（sai1 oo5）
南垾（lam5 luah8）	南洲（lam5 ciu1）
南平里（lam5 ping5 li2）	南屯 （lam5 tun7）
南坑（lam5 khenn1）	南庄（lam5 cng1）
北寮（pak4 liau5）	北庄（pak4 cng1）
北汕（pak4 suann3）	北山（pak4 suann1）
左營 （co2 iann5）	左鎮（co2 tim3）
口厝（khau2 chu3）	口隘（khau2 ai3）
口埤（khau2 pi1）	口寮（khau2 liau5）
前寮（cing5 liau5）	前庄（cing5 cng1）
前厝（cing5 chu3）	尾庄（bue2 cng1）
尾厝（be2/bue2 chu3）	尾崙（bue2 lun7）
內坑（lai7 khenn1）	內石門 （lai7 cioh8 mng5）
外員山（gua7 inn5 suann1）	外林（gua7 na5）
外大溪（gua7 tua7 khe1）	外社（gua7 sia7）
外城（gua7 siann5）	下四湖（e7 si3 oo5）
下四結（e7 si3 kiat4）	下田寮 （e7 chan5 liau5）
下王爺厝（e7 ong5 ia5 chu3）	後壁埔（au7 piah4 poo1）
後壁湖（au7 piah4 oo5）	中洲（tiong1 ciu1）
中厝（tiong1 chu3）	中埔（tiong1 poo1）

（2）方位後置的偏正結構

臺東（tai5 tang1）	竹東（tik4 tong1）
臺南（tai5 lam5）	竹南 （tik4 lam5）
竹北（tik4 pak4）	社內 （sia7 lai7）

堎內（luan8 lai7）　　　　　林內（na5 lai7）

營頂（iam5 ting2）　　　　　山頂（suann1 ting2）

崁頂（kham3 ting2）　　　　埔頂（poo1 ting2）

溝心（kau1 sim1）　　　　　嶺頂（nia2 ting2）

庄頭（cng1 thau5）　　　　　坑頭（khinn1/khenn1 thau5）

崙前（lun7 cing5）　　　　　庄前（cng1 cing5）

崁前（kham3 cing5）　　　　嶺腳（nia2 kha1）

山後（suann1 au7）　　　　　庄後（cng1 au7）

港後（kang2 au7）　　　　　埤後（pi1 au7）

崁後（kham3 au7）　　　　　崁腳（kham3 kha1）

社角（sia7 kak4）　　　　　洲尾（ciu1 be2/bue2）

埔墘（poo1 kinn5）　　　　　圳墘（cun3 kinn5）

嶺口（nia2 khau2）　　　　　埔頭（poo1 thau5）

圳頭（cun3 thau5）　　　　　埤底（pi1 te2）

尖山外（ciam1 suann1 gua7）　石門內（cioh8 mng5 lai7）

渡船頭（too7 cun5 thau5）　　牛稠後（gu5 tiau5 au7）

石橋頭（cioh8 kio5 thau5）　　尖山腳（ciam1 suann1 kha1）

營盤腳（iann5 puann5 kha1）　蕃社口（huan1 sia7 khau2）

營盤邊（iann5 puann5 pinn1）　樹林口（chiu7 na5 khau2）

飯店邊（png7 tiam3 pinn1）　　營盤口（iann5 puann5 khau2）

祖厝邊（co2 chu3 pinn1）　　　鳳鼻頭（hong7 phinn7 thau5）

新厝內（sin1 chu3 lai7）　　　港子墘（kang2 a2 kinn5）

新坡尾（sin1 pi1 bue2）　　　牛路頭（gu5 loo7 thau5）

溫厝角（un1 chu3 kak4）

（三）述賓結構

述賓結構的前一個語素是動詞性語素，後一個語素作為該動詞的賓語，即是動詞涉及的對象，反映陳述和陳述涉及對象的關係。

地名實例：

過山（kue3 suann1）　　　　　過坑（kue3 khenn1）

過田（ke3/kue3 chan5）　　　　過溝（ke3/kue3 kau1）

過圳（ke3/kue3 cun3）　　　　過埤（ke3 pi1）

過崙（ke3 lun7）　　　　　　過崎（kue3 kia7）

抄房（chau1 pang5）　　　　　過廍（ke3 phoo7）

過景（ke3 king2）　　　　　　過溪（kue3 khe1）

過港（ke3/kue3 kang2）　　　　過橋（ke3 kio5）

過湖（ke3 oo5）　　　　　　　過嶺（kue3 nia2）

浸水（cim3 cui2）　　　　　　出水（chut4 cui2）

（四）並列結構

並列結構是由詞義相同、相近或相反的語素結合而成，語素之間沒有修飾的關係，彼此是平等而並列的。

地名實例：

溪湖（khue1/khe1 oo5）　　　安順（an1 sun7）

安定（an1 ting7）　　　　　　和睦（ho5 bok8）

和興（ho5 hing1）　　　　　　仁德（jin5 tik4）

仁武（jin5 bu2）　　　　　　泰安（thai3 an1）

（五）述補結構

述補結構複合詞是以動詞性的中心語素為詞頭，形容詞性的語素為詞尾，起補充和被補充的關係，在閩南語地名中的述補結構不多。

舉例如下：

成興（sing5 hing1）　　　　　成福（sing5 hok4）

看西（khuann3 sai1）　　　　看東（khuann3 tang1）

結　語

經過探討閩南語地名中音譯地名語音折合的現象、用字的情形以及地名詞彙中的構詞分析，筆者發現如下數點：

1、在原住民音譯地名中，閩南語音譯地名以二音節或三音節的地名最多。其中在平埔族方面以卡伐蘭族留下的地名最多，因其社名音節長，故閩南人多省略其音節，僅音譯其一部分作為地名，從音譯地名中也發現閩南人在音譯原住民社名時，語音受閩南語的語音結構所制約而發生變化，有些音節增加，有些音節減少，從中更可發現幾個語音變化的現象：

（1）濁擦音/v/轉為濁唇音/b/、雙唇鼻音/m/或轉為/bu/

（2）雙唇鼻音/m/轉為濁唇音/b/

（3）濁唇音/b/轉為雙唇不送氣塞音/p/

（4）關於/z/的演變，部分地名中的/z/音會消失，部分轉為/c/、/s/、/n/。

（5）入聲韻尾發達。

（6）加入鼻化韻。

2、在閩南語地名用字的探討中，以假借字為最多數，其中借音字以閩音同音借字為主，華音借字的地名則在少數。

3、從構詞來看，閩南語地名中的詞類以名詞居多，顯示出地名的命名多以實際根據命名，就數量而言，以複合詞中偏正結構數量最多，為最主要構詞結構。

第五章　臺灣閩南語地名之文化探討

　　地名是一種語言現象，也是一種文化現象，是由特定地域的人用其民族語言命名，帶有語言性，透過語言的層面，從中反映出民族的風俗、歷史及文化特徵。美國已故語言學家薩皮爾（Edward Sapir）：「語言的背後是有東西的。而且語言不能離開文化而存在，所謂文化就是社會遺傳下來的習慣和信仰的總合，由它可以決定我們生活的組織」。柏默（L. R. Palmer）：「語言的歷史和文化的歷史是相輔而行的，它們可以相互協助和發展。」，〔註1〕又楊德峰：「語言與文化的關係非常密切，有人認為語言是文化的符號，是文化的載體，就好比鏡子或影集，不同民族的語言反映了紀錄不同民族的發展，在某種程度、某個側面、某個層次上起著制約的作用，可以說語言與文化是水乳交融。」，〔註2〕語言與文化可謂是相輔相成。

　　臺灣的人口以閩南人為多數，約佔八成左右，閩南人來臺開拓，有三方面：一為人的開拓，二為物的開拓，三為精神的開拓。人的開拓就是人口的發展，物的開拓就是經濟發展，精神開拓就是文化的發展。〔註3〕而地名不是簡單的地點名稱，它是其精神開拓以及文化發展的社會文化遺產的一部分。地名包含著豐富的文化內容，體現著地理特點，歷史事件、生活習俗、宗教信仰的社會文化意識等，地名可謂是文化的鏡像。馬永立：「地名是一

〔註1〕　羅常培：《語言與文化》，1989 年 9 月，北京：語文出版數出版，頁 1，分別引自 Edward Sapir：《Language》，221；L.R.Palmer：《An Introduction to Modern Linguistics》，151。

〔註2〕　楊德峰：《漢語與文化交際》，北京：北京大學出版社，1999 年 3 月，頁 1。

〔註3〕　何聯奎。衛惠林：1《臺灣風土志》，臺北：臺灣中華書局出版，1989 年，頁 7。

種寶貴的民族文化遺產，在它形成過程中，吸收和融合許多文化成份，這些
包含在地名中文化痕跡，就是地名所載的文化信息。」，〔註4〕閩南語地名的
的由來與發展，反映出閩南人社會風貌，也呈現出閩南人的文化，這一章主
要探討地名中表現出來的文化現象，希望以文化的角度來審視地名與文化的
關係。

一、宗教信仰的文化意涵

臺灣閩南語地名帶有宗教的色彩，移民的新聚落，人們為了求生活的平
安、順利，因此會把原籍信仰的神移其來臺，在墾殖有成後便蓋廟供奉，因
此在臺灣各地有不少地名是以著名的廟宇命名的，從這些地名可看出人民的
宗教信仰，例如：

媽祖廟（ma2 co2 bio7）
媽祖宮（ma2 co2 king1）
大人宮（tua7 lang5 king1）
大人廟（tua7 lang5 biu7）
太子宮（thai3 cu2 king1）
太子廟（thai3 cu2 bio7）
土地公（tho2 ti7 kong1）
土地公前（tho2 ti7 kong1 cing5）
土地公坑（tho2 ti7 kong1 khinn1/khenn1）
土地公埔（tho2 ti7 kong1 poo1）
土地公坎（tho2 ti7 kong1 kham3）
土地公崎（tho2 ti7 kong1 kia7）
土地公鞍嶺（tho2 ti7 kong1 uann1 nia2）
土地公鼻（tho2 ti7 kong1 phinn7）
福德坑（hok4 tik4 khinn1/khenn1）
福德洋（hok4 tik4 iunn5）
福德埔（hok4 tik4 poo1）
福德街（hok4 tik4 ke1）

〔註4〕馬永立：《地名學新探》，南京大學出版社，1993年，頁87。

王爺宮（ong5 ia5 king1）

王爺宮仔（ong5 ia5 king1 a2）

觀音（kuan1 im1）

子良廟（ci2 liong5 bio7）

關廟（kuan1 bio7）

文武廟街（bun5 bu2 bio7 ke1）

舊文廟（ku7 bun5 bio7）

吳鳳廟（goo5/ngo5 hong7 bio7）

城隍廟街（sing5 hong5 bio7 ke1）

仙公廟（sian1 kong1 bio2）

　　媽祖和觀音佛祖都是臺灣閩南人主要信仰對象，隨著閩南人移民來臺，在臺灣媽祖寺廟、觀音佛祖廟相當普遍。鄭成功招募大陸人民來臺拓殖，且招募明室志士，宣揚祖國文化，啟發臺灣文風，也激發臺灣人的民族精神；還有吳鳳以自我犧牲的義德，受尊為忠義之神，因此成為人民的信仰對象；關公忠義大節，也極為後世所崇，各地多有立廟祭祀，尊為關公，又稱關聖帝，而祭祀關公的廟宇亦稱為文武廟。蔣允焄《增建武廟官廳碑記》：「於文廟已增其祀樂冠裳之盛，於武廟已作其忠誠義勇之氣。」。此外，自古就有社神的供奉，省、府、縣、里各有等稱，省稱都城隍，府稱府城隍，縣稱縣城隍，縣以下的里神，則稱為土地公。臺灣許多地名因廟宇而命名，反映著人民的宗教信仰和社會生活的現象，從中表現了文化的意義。

二、經濟產業活動的文化意涵

　　過去有些地名能反映閩南人社會經濟，如農業、手工業、商業等的狀況，例如臺灣地名中有近百個以「田」字作為地名，顯示臺灣早期是以農業為主，對田地很重視。

　　人們在為地名命名時，常以聚落的生活機能作為地名，在某種行業後面加上「街」、「廊」、「寮」、「埕」、「厝」等基本字作為地名，因此從這些地名能可反映歷史社會經濟的狀況。

（一）反映早期的商業情形

油車（iu5 chia1）　　　　　　　　　鹽行（iam5 hang5）

飯店（png7 tiam3） 　　　豬戶（ti1 hoo7）

車行（chia1 hang5） 　　　車店（chia1 tiam3）

家具街（ka1 ku7 ke1） 　　米市街（bi2 chi7 ke1）

海產街（hai2 san2 ke1） 　鹽館街（iam5 kuan2 khe1）

油車店（iu5 chia1 tiam3） 魚行口（hu5/hi5 hang5 khau2）

魚仔市（hu5（hi5）a2 chi7） 蕃薯市（han1 ci5 chi7）

打鐵店（phah4 thih4 tiam3） 醫生巷（i1 sing1 hang7）

犁頭店（le5 thau5 tiam3） 律師巷（lut8 su1 hang7）

飯店子（png7 tiam3 a2）

（二）反映早期聚落的生活機能

炭埕（thuann3 tiann5） 　　烘爐埕（hang1 loo5 tiann5）

柴埕（cha5 tiann5） 　　　鹽埕（iam5 tiann5）

廍子（phoo7 a2） 　　　　灰磘（hue1 io5）

瓦窰（hia7 io5） 　　　　炭窰仔（thuann3 io5 a2）

鹿寮（lok8 liau5） 　　　　魚寮（hu5/hi5 liau5）

炭寮（thuann3 liau5） 　　枋寮（pang1 liau5）

鹽寮（iam5 liau5） 　　　　瓦寮（hia7 liau5）

麥寮（beh8 liau5） 　　　　鴨母寮（ah4 bu2/bo2 liau5）

瓦磘厝（hia7 io5 ch3） 　　金瓜寮（kim1 kue1 liau5）

米粉寮（bi2 hun2 liau5） 　米粉埔（bi2 hun2 poo1）

檨仔寮（suainn7 a2 liau5） 打鐵寮（phah4 thih4 liau5）

木屐寮（bak8 kiah8 liau5） 蚶子寮（ham1 a2 liau5）

姜子寮（kiunn1 a2 liau5） 金瓜寮（kim1 kue1 liau5）

苦瓜寮（khoo2 kue1 liau5） 柿子寮（khi7 a2 liau5）

匏子寮（pu5 a2 liau5） 　　苓子寮〔註5〕（ling5 a2 liau5）

麻竹寮（mua5 tik4 liau5） 蚵仔寮（o5 a2 liau5）

西瓜寮（si1 kue1 liau5） 　麻豆寮（mua5 tau7 liau5）

芋子寮（oo7 a2 liau5） 　　腦窟寮（lo2 khut1 liau5）

泊仔寮〔註6〕（poh8 a2 liau5） 腦寮坑（lo2 liau5　khinn1/khenn1）

〔註5〕苓子寮意為供刺網漁撈工作使用的小屋。

〔註6〕泊仔寮意為供截箔仔漁撈工作使用的小屋，截箔仔是用竹子或木樁固定的定

苦瓜寮（khoo2 kue1 liau5）　　　蒜頭寮（suan3 thau5 liau5）

西瓜寮（si1 kue1 liau5）　　　　樟腦寮（ciunn1 lo2 liau5）

磚子磘（cng1 a2 io5）　　　　　煂子寮〔註7〕（kenn1 a2 liau5）

刣豬厝（thai5 ti1 chu3）　　　　蔗廍（cia3 phoo7）

三、移民感情與願望的文化意涵

　　閩南人對於宗族、血緣、地緣和同鄉關係，一向是很重視，它如同所有的文化內涵一樣，跟著移民者拓殖臺灣的腳步，醒目地在地名中展現著。閩南人在為地方命名時，常表現出他們的感情與願望，以下將這些反映閩南人的感情與願望的地名分為四類，一反映祖籍及思鄉情節、二反映重宗族的心態、三反映人民的願望、四紀念名人分別舉例討論：

（一）反映祖籍及思鄉情節

　　不同的民族對於自然地理實體的命名，會採用自己的語言，表現出自己民族的生活、產業活動、宗教信仰等；地名不僅深刻著保存著先民開發的事跡和也殘留著民族遷徙的足跡，因此從地名中有助於尋找民族遷徙的蹤跡。地名與移民的關係最顯著的是移民把舊地的地名搬到新地。（牛汝辰，1993：217）而這樣的例子自古即有，周振鶴·游汝杰《方言與文化》：

> 僑置郡縣以外史籍上明確記載一些因移民而來的地名。顏師古注《漢書·地理志》龜茲條說：「龜茲國人來降者……，初之於此縣，故以之名」。「龜茲國在今新疆庫車縣」，而龜茲縣在陝西。又注《漢書·西域傳》溫宿國說：「今雍州醴泉縣北，有山名溫宿嶺者，本因漢時得溫宿國人令居此地田牧，因以為名」。「溫宿國在今新疆阿克蘇縣」，溫宿嶺在雍州醴泉縣。

　　臺灣人口大部分來自閩南以及粵東，人類對出生地的感情，往往有如有如嬰兒對於母親的情感，因此在外的遊子們「戀鄉情結」的心境，把故鄉的地名自然地「移植」到他們所開闢的天地（洪英聖，1995：26）。如此把原來居住的地名移民來作為新地名是常見的事，這類的地名多半將原鄉的地名直接命名，或者將原鄉的地名加上「厝」、「店」、「寮」、「埔」成為新地名。閩南人有濃厚的鄉土觀念，從這些移民地名可看出閩南人原鄉祖籍外，更可看

置網。

〔註7〕煂子寮意為煉製煂油的小屋。

出其思鄉情切，爲了紀念家鄉，因此將家鄉的地名移植來臺灣。何聯奎、衛惠林指出移民的功能，爲人類居住地的擴張及其文化的發展。（何聯奎 衛惠林，1989：15）

地名舉例：

1、泉州府：同安、南安、安溪、晉江

泉州厝（cuan5 ciu1 chu3）	泉州寮（cuan5 ciu1 liau5）
舊泉州厝（ku7 cuan5 ciu1 chu3）	新泉州厝（sin1 cuan5 ciu1 chu3）
同安宅（tang1 uann1 theh8）	同安厝（tang1 uann1 chu3）
同安村（tong5 an1 chuan1）	同安寮（tang1 uann1 liau5）
銅安厝（tang1 uann1 chu3）	南安老（lam5 uann1 lau2）
安溪寮（an1 khe1 liau5）	安溪厝（an1 khe1 chu3）
晉江宅（cin3 kang1 theh8）	晉江寮（cin3 kang1 liau5）

2、漳州府：詔安、平和、漳浦、南靖、長泰、海澄、雲霄

漳州里（ciang1 ciu1 li2）	漳州寮（ciang1 ciu1 liau5）
詔安厝（ciau3 an1 chu3）	詔安寮（cian3 an1 liau5）
照安寮（ciau3 an1 liau5）	海澄里（hai2 ting5 li2）
平和厝（ping5 ho5 chu3）	平和街（ping5 ho5 kue1）
漳浦厝（ciunn1 phoo2 chu3）	樟普坑（ciunn1 phoo2 khenn1）
樟普寮（ciunn1 phoo2 liau5）	南靖（lam5 cing7）
南靖厝（lam5 cing7 chu3）	南靖寮（lam5 cing7 liau5）
長泰（tiong5 thua3）	雲霄街（un1 sio1 ke1）
雲霄厝（un1 sio1 chu3）	溫燒厝（un1 sio1 chu3）

3、汀州府：永定

永定厝（ing2 ting7 chu3）

4、興化府

興化坑（hing1 hua3 khinn1/khenn1）	興化寮（hing1 hua3 liau5）
興化店（hing1 hua3 tiam3）	興化廍（hing1 hua3 phoo7）
興化厝（hing1 hua3 chu3）	

5、福州府：南平

福州山（hok4 ciu1 suann1） 　福州街（hok4 ciu1 kue1/ke1）

福州厝（hok4 ciu1 chu3）　　　　南平（lam5 ping5）
南平里（lam5 ping5 li2）

6、永春州

永春宅（ing2 chun1 theh8）　　　永春城（ing2 chun1 siann5）
永春坡（ing2 chun1 pi1）　　　　永春寮（ing2 chun1 liau5）

7、龍巖州

龍岩（ling5 na5）　　　　　　　龍岩厝（ling5 na5 chu3）

除上述地名外，臺南市地名「安平」係因是鄭成功紀念故鄉「安平」，「芝山巖」為漳州移民因山形似漳州名蹟「芝山」古取名為「芝山巖」，此外尚有東石、鼓山皆是閩人原鄉地名隨著移民的腳步來臺。

（二）反映重宗族的心態

閩南人是個重宗族的社會，可以說宗族是構成社會重要支柱，也因為人們宗族觀念很深厚，故往往同族同姓的人家聚居在一起，形成村落，這些村落的名字便以聚居的宗族大姓命名。長期以來臺灣閩南人的許多村莊以姓氏命名，地名以閩南人的「姓」加上「厝」、「厝寮」、「厝厝」、「厝坑」等，表現了漢民族重宗族的社會心態。

地名舉例：

任厝（jim7 chu3）　　　　　　　邱厝（khu1 chu3）
傅厝（po3 chu3）　　　　　　　　伍厝（ngoo2 chu3）
胡厝（oo5 chu3）　　　　　　　　童厝（tong5 chu3）
朱厝（cu1 chu3）　　　　　　　　蔡厝（chua3 chu3）
辜厝（ko1 chu3）　　　　　　　　宋厝（song3 chu3）
周厝（ciu1 chu3）　　　　　　　　曾厝（can1 chu3）
阮厝（ng2 chu3）　　　　　　　　紀厝（ki2 chu3）
劉厝（lau5 chu3）　　　　　　　　呂厝（li7 chu3）
姚厝（iau5 chu3）　　　　　　　　彭厝（phenn5 chu3）
巫厝（bu5 chu3）　　　　　　　　洪厝（ang5 chu3）
魏厝（gui7 chu3）　　　　　　　　杜厝（to7 chu3）
鄭厝（tinn7 chu3）　　　　　　　顏厝（gan5 chu3）
董厝（tang2 chu3）　　　　　　　歐厝（au1 chu3）

王厝（ong7 chu3）	楊厝（iunn5 chu3）
萬厝（ban7 chu3）	郭厝（kueh4 chu3）
鄧厝（ting7 chu3）	康厝（khng1 chu3）
梁厝（niu5 chu3）	潘厝（phuann1 chu3）
顏厝（gan5 chu3）	粘厝（liam5 chu3）
樊厝（huan5 chu3）	蘇厝（soo1 chu3）
姜厝（khiong1 chu3）	蔣厝（ciunn2 chu3）
龔厝（king2 co3）	葉厝（iap8 chu3）
盧厝（loo5 chu3）	賴厝（lua7 chu3）
謝厝（sia7 chu3）	詹厝（ciam1 chu3）
陳厝（tan5 chu3）	黃厝（ng0 chu3）
邱厝厝（khu1 chu3 chu3）	塗厝厝（thoo5 chu3 chu3）
曾厝厝（can1 chu3 chu3）	洪厝埕（ang5 chu3 tiann5）
吳厝寮（goo5 chu3 liau5）	施厝寮（si1 chu3 liau5）
蘇厝寮（so1 chu3 liau5）	謝厝寮（sia7 chu3 liau5）
王厝寮（ong5 chu3 liau5	蔡厝寮（chua3 chu3 liau5）
謝厝寮（sia7 chu3 liau5	蘇厝寮（soo1 chu3 liau5）
顏厝寮（gan5 chu3 liau5）	方厝寮（png1 chu3 liau5）
孫厝寮（sun1 chu3 liau5）	林厝寮（lim5 chu3 liau5）
劉厝莊（lau5 chu3 cng1）	胡厝寮（oo5 chu3 liau5）
林厝坑（lim5 chu3 khenn1）	陳厝坑（tan5 chu3 khinn1）
曾家村（can1 chu3 chuan1）	詹厝園（ciam1 chu3 hng5）
曾家厝（can1 chu3 chu3	曾厝巷（can1 chu3 hang7）
賴厝廍（lua7 chu3 phoo7）	溫厝廍（un1 chu3 phoo7）

（三）反映人民的願望

漢民族自古以來就有重和諧，愛群體的傳統觀念，為祈求「福、祿、禎、祥」的生活理想，具體說就是向幸福平安、富裕美滿、吉祥如意、健康長壽等美好的生活（常敬宇，1995：125）。閩南人在中國大陸生活貧困，故移民來臺，但臺灣早期的社會仍不安定，因此人們產生祈求太平、福壽、昌盛的心理，因而產生「福興」、「福隆」這樣的地名，希望福建人能夠興盛。根據陳正祥統計臺灣共有 21 個福興、3 個福隆（陳正祥，1993：360）。然而從修辭

的角度來看這樣的地名，這樣的是一種反詰的修辭，因為臺灣地區不斷有紛亂，因此反映出祈求興盛、興隆的願望。

（1）福興（hok4 hing1）：意指希望福建人興盛。

（2）福隆（hok4 liong5）：意指希望福建人興隆。

（3）成福（sing5 hok4）：指希望成為福地之意。

（4）成興（sing5 hing1）：指希望墾成興旺之意。

（5）永靖（ing2 cing7）：祈求永久平靖。

（6）安業（an1 giap8）：企盼脫離洪水災害，祈求安居樂業的簡稱。

（四）紀念名人

以人名作為地名英文稱為 eponym，有些地方以人名當作地名，為紀念最早定居開墾的人之名；此外，閩南人民族在道德方面，推崇堅毅、勇敢、高雅純潔的高尚情操，讚揚忠厚善良、謙虛誠懇、捨己為人、助人為樂等優良品德的人。有些地名即是人們為了紀念那些對國家或人民事蹟作出貢獻的歷史人物或是民族英雄，因此以他們的名字作為地名，表現出景仰先賢的豐功盛德的文化意義。

地名實例：

1、最早定居開墾的人之名

（1）曾文（can1 bun5）：墾首曾文開闢之地。

（2）元掌莊（guan5 ciang2 cng1）：紀念傅元掌拓墾有功。

（3）天送埤（thinn1 sang3 pi1）：許天送的池塘。

（4）蘇澳（soo1 o3）：墾首蘇士尾所拓墾之地。

（5）吳全城（goo5 cuan5 siann1）：墾首吳全城所拓墾之地。

（6）莊禮寮（cng1 le2 liau5）：莊禮的小屋。

（7）陳子方街（tan5 cu2 hong1 ke1）：陳子方居住的市街。

（8）陳平莊（tan5 ping5 cng1）：入墾者陳平。

（9）許梓桑（khoo2 cu2 song1）：許梓桑的居處。

（10）阿四坑（a1 si3 khinn1 khenn1）：係因呂阿四所開墾的谷。

（11）阿考崎（a1 khoo2 kia7）：昔日有阿考一人於該坡地開闢道路，故名。

（12）阿泉坑（a1 cuann5 khinn1）：紀念開闢者高阿泉。

（13）阿兼城（a1 kiam1 siann5）：阿兼的城。

（14）阿蘭城（a1 lan5 siann5）：拓墾者黃阿蘭所建防禦性聚落。

（15）黃仔信埔（ng5 a2 sin3 poo1）：黃仔信居住的平地。

（16）揚喜崎（iong5 hi2 kia7）：吳揚喜居住的坡。

（17）文秀坑（bun5 siu3 khinn1）：紀念開闢者簡文秀。

（18）興南（hing1 lam5）：鍾興南的土地。

（19）泉興埔（cuan5 hing1 poo1）：林泉興墾號的平地。

2、紀念對地方有功勞的人

（1）林圮埔（lim5 ki2 poo1）：紀念鄭成功時期右參軍林圮開闢水沙連有功。

（2）林鳳營（lim5 hong7 iann5）：係紀念因鄭成功參軍林鳳的軍營所在地。

（3）吳阿再坑（ngoo5 a2 cai3 khenn1）：紀念抗日英雄吳阿再。

（4）朝棟里（tiau5 tong3 li2）：紀念中法戰爭時林朝棟固守獅球嶺砲臺有功。

四、開墾歷史的文化意涵

閩南人渡海來臺，大多於鄭成功率領大軍克復臺灣之後，首先面臨到生活的問題。來臺者多屬農業移民，因此多以開墾荒地，以農業發展種植作物為生，故明、清二代的臺灣史，可說是一部拓墾史。〔註8〕以下依其墾殖組織、土地面積及灌溉設施的地名分別探討：

（一）墾殖組織

按墾殖組織的地名有加「盤營」、「王田」、「官田」、「股」、「鬮」、「結」、「分或份」為名。

臺灣地區的墾殖組織，大致可分為官方體系與民間體系。在官方體系，有荷據時期的王田；鄭成功時期除繼承荷據時期的王田，更名為官佃（官田），亦營盤組織，地名如：

王田（ong5 tian5）	官田（kuan1 tian5）
官佃（kuann1 tian7）	營盤前（iann5 puann5 ching5）

〔註8〕牛汝辰：《中國地名文化》，北京市：中國華僑社出版，1993年，頁210。

營盤（iann5 puann5）　　　　營盤後（iann5 puann5 au7）

營盤口（iann5 puann5 khau2）　營盤埔（iann5 puann5 poo1）

營盤內（iann5 puann5 lai7）　　營盤園（iann5 puann5 hng5）

營盤邊（iann5 puann5 pinn1）　營盤腳（iann5 puann5 kha1）

　　民間體系方面，墾殖的活動多是由擁有雄厚財力的墾首數人合資，招募大批壯丁組成像公司的團體，開墾荒埔。開墾後取地名，即以與股、份、鬮、結有關的地名較多。

1、股（koo2）

　　意由幾股合力開墾而成之地。墾首合股向官方領得某地域荒埔地之墾照，共同出資，廣招墾丁，從事開墾（洪敏麟，1980：141）。

地名實例：

二股（ji7 koo2）　　　　　三股子（sann1 koo2 a2）

四股（si3 koo2）　　　　　五股（goo7 koo2）

七股（chit4 koo2）　　　　六股（lak8 koo2）

九股（kau2 koo2）　　　　八股（pueh4/peh4 koo2）

九股子（kau2 koo2 a2）　　十股（cap8 koo2）

十三股（cap8 sann1 koo2）　十一股（cap8 it4 koo2）

十股寮（cap8 koo2 liau5）　十六股（cap8 lak8 koo2）

四股寮（si3 koo2 liau5）

2、分或份（hun7）：「分或份」有三種意義

　　（1）分或份都有持有股分之意，合資由幾股份合力開墾而成，在墾成後以某開墾者股份數為地名。

地名實例：

四份（si3 hun7）　　　　　　五分（goo7 hun7）

七分子（chit4 hun7 a2）　　　十一分（cap8 it4 hun7）

八分（pueh4（peh4）hun7）　十三分（cap8 sann1 hun7）

十四分（cap8 si3 hun7）　　　十五分（cap8 goo7 hun7）

十六分（cap8 lak8 hun7）　　　十七份（cap8 chit4 hun7）

十八分（cap8 pueh4/peh4 hun7）　二十份（ji7 cap8 hun7）

四十份（si3 cap8 thun7）　　　七十分（chit4 cap8 hun7）

五分埔（goo7 hun1 poo1）　　　五分寮（goo7 hun1 liau5）

七分寮（chit4 hun7 liau5）　　　八分寮（pueh4（peh4）hun7 liau5）

（2）因劃分多以數字程序排列，故某股下之第幾份來表示其地名。

地名實例：

頭份（thau5 hun7）　　　　　　尾份（be2/bue2 hun7）

頭份仔（thau5 hun7 a2）　　　　二份（ji7 hun7）

二分埔（ji7 hun7 poo1）　　　　二十份（ji7 cap8 hun7）

（3）與腦灶有關之地名，使用「分」來表示的。按腦灶每十灶為一份，依所屬按次序劃分為第幾份腦灶，等於一種編號，亦略稱為幾份或幾分。

地名實例：

八份（pueh4/peh4 hun7）　　　　十二份（cap8 ji7 hun7）

十六分（cap8 lak8 hun7）　　　　十八份（cap8 pueh4/peh4 hun7）

十九份（cap8 kau2 hun7）　　　　十份寮（cap8 hun7 liau5）

二十份（ji7 cap8 hun7）　　　　　三十二分（sann1 cap4 ji7 hun7）

二十四分（ji7 cap8 si3 hun7）　　四十二份（si3 cap8 ji7 hun7）

七十二分（chit4 cap8 ji7 hun7）　八十分（pueh4/peh4 cap8 hun7）

百二十份（pah4 ji7 cap8 hun7）

3、結（kiat4）

在宜蘭地區，墾首採結首制度向政府具結申領墾照後，合資合力從事墾荒，將各結首編號後為頭、一、二、三……結，也劃分地段，其某結首或得分配之地，加以其編號稱呼（洪敏麟，1980：142），而後取為地名。

地名實例：

一結（it4 kiat4）　　　　　　　二結（ji7 kiat4）

三結（sann1 kiat4）　　　　　　四結（si3 kiat4）

五結（goo7 kiat4）　　　　　　六結（lak8 kiat4）

十六結（cap8 lak8 kiat4）　　　十九結（cap8 kau2 kiat4）

頂三結（ting2 sann1 kiat4）　　　頂五結（ting2 goo7 kiat4）

下三結（e7 sann1 kiat4）　　　　中一結（tiong1 it4 kiat4）

下五結（e7 goo7 kiat4）　　　　中二結（tiong1 ji7 kiat4）

下四結（e7 si3 kiat4）　　　　　三十九結（sann1 cap8 kau2 kiat4）

4、鬮（khau1）

即墾首合資墾成之地為公平分配按寫字或記號令人抓取已決定應得之份

謂之鬮（洪敏麟，1980：142）。

地名實例：

二鬮（ji7 khau1）　　　　　　四鬮（si3 khau1）

五鬮（goo5 khau1）　　　　　九鬮（kau2 khau1）

四鬮一（si3 khau1 it4）　　　　四鬮二（si3 khau1 ji7）

四鬮三（si3 khau1 sann1）

（二）開發面積

早期移民農業拓墾，產生為數不少有關土地開發面積的地名，早期閩南語地名中多以「甲」、「張犁」作為地名。

1、甲（kah4）

「甲」的使用開始於荷據時期，洪敏麟指出據彰化縣誌所載：「自紅夷至臺，就中土遺民，令之耕田輸租，以受十畝之地，各為一甲」（洪敏麟，1980：148），臺灣閩南語地名中以數字加上「甲」字，有些地名數字加上「甲」字再加上「埔」、「寮」等。

地名實例：

一甲（it4 kah4）　　　　　　二甲（ji7 kah4）

五甲（goo7 kah4）　　　　　六甲（lak8 kah4）

六甲仔（lak8 kah4 a2）　　　七甲（chit4 kah4）

九甲（kau2 kah4）　　　　　十二甲（cap8 ji7 kah4）

十六甲（cap8 lak8 kah4）　　十八甲（cap8 peh4 kah4）

十四甲（cap8 si3 kah4）　　　三十甲（sann1 cap8 kah4）

十甲仔（cap8 kah4 a2）　　　二甲九（ji7 kah4 kau2）

三甲子（sann1 kah4 a2）　　　三甲仔（sann1 kah4 a2）

一百甲（cit8 pah4 kah4）　　　百二甲（pah4 ji7 kah4）

九甲埔（kau2 kah4 poo1）　　十八甲寮（cap8 peh4 kah4 liau5）

2、張犁（tiunn1 lue5）

臺灣開拓之初，每一墾戶每開墾五甲土地，配得一張犁。久之，使用幾張犁來稱開墾地的面積大小，於是數詞加上「張犁」也變成普遍的地名；有些「張犁」的地名，僅用「張」，即用數詞加上「張」作為地名。

地名實例：

三張犁（sann1 tiunn1 le5）　　　　四張犁（si3 tiunn1 le5）

七張犁（chit4 tiunn1 le5）　　　　六張犁（lak8 tiunn1 le5）

九張犁（kau2 tiunn1 le5）　　　　下七張犁（e7 chit4 tiunn1 le5）

十八張犁（cap8 peh4 tiunn1 le5）　十張犁（cap8 tiunn1 lue5/le5）

三十張犁（sann1 cap8 tiunn1 le5）　十五張犁（cap8 goo7 tiunn1 lue5）

六張（lak8 tiunn1）　　　　　　　二張（ji7 tiunn1）

八張（pueh4 tiunn1）　　　　　　七張（chit4 tiunn1）

十三張（cap8 sann1 tiunn1）　　　十二張（cap8 ji7 tiunn1）

十六張（cap8 lak8 tiunn1）　　　　十四張（cap8 si3 tiunn1）

二十張（ji7 cap8 tiunn1）　　　　十八張（cap8 peh4 tiunn1）

四十張（si3 cap8 tiunn1）

（三）租　館

在府縣城內官方爲供遠地官員住宿或辦理某種公務而設的建築物；或在鄉間，大租戶爲徵收租穀而建的房屋，皆稱爲公館（洪敏麟，1980：150）。

地名實例：

公館（kong1 kuan2）　　　　　　下公館（e7 kong1 kuan2）

口公館（khau2 kong1 kuan2）

（四）灌溉設施

臺灣早期以水稻作爲主要作物，需要大量的灌溉用水，因此即需要有穩定的水源，因此灌溉設施的建立是非常重要的，依照灌溉設施有「埤、陂、坡」、「圳」、「梘」、「汴頭」等，後多以之爲地名。

地名實例：

大埤（tua7 pi1）　　　　　　　　下埤（e7 pi1）

大潭埤（tua7 tham5 pi1）　　　　大埤頭（tua7 pi1 thau5）

雙連埤（siang1 lian5 pi1）　　　　陂仔（pi1 a2）

大坡（tua7 pi1）　　　　　　　　大坡池（tua7 pi1 ti5）

頂圳（ting2 cun3）　　　　　　　深圳（chim1 cun3）

三條圳（sann1 tiau5 cun3）　　　八堡圳（pat4 po2 cun3）

梘頭（king2 thau5）　　　　　　梘尾（king2 be2/bue2）

梘仔埔（king2 a2 poo1）　　　　汴頭（pan7 thau5）

水汫頭（cui2 pan7 thau5）　　　　三汫頭（sann1 pan7 thau5）

四汫頭（si3 pan7 thau5）　　　　汫子頭（pan7 a2 thau5）

五、軍事活動的文化意涵

閩南人來臺與原住民爭地發生爭執，此外也曾歷經荷、西、日本等異族的殖民統治，因此在地名中帶有「營」、「鎮」、「協」、「鋒」、「堡」、「隘」、「城」、「圍」、「堵」、「土牛」等字都與駐軍防守有關的聚落。

鄭成功自一六六一年（明永歷十五年）進入臺江（今臺南附近），迅即攻陷荷蘭人，鄭氏稱臺灣爲「東都」，設天興、萬年二縣，並由陳永華推動兵農合一制度，即是由軍隊兼任拓墾農地的開墾。臺南、高雄地區許多村落，地名中帶有「營」、「鎮」、「協」、「鋒」等字，多半是鄭氏時期的屯田地點，這些地點不僅墾殖，還有防番的功能。

地名實例：

角秀（kak4 siu3）　　　　中營（tiong1 iann5）

仁武（jin5 bu2）　　　　左營（co2 iann5）

後勁（au7 kenn3）　　　　後營（au7 iann5）

後協（au7 hiap8）　　　　柳營　（liu2 iann5）

本協（pun2 hiap8）　　　　營盤（iann5 puann5）

柳營（liu2 iann5）　　　　二鎮（ji7 tin3）

後鎮（au7 tin3）　　　　右沖（iu7 chiong1）

左鎮（co2 tim3）　　　　新營（sin1 iann5）

下營（e7 iann5）　　　　中協（tiong1 hiap8）

營後（iann5 au7）　　　　援巢中（uan7 cau5 tiong1）

林鳳營（lim5 hong7 iann5）　　　　營盤園（iann5 puann5 hng5）

五軍營（goo7 kun1 iann5）　　　　果毅後（ko2 ge7 a7）

小新營（sio2 sin1 iann5）　　　　屯兵營（tun1 ping1 iann5）

閩南人在來臺開拓的初期，爲了墾地的問題常與原住民發生爭鬥，雙方爭執不下，明鄭時期推動「軍屯合一」，由軍隊墾田稱爲營盤田，如前所言，不僅墾田，亦有防番作用。到清朝時，漢族移民大量，漢、番之間的衝突愈演愈烈，閩南人爲了自保建立防禦設施，設立隘寮、堵、圍、土城、木柵等設施，以防禦番人的攻擊。隘是防禦生番保護開墾而設特殊防番機關，每隘

各設隘首一名，統率隘丁，隘丁又稱隘勇或壯丁；木柵爲防番設施所築的木柵；因此帶有「隘」、「堵」、「圍」、「土城」、「木柵」等地名多是爲防禦番害而產生的。

地名實例：

隘丁（ai3 ting1）　　　　　　　隘口（ai3 khau2）

隘丁城（ai3 ting1 siann5）　　　隘口寮（ai3 khau2 liau5）

隘丁寮（ai3 ting1 liau5）　　　　隘門（ai3 mng5）

隘寮（ai3 liau5）　　　　　　　隘門仔（ai3 mng5 a2）

隘頭（ai3 thau5）　　　　　　　頭堵（thau5 too2）

二堵（ji7 too2）　　　　　　　　三堵（sann1 too2）

五堵（goo7 too2）　　　　　　　六堵（lak8 too2）

七堵（chit4 too2）　　　　　　　土圍（thoo5 ui5）

湯圍（thng1 ui5）　　　　　　　壯圍（cong3 ui5）

土城（thoo5 siann5）　　　　　　木柵（bak8 sa1）

銃櫃（ching3 kui7）　　　　　　北銃櫃（pak4 ching3 kui7）

槍櫃仔（ching3 kui7 a2）

此外，政府爲了防止雙方爭鬥，杜絕漢番糾爭，清朝時曾在漢、番的居住地界線，豎立石牌，嚴禁漢人越過番地及番人入漢地。此外也在交通要點，堆外形有似臥牛的土壘稱爲土牛，或設立石牌，其目的在禁止雙方出入。

地名實例：

土牛（thoo5 gu5）　　　　　　　土牛崎（thoo5 gu5 kia7）

土牛口（thoo5 gu5 khau2）　　　土牛溝（thoo5 gu5 kau1）

石牌（cioh8 pai5）　　　　　　　石牌仔（cioh8 pai5 a2）

石牌坑（cioh8 pai5 khenn1）

六、地名由俗變雅，反映求雅文化

一個地方的名稱會隨著歷史、政治、社會、語言發展及人們心理等因素而變化，在臺灣閩南語地名中有不少地方名稱雅化，最主要是政治力量和人們心理變化，使地名雅化而形成的。常敬宇在《漢語詞彙與文化》指出：

> 諧音取義是漢語一種修辭方式，也是漢族文化的一個重要特點，
> 所謂諧音，就是利用漢語詞語的音同或音近的特點，由一個詞語

聯想到另外一個詞語，是一種同音借代的關係，「諧音取義」就是
由一個詞語聯想到與其音同或音近的另一個詞語的語義，而且後
者的語義是主要的交際義。漢語的同音詞多，爲諧音取義提供了
有利的條件。

地名舉例：

雞籠（ke1 lang5）	→	基隆（ke1 lang5）
豬哥（ti1 ko1）	→	知高（ti1 ko1）
臭水（chau3 cui2）	→	秀水（siu3 cui2）
火燒（hue2 sio1）	→	好收（hoo2 siu7）
高密（ko1 bit8）	→	高美（ko1 bi2）
暗坑仔（am3 khenn1）	→	安坑（am3 khenn1）
湳仔（lam3 a2）	→	湳雅（lam3 nga2）
磚仔（cng1 a2）	→	莊雅（cng1 nga2）
援剿（uan7 cau5）	→	燕巢（ian3 cau5）
梘尾（king2 be2）	→	景美（king2 bi2）〔註9〕
大埔尾（tua7 poo1 bue2）	→	大埔美（tua7 poo1 bi2）
加苳腳（ka1 tang1 kha1）	→	佳冬（ka1 tang1）
竹篙嶺（tik4 ko1 nia2）	→	德高嶺（tik4 ko1 nia2）
牛屎坑（gu5 sai2 khenn1）	→	御史坑（gu7 sai2 khenn1）
牲仔寮（sing1 a2 liau5）	→	成仔寮（sing1 a2 liau5）
蕃仔溝（huan1 a2 kau1）	→	蕃雅溝（huan1 ga2 kau1）
鬼仔坑（kui2 a2 khinn1/khenn1）	→	貴子坑（kui3 a2 khinn1/khenn1）
山仔腳（suann1 a2 kha1）	→	山也佳（suann1 a2 ka1）

　　地名的諧音求雅，把原來俗陋不雅的地名改爲較文雅的說法，這樣諧音
求雅不僅出現在地名中，亦常出現在言語交際或文藝作品中，也經常出現在
非言語交際中。這種諧音求雅的方式，是因從感情上或習慣上不便直接道出，
就採用迴避、迂迴的方式，以吉利、高雅的詞語替代，反映出閩南人求雅、
求吉利、重含蓄的文化心態。

〔註9〕「尾」雅化成「美」，「尾」與「美」同音，內埔腔音 bue2，海口腔音 be2，
　　　文讀音 bi2。

七、閩南人與其他民族語言接觸而形成的歷史遺跡

　　地名由當地居民使用他們的語言命名，然臺灣族群複雜，語言迥異，這些語言接觸時，通常優勢語言會壓過弱勢語言或產生融合。孫維張、劉富華《語言學概論》：「兩種語言相互接觸後，彼此之間相互滲透，相互吸收以致整個語言體系的改變，這種現象就叫做語言間的相互影響」，同時也指出「語言間相互影響，有時形成兩種或兩種以上的語言統一成為一種語言的情況，稱為語言的融合，語言融合的結果，就是語言的同化」，〔註10〕而周振鶴、游汝杰也指出（1990：135）：

> 不同民族或不同地域的文化，最初是互相隔離各具特色的……隨著歷史的發展，隔離狀態逐漸打破了，不同的文化發生接觸並進行交流，各使得自身帶上其他文化的異彩，進而文化的地域性和民族性漸漸磨去稜角，甚至不同語言也產生融合現象。

　　在臺灣這塊土地上，同樣移民來臺的閩南人長期和客家人空間相繼佔用，民族發生融合與同化。五十年來語言的交流產生，在地名中也發生變化與融合的現象，產生閩客融合的地名。

　　地名實例：

　　1、糞箕窩（pun3 ki1 o1）

　　閩南人稱中間低陷而四周高的盆狀地為「湖」，客家人稱低窪地方的習慣稱呼為「窩」，「糞箕窩」是閩南語的「糞箕」及客語「窩」語言接觸的影響融合。地點：新竹縣湖口鄉湖南村、關西鎮東安里；苗栗縣頭屋鄉飛鳳村。

　　2、崙背（lun7 pue3）

　　「崙」是閩南語慣用的地形通字，客語習慣用「崗」，「背」是客語的用法，閩南語則用「後」或「後壁」，「崙背」是融合閩南語及客語結合而成，地點：雲林縣崙背鄉西榮東明二村。

　　3、伯公崙（peh4 kong1 lun7）

　　伯公是客語用語，閩南語稱「土地公」，「崙」是閩南語的用法，「伯公崙」是閩南語及客語結合而成。地點：桃園縣平鎮鄉東勢村。

　　4、七座厝（chit4 co7 chu3）、三座厝（sann1 co7 chu3）

　　七座是客語數量詞，客家地名有「七座屋」，「厝」是閩南語用來指稱房屋，

〔註10〕孫維張。劉富華：《語言學概論》，吉林大學出版社，1991年，頁303。

閩南語用量詞「塊」來形容厝，閩南語地名多為「三塊厝」、「七塊厝」，地名「七座厝」（雲林縣西螺鎮七座里）、「三座厝」（苗栗縣銅鑼鄉竹森村）融合閩南語及客語。

5、彭屋厝（phenn5 ok4 chu3）

同樣用來指稱房屋之意，閩南語用「厝」，客語用「屋」，「彭屋厝」是融合閩南語及客語結合而成。地點：苗栗縣銅鑼鄉盛隆村。

6、凍子腳（tang3 a2 kha1）、凍腳（tang3 kha1）

「凍」為客語用來指稱突起的山頭之意，是崠的諧音字，「腳」為閩南人指下方的意思，客語指稱在下方則用「下」，不用「腳」，「凍子腳」、「凍脚」融合閩南語及客語。地點：嘉義縣中埔鄉東興村。

7、凍頂（tang3 ting2）

如前所言，「凍」為客語用來指稱突起的山頭之意，而「頂」為閩南人指上方的意思，客語指稱在上方則用「上」，不用「頂」，「凍子腳」、「凍頂」融合閩南語及客語。地點：南投縣鹿谷鄉彰雅村。

結　語

閩南人來臺後，以自然、生動、樸實、感性、寫實的風格來為地方命名，他們用其語言以最原始的反應來為地域命名，其中反映出宗教信仰、懷念故鄉、重宗族心態、人們感情與意願、墾殖、經濟和軍事活動的文化意涵。從這些地名詞彙中可探尋他們對生活世界中最深刻、樸素的想法，亦顯現他們的生活方式、思維方式、價值觀以及樸實、不忘本的文化風格，從地名中也可反映閩南人與其他民族語言接觸而形成的歷史遺跡。

第六章　臺灣閩南語地名之演變模式

　　地名是隨著人類語言與社會發展而產生的，是人類生產活動社會化的結果，人們對於地名的要求是多面的，概括來說就是要簡便、精確、穩定的。地名的穩定性是其特徵之一，作爲交際工具的地名必須保持穩定才能發揮社會職能，有些地名不論人類社會的發展及變化，不論民族的遷徙或消失，更不論語言的分合或融合，都依然不變；然而另一方面而言，地名有其穩定性，也有其變異性，地名必須不斷改變和豐富才能滿足社會的要求，這就促使原始地名不斷地發展、演變，地名符號的穩定性和變異性的矛盾和統一構成了它的歷史發展（李，1993：9）。地名改變的現象一直存在著，過去有，現在也有。李如龍（1998：149）：

地名的演變可以歸納爲名與實的五種關係：

第一，有實無名，早在人爲地名命名之先，地就存在了，有了地名之後
　　　則有實有名。

第二，有名而無實，例如設置過的縣又變異了，或由於天災人禍不再存
　　　在的村落。

第三，名存而實異，指那些自然環境或社會狀況發生重大變化的地方，
　　　如水北成了水南，湖泊乾枯了，植被消失了等。

第四，名易而實同，即種種人爲的易名，俗名雅化，改朝換代或因泛讀
　　　而易名。

第五，名實俱亡，一個聚落一旦毀滅了、消失了，如果沒有文字的記載
　　　也就名實俱亡了。

其中第四點名易而實同，即種種人爲因素，如俗名雅化或政治改朝換代

等因素而改變地名，從語言的角度來看地名名稱上的演變方式，即是本章所欲討論的主旨。一個地區的居民更換了不同語言的族群，地名就會產生重大的改變，就地名演變的因素而言，一個地方的名稱，會因歷史、社會變遷、語音的演變或人們心理習慣的因素而改變，有些地名也則出於政治的因素而改變。

臺灣雖然歷史不長，但因歷經政權的替換，文化接觸複雜，故其地名演變的情形也較多、較普遍，尤其以民國九年實施地方行政區域改革以及光復後地名的更改，此兩時期地名大規模的更改，變化甚大，使得許多地名不斷的演變，舉例而言：

	地　　點	清朝時期	日據時期	光復後
（1）	雲林縣臺西鄉	海口厝	海口	臺西鄉
（2）	彰化縣埔心鄉	大埔心	坡心	埔心鄉
（3）	花蓮縣吉安鄉	七腳川	吉野	吉安鄉
（4）	彰化縣芳苑鄉	番挖	沙山	芳苑鄉
（5）	桃園縣八德鄉	八塊厝	八塊	八德鄉
（6）	嘉義縣梅山鄉	梅仔坑	小梅	梅山鄉
（7）	臺東縣成功鎮	蔴荖漏	新港	成功鎮

例（1）臺西在清朝時期原稱海口厝，日治時期由海口厝→海口為省略尾字，光復後由海口→臺西則是重新命名的演變方式。

例（2）埔心在清朝時期原稱大埔心，日治時期由大埔心→坡心是保留一字，另加一個新字的類型，光復後由坡心→埔心則是恢復舊名。

例（3）七腳川原為閩南語音譯原住民社名而成的地名，日治時期由七腳川→吉野是重新命名的演變方式，光復後為消除日式地名的遺跡，改吉野→吉安則是保留一字，另加一個新字的類型。

例（4）芳苑在清朝時期原稱番挖，日治時期改為沙山，番挖→沙山是重新命名，光復後，依清朝時期舊地名番挖音近諧音雅化成芳苑，番挖→芳苑是透過諧音雅化的方式。

例（5）八德在清朝時期原稱八塊厝，日治時期改為八塊，由八塊厝→八塊的演變是省略尾字的方式，八塊→八德是透過音近的方式雅化而成。

例（6）梅山在清朝時期稱為梅仔坑，日治時期由梅仔坑→小梅、光復後

由小梅→梅山的演變，都是保留一字，另加一個新字的方式。

　　例（7）成功在清朝時期原稱蔴荖漏，日治時期由蔴荖漏→新港，光復後由新港→成功，皆是重新命名的分式。

　　從上述數例地名的演變來看，地名受政權的轉移，透過語言上的轉合等因素發生變化。洪敏麟（1980：159～176）討論地名的演變，分別依清代時期、日據時期及光復後不同時期的變化加以分析。筆者參考洪敏麟的分析，從〈臺灣省地名研革表〉中，並綜合試歸納出地名演變的方式，分別爲諧音雅化、近音易字、縮短變化、另加新字、合併變化、字體簡化、完全改變以及恢復舊名八種類型，舉例說明：

一、諧音雅化

　　諧音雅化是人們心理因素的呈現，透過語音演變而變更文字，使地名從文字上由俗變雅，這類的例子相當普遍。

（一）清代時期

1、閩音雅化

梘尾（king2 be2）	→ 景美（king2 bi2）〔註1〕
溪尾（khe1 be2/bue2）	→ 溪美（khe1 bi2）
大埔尾（tua7 poo1 be2/bue2）	→ 大埔美（tua7 poo1 bi2）
湳仔（lam3 a2）	→ 湳雅（lam3 a2）
崙仔（lun7 a2）	→ 崙雅（lun7 a2）
磚仔（cng1 a2）	→ 莊雅（cng1 a2）
隙仔（khiah4 a2）	→ 客雅（kheh4 a2）
蕃仔溝（huan1 a2 kau1）	→ 蕃雅溝（huan1 ga2 kau1）
高密（ko1 bit8）	→ 高美（ko1 bi2）

　　在閩音雅化部份，從中可發現「尾」多雅化成「美」，如大埔尾→大埔美、梘尾→景美、港尾→講美；「仔」多雅化成「雅」，如磚仔→莊雅、隙仔→客雅、蕃仔溝→番雅溝。

〔註1〕「尾」雅化成「美」，「尾」與「美」同音，內埔腔音 bue2，海口腔音 be2，文讀音 bi2。

2、華音雅化

三家村（ㄔㄨㄣ）	→ 三家春（ㄔㄨㄣ）
紅毛城（ㄔㄥˊ）	→ 紅毛埕（ㄔㄥˊ）
山豬湖（ㄕㄢ ㄓㄨ）	→ 珊珠湖（ㄕㄢ ㄓㄨ）

二、近音易字

近音易字是地名改變重要方式之一，藉由同音及近音的語音關係，將原地名改變。

（一）清代時期

1、閩音易字

（1）同　音

番童埔（huan1 tong5 poo1）	→ 番同埔（huan1 tong5 poo1）
獅公廍（sai1 long1 phoo7）	→ 司公廍（sai1 long1 phoo7）
登臺（ting1 tai5）	→ 丁臺（ting1 tai5）
大坵園（tua7 khu1 hng5）	→ 大邱園（tua7 khu1 hng5）
蕃仔溝（huan1 a2 kau1）	→ 蕃仔郊（huan1 a2 kau1）
溝漕（kau1 co7）	→ 溝皂（kau1 co7）

（2）近音

內湖肚（lai7 oo5 too2）	→ 內湖島（lai7 oo5 to2）
石燕潭（cioh8 ian3 tham5）	→ 石案潭（cioh8 an3 tham5）
援剿（uan7 cau5）	→ 燕巢（ian3 cau5）
鹹埔（kiam5 poo1）	→ 鹽埔（iam5 poo1）
陳厝寮（tan5 chu3 liau5）	→ 緞厝寮（tuan7 chu3 liau5）
猴坪（kau5 phiann5）	→ 溝坪（kau1 phiann5）
塗庫（thoo5 khoo3）	→ 土庫（thoo2 khoo3）

2、華音易字

撫（hu2）番社	→ 府（ㄈㄨˇ）番
大隆同（liong5 tong5）	→ 大龍峒（ㄌㄨㄥˊㄊㄨㄥˊ）
九層（can3）頭	→ 九讚（ㄗㄢˋ）頭

（二）日治時期

1、閩音易字

貓里（ba5 li2）　　　　　　　→　　苗栗（biau5 lik8）

媽宮（ma1 king1）　　　　　　→　　馬公（ma2 king1）

茄苳腳（ka1 tang1 kha1）　　　→　　佳冬（ka1 tang1）

2、日音易名

如前所云，日人據臺後，音譯臺灣原地名，借用日語漢字形式或日語詞彙裡的意義成為新地名，舉例如下：（詳細語音的轉折，見頁 72～75）

茄苳腳→花壇	都巒→都蘭
奇密→奇美	蚊蟀→滿洲
湳雅→名間	呂家→利家
打貓→民雄	打狗→高雄
荳蘭→田浦	湳仔→名間
艋舺→萬華	瀰濃→美濃
文里格→森川	虷子崙→金崙
馬稼海→眞柄	北絲鬮→初鹿
獅子獅→彩泉	噍吧哖→玉井
猴仔蘭→香蘭	鴿子籠→加津林
拔子洞→初屯	甘那壁→加奈美
打臘打蘭→多多良	檳榔樹格→日奈敷

其中許地名經過多次轉折變化而成，有些地名原爲原住民地名，漢人來臺音譯爲漢語地名，後日人又以日語音譯爲日式地名，隨後漢人依其日式地名的漢字讀爲閩南音，究其演變整理如下：

地　名	原住民語	閩　語	日　語	漢　語
花壇 （彰化花壇鄉）		茄苳腳 （ka1tang1 kha1）	花壇 かだん （kadan）	花壇 （hue1 tuann5）
名間 （南投縣名間鄉）		湳仔 （lam3 a2）	名間 なま （nama）	名間 （bing5 kan1）

奇美 （花蓮縣瑞穗鄉奇美村）	キヴイツ （kivitsu）	奇密 （ki5 bit8）	奇美 きび（ki bi）	奇美（ki5 bit8）
民雄 （嘉義縣民雄鄉）	タアニアウ （taniau）	打貓 （tann2 niau2）	民雄 たみお（tamio）	民雄 （bin5 hiong5）
田浦 （花蓮縣吉安鄉）	タウラン （tauran）	荳蘭 （tau7 lan5）	田浦 たうら（taura）	田浦 （chan5 poo1）
森川 （臺東縣太麻里鄉）	モリカ （morika）	文里格 （bun5 li2 kek4）	森川 もりかわ （morikawa）	森川 （sim1 chuan1）
眞柄 （臺東縣長濱鄉）	カラハイ （karahai）	馬稼海 （ma2 ka3 hai2）	眞柄 まから （makara）	眞柄 （cin1 ping3）
彩泉 （臺東縣大武鄉）	サャサイ （saiasai）	獅子獅 （sai1 a2 sai1）	彩泉 さいせん （saisen）	彩泉 （chai2 cuann5）
香蘭 （臺東縣大麻里鄉）	カワラン （kawaran）	猴仔蘭 （kau2 a2 lan5）	香蘭 こうらん （kouran）	香蘭 （hiong1 lan5）
初屯 （臺東縣大武鄉）	バシカウ （bashikau）	拔子洞 （pat8 cu2 tong1）	初屯 なっとん （hatsuton）	初屯 （cho1 tun7）
多多良 （臺東縣太麻里鄉）	チャラチヤン （chiyarachiyaran）	打臘打蘭 （tann2 la1 tann2 lan5）	多多良 たたら （tatara）	多多良 （to1 to1 liang5）
都蘭 （臺東縣東河鄉都蘭村）	アトル （atoru）	都巒 （to1 lan5）	都蘭 とらん（toran）	都蘭 （to1 lan5）
滿洲 （屏東縣滿洲鄉）	マヌツル （manutsuru）	蚊蟀 （bang2 sut4）	滿洲 まんしゅう （manshiyu）	滿洲 （buan2 ciu1）
利家 （臺東縣卑南鄉）	ムカボカボン （mukabokabon）	呂家 （li7 ka1）	利家 りか （rika）	利家 （li7 ka1）
高雄 （高雄市）	タアカオ （takao）	打狗 （ta2 kau2）	高雄 たかお （takao）	高雄 （ko1 hiong5）

金崙 （臺東縣太 麻里鄉）	アナドン （anadon）	虷子崙 （ka1 a2 lun7）	金崙 かなろル （kanaron）	金崙 （kim1 lun7）
初鹿 （臺東縣卑 南鄉）	バシカウ （bashikau）	北絲鬮 （pak4 si1 khau1）	初鹿 はつしガ （hatsushika）	初鹿 （cho1 lok8）
玉井 （臺南市玉 井鄉）	タパニイ （tapani）	噍吧哖 （ta1 pa1 ni5）	玉井 たまし（tamai）	玉井 （giok8 cenn2）
加津林 （臺東縣大 武鄉）	カチヨリン （kachiyorin）	鴿子籠 （kap4 cu2 lang2）	加津林 かつりん （katsurin）	加津林 （ka1 cin1 lin5）
加奈美 （臺東縣大 武鄉）	カジヤピツ （kaziyapitsu）	甘那壁 （kam1 nann2 piah4）	加奈美 かなび （kanabi）	加奈美 （ka1 nainn7 bi2）
日奈敷 （臺東縣卑 南鄉）	ピナスキ （pinasuki）	檳榔樹格 （pin1 nng5 su3 kek4）	日奈敷 ひなしき （hinashiki）	日奈敷 （jit8 na7 hu1）
稻葉 （臺東縣卑 南鄉）	卑南族語 イナバラン （inabaran）		稻葉 いたは（inaha）	稻葉 （to7 iap8）
舞鶴 （花蓮縣瑞 穗鄉）	阿美族語 マイブル （maiburu）		舞鶴 まいつる （maitsuru）	舞鶴 （bu2 hoh8）
萬華 （臺北市萬 華區）	ヴァンカ （vanka）	艋舺 （bang2 kah4）	萬華 まんか （manka）	萬華 （ban7 hua5）
金樽 （臺東縣東 和鄉）	阿美族語 ganada		金樽 かなたる （kanataru）	金樽 （kim1cun1）

（三）光復後

新港（sin1 kang2）	→	伸港（sin1 kang2）
四湖（si3 oo5）	→	西湖（sai1 oo5）
番挖（huan1 uat4）	→	芳苑（hong1 uan2）
鷺洲（loo7 ciu1）	→	蘆洲（loo5 ciu1）

三、縮短變化

縮短變化即刪除原地名的一部分，為了便利稱呼或書寫，將某些地名省略、縮短，有些地名刪除一字，有些地名刪除二字。

（一）清朝時期

1、省略頭二字

貓里錫口→錫口街（北市松山區）　　新仔羅罕→羅罕（冬山鄉）

穆罕穆罕→武罕（冬山鄉）　　貓里霧罕→霧罕（壯圍鄉）

2、省略頭字

八芝蘭→芝蘭街（北市士林區）　　搭搭悠→塔悠（北市松山區）

抵美福→美福（壯圍鄉）　　奇武暖→武暖（礁溪鄉）

3、省略中字

奇蘭武蘭→奇武蘭或淇武蘭（礁溪鄉）

4、省略尾字

諸羅山→諸羅（嘉義市）　　馬蘭拗→馬蘭（臺東市）

卑南覓→卑南（臺東市）

（二）日治時期

1、省略頭二字

羅漢內門→內門（高雄市內門鄉）　　內盧竹塘→竹塘（彰化縣竹塘鄉）

2、省略頭字

山杉林→杉林（高雄市杉林鄉）　　蘆竹塘→竹塘（彰化縣竹塘鄉）

阿里港→里港（屏東縣里港鄉）　　內國姓→國姓（南投縣國姓鄉）

雙溪口→溪口（嘉義縣溪口鄉）　　頂雙溪→雙溪（新北市雙溪鄉）

庵古坑→古坑（雲林縣古坑鄉）　　石觀音→觀音（桃園縣觀音鄉）

大湖口→湖口（新竹縣湖口鄉）　　九芎林→芎林（新竹縣芎林鄉）

頂五結→五結（宜蘭縣五結鄉）

3、省略中字

冬瓜山→冬山（宜蘭縣冬山鄉）　　二八水→二水（彰化縣二水鄉）

崁頭屋→頭屋（苗栗縣頭屋鄉）　　大莆林→大林（嘉義縣大林鎮）

水燦林→水林（雲林縣水林鄉）　　關帝廟→關廟（臺南市關廟鎮）

大坵園→大園（桃園縣大園鄉）　　竹頭崎→竹崎（嘉義縣竹崎鄉）

橋仔頭→橋頭（高雄市橋頭鄉）　　龍目井→龍井（臺中市龍井鄉）

番仔路→番路（嘉義縣番路鄉）　　鹿仔草→鹿草（嘉義縣鹿草鄉）

槓仔寮→貢寮（新北市貢寮鄉）　　林仔邊→林邊（屏東縣林邊鄉）

4、省略尾字

鹽水港→鹽水（臺南市鹽水鎮）　　鶯歌石→鶯哥（新北市鶯歌鎮）

大樹腳→大樹（高雄市大樹鄉）　　高樹下→高樹（屏東縣高樹鄉）

西港仔→西港（臺南市西港鄉）　　六腳佃→六腳（嘉義縣六腳鄉）

新埤頭→新埤（屏東縣新鄉埤）　　銅鑼灣→銅鑼（苗栗縣銅鑼鄉）

坪林尾→坪林（新北市坪林鄉）　　東勢角→東勢（臺中市東勢鎮）

大里杙→大里（臺中市大里區）　　大城厝→大城（彰化縣大城鄉）

石崗仔→石岡（臺中市石岡鄉）　　田中央→田中（彰化縣田中鎮）

莿桐巷→莿桐（雲林縣莿桐鄉）　　紅毛港→紅毛（新竹縣新豐鄉）

布袋嘴→布袋（嘉義縣布袋鎮）　　義竹圍→義竹（嘉義縣義竹鄉）

二崙仔→二崙（雲林縣二崙鄉）　　大埤頭→大埤（雲林縣大埤鄉）

北門嶼→北門（臺南市北門鄉）　　五股坑→五股（新北市五股鄉）

樹林口→樹林（臺北市樹林鎮）　　八里坌→八里（新北市八里鄉）

坪林尾→坪林（新北市坪林鄉）　　平溪仔→平溪（新北市平溪鎮）

三叉河→三叉（苗栗縣三義鄉）　　蘆竹厝→蘆竹（桃園縣蘆竹鄉）

和美線→和美（彰化縣和美鎮）　　紅毛港→紅毛（新竹縣新豐鄉）

後壁寮→後壁（臺南市後壁鄉）　　魚池仔→魚池（南投縣魚池鄉）

鳥松腳→鳥松（高雄市鳥松鄉）　　海口厝→海口（雲林縣臺西鄉）

六龜里→六龜（高雄市六龜鄉）　　七股藔→七股（臺南市七股鄉）

九塊厝→九塊（屏東縣九如鄉）　　彌陀港→彌陀（高雄市彌陀鄉）

琉球嶼→琉球（屏東縣琉球鄉）　　甲仙埔→甲仙（高雄市甲仙鄉）

（三）光復後

1、省略頭字

柴頭港→頭港（嘉義市）　　　　　番社口→社口（嘉義市）

七老爺→老爺（鳳山市）　　　　　大案山→案山（馬公市）

五堵北→堵北（基隆市）　　　　　馬龍潭→龍潭（臺中市）

校栗林→栗林（潭子鄉）

2、省略中字

林子頭→林頭（斗六市）	圳仔頭→圳頭（嘉義市）
港仔坪→港坪（嘉義市）	磚仔磘→磚磘（嘉義市）
湖子內→湖內（嘉義市）	大溪圳→大圳（屏東市）
井子坿→井坿（馬公市）	八堵南→八南（基隆市）
三塊厝→三厝（臺中市）	溝仔墘→溝墘（臺中市）
五分埔→五埔（新埔鎮）	頭家厝→頭厝（潭子鄉）
上枋寮→上寮（新埔鎮）	下枋寮→下寮（新埔鎮）
苑裡坑→苑坑（苑裡鎮）	水柳坡→水坡（苑裡鎮）
圳股頭→圳頭（大園鄉）	洋子厝→洋厝（鹿港鎮）
白猿坑→白坑（湖西鄉）	三塊石→三石（大園鄉）

3、省略尾字

金山面→金山（新竹市）	葫蘆墩→葫蘆（豐原市）
軍功寮→軍功（南投市）	田心子→田心（豐原市）
勝豐宅→勝豐（屏東市）	石牌坑→石牌（彰化市）
牛埔子→牛埔（彰化市）	茄苳腳→茄苳（彰化市）
安溪寮→安溪（彰化市）	雲霄厝→雲霄（嘉義市）
後庄子→後庄（嘉義市）	大溪厝→大溪（嘉義市）
長竹巷→長竹（嘉義市）	王公廟→王公（新營市）
竹圍仔→竹圍（嘉義市）	風櫃尾→風櫃（馬公市）
鐵線橋→鐵線（新營市）	同安厝→同安（三重市）
二重埔→二重（三重市）	內海墘→內海（大園鄉）
犁頭山→犁頭（新埔鎮）	鹿鳴坑→鹿鳴（新埔鎮）

四、另加新字

（一）日治時期

新港→新市（臺南市新市鄉）	枋橋→板橋（新北市板橋區）
草山→寶山（新竹縣寶山鄉）	竹塹→新竹（新竹市）
月眉→峨嵋（苗栗縣峨嵋鄉）	大庄→大村（彰化大村鄉）

內庄→大內（臺南市大內鄉）　　　大料崁→大溪（桃園大溪鄉）

葛瑪蘭→宜蘭（宜蘭市）　　　　　水掘頭→水上（嘉義鄉水上鄉）

山仔頂→山上（臺南市山上鄉）　　港仔墘→小港（高雄市小港區）

大浦心→坡心（彰化縣埔心鄉）　　阿罩霧→霧峰（臺中市霧峰鄉）

金包里→金山（基隆市金山鄉）　　查畝營→柳營（臺南市柳營鄉）

三角湧→三峽（新北市三峽鎮）　　西大墩→西屯（臺中市西屯區）

草鞋墩→草屯（南投市草屯鎮）　　梅仔坑→小梅（嘉義縣梅山鄉）

（二）光復後

頭圍→頭城（宜蘭縣頭城鎮）　　　吉野→吉安（花蓮縣吉安鄉）

八塊→八德（桃園縣八德鄉）　　　三叉→三義（苗栗縣三義鄉）

坡心→浦心（彰化縣埔心鄉）　　　大安→泰安（苗栗縣泰安鄉）

長興→長治（屏東縣長治鄉）　　　九塊→九如（屏東縣九如鄉）

壽→壽豐（花蓮縣壽豐鄉）

五、合併變化

取兩個或兩個以上地名的一個字，合併成為另一新地名。例如：

（一）清朝時期

雷朗社〔註2〕：係取雷里和秀朗二社的各一個字合併而成。（中和市）

圭北屯社：為圭柔山、北投及大屯等三個地名結合而成。（淡水鎮）

貓閣社：貓里社及加志閣社合成貓閣社。（苗栗）

桃澗堡：取桃仔園與澗仔壢二地的起首字合併。（桃園）

（二）日治時期

中和：由中坑和漳和兩個地名合併而成。（中和市）

龍崎：由龍船和崎頂兩地的起首字合併而成。（臺南市龍崎鄉）

南化：由南庄和內新化南里二者各擇一字合併而成。（臺南市南化鄉）

照門：由照鏡和石門二村合併改稱而成。（新竹縣新埔鎮）

〔註2〕雷朗社、圭北屯、貓閣社見於洪敏麟（1980：186）。

六、字體簡化

（一）日治時期

罩蘭→卓蘭（苗栗縣卓蘭鎮）　　官佃→官田（臺南市官田鄉）

後壠→後龍（苗栗縣後龍鎮）　　沙轆→沙鹿（臺中市沙鹿鎮）

新港→新巷（嘉義縣新港鄉）　　阿口連→阿蓮（高雄市阿蓮鄉）

中藔→中寮（南投縣中寮鄉）　　麥藔→麥寮（雲林縣麥寮鄉）

大藔→大寮（高雄市大寮鄉）　　田藔→田寮（高雄市田寮鄉）

枋藔→枋寮（屏東縣枋寮鄉）　　蔴豆→麻豆（臺南市麻豆鎮）

太平→大平（臺中市太平鄉）

七、完全改變

（一）清朝時期

半線→彰化（彰化市）　　　　諸羅→嘉義（嘉義市）

關帝廳莊→永靖（彰化縣永靖鄉）　猴洞→恆春（屏東縣恆春鎮）

（二）日治時期

水返腳→汐止（新北市汐止區）　　芝蘭→士林（臺北市士林區）

錫口→松山（北市松山區）　　　頓物→竹田（屏東縣竹田鄉）

那拔→楠西（臺南市楠西鄉）　　番挖→沙山（彰化縣芳苑鄉）

里壠→關山（臺東縣關山鎮）　　阿猴→屏東（屏東市）

公埔→富里（花蓮縣富里鄉）　　貓公→豐濱（花蓮縣豐濱鄉）

叭哩沙→三星（宜蘭三星鄉）　　水尾→瑞穗（花蓮縣瑞穗鄉）

樹杞林→竹東（新竹縣竹東鎮）　　三角店→竹南（苗栗縣竹南鎮）

牛馬頭→清水（臺中市清水鎮）　　葫蘆敦→豐原（臺中市豐原區）

林杞埔→竹山（南投竹山鎮）　　他里霧→斗南（雲林縣斗南鎮）

店仔口→白河（臺南市白河鎮）　　五間厝→虎尾（雲林縣虎尾鎮）

卑南街→臺東（臺東市）　　　　阿公店→岡山（高雄市岡山鎮）

巴塱衛→大武（臺東縣大武）　　蕃薯藔→旗山（高雄市旗山鎮）

加走灣→長濱（臺東縣長濱鄉）　　蔴荖漏→新港（臺東縣成功鎮）

七腳川→吉野（臺東吉安鄉）　　加路蘭→磯崎（花蓮縣豐濱鄉）

璞石閣→玉里（花蓮縣玉里鄉）　　直加弄→安定（臺南市安定鄉）

犁頭店→南屯（臺中市南屯區）　　　三十張犁→北屯（臺中市北屯區）

（三）光復後

紅毛→新豐（新竹縣新豐鄉）　　　舊港→竹北（新竹縣竹北鎮）

內埔→后里（臺中市）　　　　　　沙山→芳苑（彰化縣芳苑鄉）

海口→臺西（雲林縣臺西鄉）　　　番社→東山（臺南市東山鄉）

新港→成功（臺東縣成功鎮）　　　都鑾→東河（臺東縣東河鄉）

研海→新城（花蓮縣新城鄉）　　　新社→豐濱（花蓮縣豐濱鄉）

大嶼→七美（澎湖縣七美鄉）　　　火燒島→綠島（臺東縣綠島鄉）

八、恢復舊名

（一）日治時期

埔羌頭→永康（臺南市永康區）〔註3〕

塗庫→仁德（臺南市仁德鄉）

（二）光復後

大平→太平（臺中市太平鄉）　　　新巷→新港（嘉義縣新港鄉）

坡心→埔心（彰化縣埔心鄉）

結　語

　　地名隨著社會發展、政治的替換、語言的變化等而產生變化。綜觀臺灣閩南語地名的演變而言，發現以字數來說，字數由多變少。就地名修飾而言，由粗俗變文雅。就地名變動時間而言，清代時期地名更動的較少，以民國九年日治時期實施地方行政區域改革以及光復後兩時期，地名有重大的改變。日治時期和光復後地名的變動，有其相似之處，其一、多將原三字的地名改爲二字，其二、凡地名有「仔」改爲「子」或如遇「仔」於尾字則一律刪除。此二次地名重大的改變，皆出於政治的因素而改變，這種出於政治因素，大規模更改地名的例子，自古即有且有跡可循。郭錦桴（1992：11）：

　　　王貴文、韓燕來在《歷史一次亂改地名的教訓》一文中指出，東漢
　　　王莽做皇帝後爲擺脱政治危機，便以《周禮》爲據，進行托古改制。

〔註3〕永康、仁德爲明鄭時期舊行政區名。

他的改制包括大規模更改地名，將西漢 82 個郡名變更 62 個，都城長安改爲「常安」，許多郡名都冠以「順」、「平」、「新」，這都反映他要人民順從新政的心態。

東漢王莽大規模更改的地名、無疑是執政者治欲徹底統治人民之心態，因此對舊有地名的任意變更，而綜觀日治時期實施和光復後地方行政區域改革，亦是出於執政者治欲統治人民之心態而產生的變革，在二次地名變革中，都對舊有地名任意變更。從文中地名演變的例子來看，有些地名經改後被「截頭斬尾」，地名截去頂、頭、口等，如頂五結→五結、大埤頭→大埤、風櫃尾→風櫃，失去了方向性；有截去了埔、坑、灣、山等地形類別詞，如五股坑→五股、二重埔→二重、犁頭山→犁頭；亦有截去了厝、寮等人爲建築，如同安厝→同安、安溪寮→安溪、大溪厝→大溪、王公廟→王公。這種地名縮短的演變都使得地名的原意被扭曲，違反地名自然變化的原則，地名失去完整性，令人不知命名的意義何在。

然而地名因人而產生，也因人而改變，如前所言，地名有其穩定性，也有其變異性，但惟原始地名不斷地發展和演變，也才能滿足人類社會的要求與需要。

第七章 結 論

　　地名是一個地方的符號，但也蘊含著深刻的意義。本研究針對臺灣閩南語地名作不同層面的探討，在臺灣閩南語地名的層次，可分為原住民語地名層、西洋語地名層、日語地名層、華語地名層，不同的時代展現不同的地名風貌，呈現出不同的語言特色。從臺灣閩南語地名中基本字和附加字的表現出來的語言性，呈現出閩南語特有的語言詞彙特點，透過閩南語地名與客語地名中的基本字和附加字相較，可發現表現出閩南與客語語言上的差異。

　　在語言研究方面，本研究以語言學的角度，包括語音、用字、構詞來分析閩南語地名。在語音分析中，探討閩南語地名中音譯地名語音的現象，原住民音譯地名中，閩南語音譯地名多譯為二音節或三音節，從音譯地名中發現在轉譯的過程中的語音受閩南語的語音結構所制約發生變化，有些音節增加，有些音節減少，從中更可發現幾個語音變化的現象，包括濁擦音/v/轉成濁唇音/b/、雙唇鼻音/m/或轉為/bu/；雙唇鼻音/m/轉成濁唇音/b/；濁唇音/b/轉為雙唇不送氣塞音/p/；　/z/音主要受後面音節的影響，有部分地名中的/z/音會不變，有些消失，部分則轉為/c/、/s/、/n/；閩南語裡保存古漢語入聲韻尾～h、～p、～t、～k，這樣的現象也顯現在閩南語的音譯地名中，原住民語中有喉頭塞音～h，但無～p、～t、～k 入聲韻尾，閩南語轉譯原住民語時，帶入閩南語～p、～t、～k 入聲韻尾；鼻化韻是閩南語的語音中一種普遍的現象，音譯原住民地名時同時加入了鼻化韻。

　　閩南語地名中除了語音分析外，還有地名用字的研究更是重點之一，許多地名中的音、義、字不符，是因為人們對閩南語的用字概念欠缺，因此有很多改字或任意借字的情形出現，使得造成原地名的意義失真。本文依據姚

榮松教授提出閩南語漢字的類型分析地名用字，呈現出用字的實際情況，從中不難發現許多地名用字紛亂。在閩南語地名用字中，以假借字為最多數，其中又以閩音借字為主，其實不管是地名的用字或是臺語文的寫作，抑或是鄉土語言教材上，閩南語的用字都需要一套完整的用法，這也是未來用字上仍需努力的方向。

地名是專有名稱學的一部份詞彙，地名是遵循一定語言規律而形成的，因此地名也和其他語詞一樣，有一定的語詞結構方式，本文依據臺灣閩南語地名實際的構詞情形，依閩南語構詞方式將臺灣閩南語分為帶詞綴地名、音譯疊字地名、複合詞地名三類分析，從閩南語地名構詞中發現，地名中的詞類以名詞居多，顯示出地名的命名多以實際根據命名。閩南語地名的構詞中，就數量而言，以複合詞中偏正結構數量最多，是閩南語地名最主要構詞結構。

本研究嘗試從文化的角度來探討臺灣閩南語地名，地名是一種語言現象，也是一種文化現象，是由特定地域的人用其民族語言命名，因此帶有語言性。透過語言的層面，從中也反映出民族的風俗、及歷史文化特徵。閩南語地名的的由來與發展，反映出閩南人社會風貌，也呈現出閩南人的文化，從地名中探討閩南人表現出來的文化現象，閩南人以自然、生動、樸實、感性、寫實的風格來為地方命名，他們用其語言以最原始的反應來為地域命名，其中反映出宗教信仰、懷念故鄉、重宗族心態、人們感情與意願、墾殖、經濟和軍事活動的文化意涵，從這些地名詞彙中可探尋他們對生活世界中最深刻、樸素的想法，顯現他們的生活方式、思維方式、價值觀以及樸實、不忘本的文化風格。

地名是隨著人類語言與社會發展而產生的，也隨人類語言與社會發展而改變，就其臺灣閩南語地名演變的方式，可綜合試歸納出八種類型，分別為諧音雅化、近音易字、縮短變化、另加新字、合併變化、字體簡化、完全改變、恢復舊名八種，地名有其穩定性，也有其變異性，但惟原始地名不斷地發展和演變，也才能滿足人類社會的要求與需要。

限制與後續研究

地名是隨著人類語言與社會發展而產生的，許多地名早期未有文字記載，在時間的汰舊換新中發生變化，到後期使人無法追溯命名依據和演變方式，許多穿鑿附會之說紛紛出籠，各家說法不一，使得研究上也造成困難，

需要花費相當的人力與時間進行調查與比對。

　　本研究以語言的角度探討臺灣閩南語地名，僅爲語言學領域的一小部分，地名的研究還可以利用其他方法輔助，如統計性的分析、語言地圖的繪製，相信可以有更完整的結果。對於閩南語地名語源的考察、地名用字的全面整理與考察也都需要花費相當的人力與時間，非一人之力在短期間能夠完成。而閩南語音譯地名的現象，也可從荷蘭人紀錄平埔族的地名，再進行較深入的研究，或進行田野調查，實際紀錄地名眞正的音義，更是後續研究重點之一。

引用及參考書目

1. 王維屏，1986，《中國地名語源》，江蘇科學技術出版。

2. 王際桐，1999，《王際桐地名論稿》，社會科學文獻出版社。

3. 《地名論稿》，北京：社會科學出版社。

4. 牛汝辰，1993，《中國地名文化》，北京市：中國華僑社出版。

5. 牛汝辰，1994，《新疆地名概說》，中央民族大學出版社。

6. 中國地名委員會辦公室，1985《地名學文集》，測繪出版社。

7. 中國地名研究會，1989，《地名學研究文集》，遼寧人民出版社。

8. 內政部地政司編繪，1981，《中華民國臺灣區地圖》，臺北市：內政部。

9. 布龍菲爾德，1980，《語言論》，商務印書館。

10. 冉福立、江樹生，1997，《十七世紀荷蘭人繪製的臺灣老地圖》，臺北市：漢聲雜誌社。

11. 史念海，1998，《中國歷史地理論叢》，陝西示範大學中國歷史地理研究所。

12. 伊能嘉矩，1909，《大日本地名辭書續編‧第三臺灣》，東京：富山房。

13. 朱奇格維奇，崔志升譯，1983，《普通地名學》，北平：高等教育。

14. 安倍明義，1938，《臺灣地名研究》日文版，臺北：番語研究會。

15. 安倍明義，1996，《臺灣地名研究》中文版，臺北市：武陵書局。

16. 何聯奎、衛惠林，1989，《臺灣風土志》，臺北：臺灣中華書局。

17. 李如龍，1993，《地名與語言學論集》，福建：地圖出版社。

18. 李如龍，1998，《漢語地名學論稿》，上海：上海教育出版社。

19. 宋玉柱，1996，《現代漢語語法論》北京：語文學院出版社。

20. 呂榮泉，1981，《苗栗縣地名探源》，和興印刷。

21. 林金鈔，1983，《閩南語探源》，新竹：竹一出版社

22. 周鍾瑄，1993，《諸羅縣誌》，臺灣文獻會。

23. 周振鶴、游汝杰，1990《方言與文化》，臺北：南天書局。

24. 周長楫，1996，《閩南語的形成發展及臺灣的傳播》，臺北：臺笠出版。

25. 吳郁芬，1993，《中國地名通名集解》，測繪出版社。

26. 林頹，2000，《地名史話》，北京：中國大百科全書出版社。

27. 施添福總編纂，1996，《臺灣地名辭書》嘉義市卷二十，吳連賞編纂，吳育臻撰述，南投市，臺灣省文獻委員會。

28. 施添福總編纂，1996，《臺灣地名辭書》新竹市卷十八，陳國川撰述，南投市：省文獻會。

29. 施添福總編纂，1996，《臺灣地名辭書》基隆市卷十七，翁佳音編纂，廖秋娥、黃致誠撰述，南投市，臺灣省文獻會。

30. 施添福總編纂，1999，《臺灣地名辭書》臺南市卷廿一，，許淑娟等撰述，南投市：省文獻會。

31. 施添福總編纂，1999，《臺灣地名辭書》臺東縣卷三，夏黎明等撰述，南投市：省文獻會。

32. 施添福總編纂，2000，《臺灣地名辭書》高雄市卷五，吳進喜撰述，南投市：省文獻會。

33. 施添福總編纂，2000，《臺灣地名辭書》宜蘭縣卷一，黃雯娟撰述，南投市：臺灣省文獻委員會。

34. 施添福總編纂，2002，《臺灣地名辭書》臺南市卷七，林聖欽撰述，南投市：臺灣省文獻委員會。

35. 施添福總編纂，2001，《臺灣地名辭書》南投縣卷十，羅美娥撰述，南投市：省文獻會。

36. 施添福總編纂，2001，《臺灣地名辭書》屏東縣卷四，黃瓊慧等撰述，南投市：省文獻會。

37. 施添福總編纂，2002，《臺灣地名辭書》雲林縣卷九，陳國川等撰述，南投市：省文獻會。

38. 施添福總編纂，2002，《臺灣地名辭書》澎湖縣卷六，郭金龍等撰述，南投市：臺灣文獻館。

39. 洪敏麟、陳漢光，1969，《臺灣堡集》，臺北：臺灣省文獻會。

40. 洪敏麟，1980，《臺灣舊地名之沿革第一冊》，臺中：臺灣省文獻委員會。

41. 洪敏麟，1983，《臺灣舊地名之沿革第二冊（上）》，臺中：臺灣省文獻委員會。

42. 洪敏麟，1984，《臺灣舊地名沿革第二冊（下）》，臺中：臺灣省文獻委員

會。

43. 洪英聖，1995，《情歸故鄉（壹）‧總篇：臺灣地名探索》，臺北市：時報文化。

44. 洪英聖，2003，《情歸故鄉 2 臺北市地名探索》，臺北市：時報文化。

45. 洪英聖，2003，《情歸故鄉 3 新北市地名探索》。臺北市：時報文化。

46. 馬永立，1993，《地名學新探》，南京大學出版社。

47. 徐兆奎，韓光輝，1998，《中國地名史話》，商務印書館。

48. 浦善新，2000，《數字地名》，北京：建築工業出版社。

49. 張耀錡，1951，《平浦族社名對照表》，臺灣省文獻委員會刊行。

50. 孫維張、劉富華，1991，《語言學概論》，吉林大學出版社。

51. 張振興，1993，《臺灣閩南方言記略》，文史哲出版社

52. 陳正祥，1978，《中國的地名》，商務印書館。

53. 陳正祥，1993，《臺灣地名辭典》，臺北：南天書局。

54. 常敬宇，1995，《漢語詞彙與文化》，北京：北京大學出版社。

55. 陳國章，1995，《臺灣地名學文集》，臺北：師大地理學系。

56. 陳國章，1986，〈臺灣地名中的「頭」與「尾」〉，《地理教育》22 期，頁 1～13。

57. 陳國章，1987，〈不能望文生義的臺灣地名〉，《地理教育》第 13 期，臺灣師範大學地理學會，頁 15～16。

58. 陳國章，1988，〈地名的傳播——以臺灣爲例〉，《地理教育》第 14 期，臺灣師範大學地理學會，頁 1～9。

59. 陳國章，1989，〈不同語群的接觸對地名命名的影響——以臺灣爲例〉，《地理教育，》25 期，頁 1～4。

60. 陳國章，1991，〈臺灣具有「前」、「後」意義地名的探討〉，《人文及社會學科教學通訊》2：2，頁 202～209。

61. 陳國章，1992，〈臺灣以蔬菜爲名之地名的特色〉，《地理教育》18 期，頁 5～12。

62. 陳國章，1993，〈臺灣閩、客語地名的對比〉，《地理教育》19 期，頁 1～15。

63. 陳國章，1994，〈臺灣地名的特色〉，《第一屆本土文化學術研討會論文集（下）》，頁 509～521。

64. 陳國章，1994，〈廍子與地名〉，《中等教育》45：4，頁 53～61。

65. 陳國章，1994，〈臺灣東、西方爲地名的種類、讀音與含義的探討〉，《地理教育》20 期，頁 211～221。

66. 陳國章，1996，〈臺灣地名中的「頭」與「尾」〉，《地理教育》22 期，頁 1～13。

67. 陳國章，1997，《臺灣地名辭典》上冊，臺北：師大地理學系。

68. 陳國章，1998，《臺灣地名辭典》中冊，臺北：師大地理學系。

69. 陳國章，1999，《臺灣地名辭典》下冊，臺北：師大地理學系。

70. 陳國章，1998，〈從地名可辨別泉、漳語群的分布——以臺灣地名為例〉，《地理教育》24 期，頁 1～3。

71. 陳國章，1999，〈不同語群的接觸對地名命名的影響——以臺灣為例〉，《地理教育》25 期，頁 1～4。

72. 陳國章，2002，〈從地名看語族分布——以臺北市北投區為例〉，《地理教育》，28 期，臺灣師範大學地理學會，頁 19～25。

73. 陳國章，2002，《臺北市地名辭典》，國立臺灣師範大學地理學系。

74. 張德水，1996，《臺灣種族、地名、政治沿革》，臺北：前衛出版。

75. 莊永明，1996，《臺灣鳥瞰圖》，遠流出版。

76. 陳瑞隆、魏英滿，2000《臺灣鄉鎮地名源由》，臺南：世峰出版社。

77. 曾世英，1981，《中國地名拼寫法研究》，北京：測繪出版社。

78. 曾世英，1989，《曾世英論文集》，中國地圖出版社。

79. 曾玉昆，1997，《高雄市地名探源》增訂版，高雄：高雄市文獻委員會。

80. 葉斐聲、徐通鏘，1993，《語言學綱要》臺北：書林出版。

81. 華林甫，2002，《中國地名學史考論》，北京：社會科學文獻出版社。

82. 顧嘉祖，陸昇，1990《語言與文化》，上海：外語教育出版社。

83. 楊秀芳，1991，《臺灣閩南語語法稿》，臺北：大安出版社，四月第一版。

84. 許極燉，1994，《臺語文字化的方向》，臺北：自立晚報社。

85. 《臺灣語通論》，臺北：南天書局。

86. 董忠司，1996，《臺灣閩南語概論講授資料彙編》，臺灣語文學會出版。

87. 董忠司，2001，《臺灣閩南語辭典》，五南圖書出版。

88. 程祥、徽田小琳，1992，《現代漢語》，書林出版有限公司。

89. 楊德峰，1999，《漢語與文化交際》，北京：北京大學出版社。

90. 鄭良偉，1986，《走向標準化的臺灣語文》，自立晚報出版社。

91. 臺灣總督府臨時臺灣土地調查局，1996《臺灣堡圖》，臺北市：遠流出版。

92. 福建省炎黃文化研究會，1997，《閩臺文化研究》，福建人民出版社。

93. 葛本儀，2002，《語言學概論》，臺北：五南圖書出版。

94. 劉正土炎、高明凱，1985，《漢語外來詞詞典》，上海辭書出版社。

95. 劉叔新，1990，《漢語描寫詞彙學》，商務印書館。

96. 劉寧顏，1995，《重修臺灣省通誌，卷三，住民志，地名沿革篇》，臺灣省文獻委員會。

97. 臧汀生，1996，《臺語書面化研究》，臺北：前衛出版社。

98. 臧汀生，2000，〈從漢語漢字的特性談臺語用字的問題〉，《國文學誌》4期，頁 135～146。

99. 盧廣成，1999，《臺灣閩南語詞彙研究》，臺北：南天書局。

100. 羅常培，1989，《語言與文化》，北京：語文出版社。

101. 伊能嘉矩，黃耀榮譯，1908〈關於臺灣土番之土地命名〉，《東京人類學會雜誌第二百六十八號》，頁 360～366。

102. 池永歆，1997，〈臺灣地名學研究回顧與地名義蘊的詮釋〉，《地理教育》23期，頁 7～18。

103. 宋長棟，1987，〈地名學與民族學研究〉，《中國地理》第 10 期，頁 13～22。

104. 林衡道，1976，〈臺灣地名的分類〉，《臺灣文獻》27卷 4 期，頁 50～52。

105. 林衡道，1996，〈地名的社會學〉，《臺灣風物》46卷：4 期，頁 177～187。

106. 范文芳，1997，〈用臺灣語言為臺灣地名做一些考證〉，《國教世紀》177期，10月，頁 55～58。

107. 范文芳，2001，〈從殘存之舊地名來看竹塹開發史〉，《語文學報》，新竹師範學院，頁 39～48。

108. 范文芳，2002，〈新竹縣地名詞典〉，《新竹文獻》創刊號，頁 8～25。

109. 姚榮松，1990，〈閩南話書面語的漢字規範〉，《教學與研究》第 12 期，頁 77～94。

110. 姚榮松，1990，〈當代臺灣小說中的方言詞彙──兼論閩南語的書面語〉，《國文學報》19 期，頁 223～264。

111. 姚榮松，1992，〈葉爾欽 vs 葉爾欽──兩岸外國人名地名漢譯分歧初探〉，《國文天地》，頁 16～23。

112. 姚榮松，1993，〈兩岸閩南話辭典對方言本字認定的差異〉，《國文學報》第 22 期，臺灣師範大學出版，頁 311～326。

113. 姚榮松，1994，〈閩南語書面語使用漢字漢行分析──兼論漢語方言文字學〉，《第一屆臺灣本土文化學術研討會論文集》，頁 177～192。

114. 姚榮松，2001，〈從詞彙體系看臺灣閩南語的語言層次〉，第四屆臺灣語言及其教學國際學術研討會。

115. 姚榮松，2004，〈閩南語漢字書寫的檢討與文字化的方向〉，《國文天地》19：10，頁 81～86。

116. 馬曉東，1991，〈地名的起源、發展與演變〉，《地名知識》總第 72 期，1991 年第 2 期，太原：地名知識編輯部出版，頁 17～19。

117. 郭錦桴，1992，〈地名與社會心態〉，《地名知識》，總第 78 期，1992 年 2 期，頁 10～11。

118. 陳鸞鳳，1997，〈桃、竹、苗縣市境內之小地名與閩、客族群之拓墾與分布〉，《新竹師院學報》10 期，頁 189～229。

119. 陳鸞鳳，1998，〈地名的探究──以「彰、雲、嘉」的「崙」和臺灣東部的地名為例〉。《社會科教育學報》（竹師），頁 183～205。

120. 趙介民，1991，〈地名是民族語言遷徙的腳步〉，《地名知識》總第 76 期，1991 年第 6 期，太原：地名知識編輯部出版，頁 37～38。

121. 謝美齡，2002，〈臺灣閩南方言字略例──兼論母語教學漢字書寫問題〉，《臺中師院學報》16 期，頁 677～690。

122. 江美文，2004，《臺灣勸世類歌謠之語文研究──以當前新竹市竹林書局所刊行的臺語歌仔冊為範圍》，新竹師範學院臺灣語言與語文教育研究所。

123. 洪宏元，2000，《臺灣閩南語流行歌謠語文研究》，新竹師範學院臺灣語言與語文教育研究所。

124. 葉牡丹，2003，《用漢語構詞與語音解讀客家地名》，新竹師範學院臺灣語言與語文教育研究所。

125. Kadmon, Naftali 2000 "Toponymy: the lore, laws, and language of geographical names", New York : Vantage Press.

附錄：臺灣閩南語地名語料

索引目次

地　　名	閩　南　語　拼　音	舊地名	出　　處
一　劃			
一甲	it4 kah4		陳國章 P.1
一百甲	cit8 pah4 kah4		陳國章 P.1
一結	it4 kiat4		陳國章 P.1
一鯤身	it4 khun1 sin1		陳國章 P.1
一楝榔	it4 khong1 long5		陳國章 P.1
二　劃			
丁台	ting1 tai5	登台	安倍明義 P.168
七十二分	chit4 cap8 ji7 hun7		陳國章 P.6
七十二分坑	chit4 cap8 ji7 hun7 khinn1（khenn1）		陳國章 P.7
七十分	chit4 cap8 hun7		陳國章 P.7
七公里	chit4 kong1 li2		陳國章 P.7
七分子	chit4 hun7 a2		陳國章 P.7
七分寮	chit4 hun7 liau5		陳國章 P.7
七戶	chit4 hoo7		陳國章 P.7
七甲	chit4 kah4		陳國章 P.7
七老爺	chit4 lau7 ia5		陳國章 P.7
七坑	chit4 khinn1（khenn1）		陳國章 P.7
七股	chit4 koo2	七股寮	安倍明義 P.219
七星山	chit4 chenn1 suann1		安倍明義 P.106
七星洋	chit4 chenn1 iunn5		陳國章 P.7
七星墩	chit4 chinn1 tun1		陳國章 P.7
七座厝	chit4 co7 chu3		陳國章 P.8
七堵	chit4 too2		陳國章 P.8
七崙仔	chit4 lun7 a2		陳國章 P.8
七張	chit4 tiunn1		陳國章 P.8
七張犁	chit4 tiunn1 le5		陳國章 P.8
七塊厝	chit4 te3 chu3		陳國章 P.8
七寮	chit4 liau5		陳國章 P.8
七頭家	chit4 thau5 ke1		安倍明義 P.184
九甲	kau2 kah4		陳國章 P.15

九甲埔	kau2 kah4 poo1		陳國章 P.15
九老爺	kau2 lau2 ia5		安倍明義 P.233
九芎坑	kiu2 kiong1 khinn1（khenn1）		陳國章 P.15
九芎坪	kiu2 kiong1 penn5		陳國章 P.15
九芎林	kiu2 kiong1 na5		陳國章 P.15
九芎林角	kiu2 kiong1 na5 kak4		陳國章 P.15
九芎湖	kiu2 kiong1 oo5		陳國章 P.16
九芎腳	kiu2 kiong1 kha1		陳國章 P.16
九股	kau2 koo2		陳國章 P.16
九股子	kau2 koo2 a2		陳國章 P.16
九個厝	kau2 e5 chu3		安倍明義 P.284
九崁頭	kau2 kham3 thau5		陳國章 P.16
九座寮	kau2 co7 liau5		陳國章 P.16
九張犁	kau2 tiunn1 le5		陳國章 P.16
九湖	kau2 oo5		陳國章 P.16
九塊	kau2 te3		安倍明義 P.260
九塊厝	kau2 te3 chu3		陳國章 P.16
九塊厝仔	kau2 te3 chu3 a2		陳國章 P.16
九寮	kau2 liau5		陳國章 P.16
九層林	kau2 can3 na5		陳國章 P.16
九層頭	kau2 can3 thau5		陳國章 P.16
九層嶺	kau2 can3 nia2		陳國章 P.17
九讚頭	kau2 can3 thau5		陳國章 P.17
九鬮	kau2 khau1		陳國章 P.17
二八水	ji7 pat4 cui2		陳國章 P.9
二八仔	ji7 pat4 a2		陳國章 P.9
二十分	ji7 cap8 hun7		陳國章 P.8
二十四分	ji7 cap8 si3 hun7		陳國章 P.9
二十份	ji7 cap8 hun7		陳國章 P.9
二十張	ji7 cap8 tiunn1		陳國章 P.9
二分埔	ji7 hun7 poo1		陳國章 P.9
二水	ji7 cui2	二八水	安倍明義 P.188
二甲	ji7 kah4		陳國章 P.9

二甲九	ji7 kah4 kau2		陳國章 P.9
二份	ji7 hun7		陳國章 P.9
二竹圍	ji7 tik4 ui5		陳國章 P.9
二坪子	ji7 penn5 a2		陳國章 P.10
二房寮	ji7 pang5 liau5		陳國章 P.10
二抱竹	nng7 pho7 tik4		陳國章 P.10
二社	ji7 sia7		陳國章 P.10
二股	ji7 koo2		陳國章 P.10
二城	ji7 siann5		陳國章 P.11
二重埔	ji7 ting5 poo1		陳國章 P.10
二重港	ji7 ting5 kang2		陳國章 P.10
二重滴	ji7 ting5 lam3		陳國章 P.10
二埔	ji7 poo1		陳國章 P.11
二埤	ji7 pi1		陳國章 P.11
二堵	ji7 too2		陳國章 P.11
二崎	ji7 kia7		陳國章 P.11
二崙	ji7 lun5	二崙仔	安倍明義 P.235
二張	ji7 tiunn1		陳國章 P.11
二張犁	ji7 tjunn1 le5		陳國章 P.11
二港子	ji7 kang2 a2		陳國章 P.11
二湖	ji7 oo5		陳國章 P.11
二結	ji7 kiat4		陳國章 P.11
二榔	ji7 tiunn1		陳國章 P.12
二溝水	ji7 kau1 cui2		陳國章 P.12
二寮	ji7 liau5		陳國章 P.12
二寮坑	ji7 laio5 khenn1		陳國章 P.12
二層	ji7 can3		陳國章 P.12
二層行溪	ji7 can3 hang5 khe1		安倍明義 P.212
二橋	ji7 kio5		陳國章 P.12
二鎮	ji7 tin3		陳國章 P.12
二鯤鯓	ji7 khun1 sin1		陳國章 P.12
二鬮	ji7 khau1		陳國章 P.12

八十分	peh4 cap8 hun7		陳國章 P.12
八分	peh4 hun7		陳國章 P.12
八分寮	pueh4 hun7 liau5		陳國章 P.12
八分寮頂	pueh4 hun7 liau5 ting2		陳國章 P.12
八份	pueh4（peh4）hun7		陳國章 P.13
八老爺	pat4 lau2 ia5		陳國章 P.13
八角坡尾	peh4 kak4 pi1 be2		陳國章 P.13
八角店子	peh4 kak4 tiam3 a2		陳國章 P.13
八卦山	pat8 kua3 san1		安倍明義 P.182
八股	pueh4（peh4）koo2		陳國章 P.13
八股頭	pueh4（peh4）koo2 thau5		陳國章 P.13
八堵北	pueh4 too2 pak4		陳國章 P.14
八堵南	pueh4 too2 lam5		陳國章 P.14
八張	pueh4 tiunn1		陳國章 P.14
八堡圳	pat4 po2 cun3		陳國章 P.14
八塊	peh8 teh4	八塊厝	安倍明義 P.148
八塊厝	peh4 te3 chu3		陳國章 P.14
八罩嶼	peh4 ta3 su7		安倍明義 P.329
八號	peh4 ho7		陳國章 P.14
八寮	pueh4（peh4）liau5		陳國章 P.14
八寮灣	pueh4（peh4）liau5 uan1		陳國章 P.14
八獎溪	pat8 ciong2 khe1	八掌溪	安倍明義 P.231
十一分	cap8 it4 hun7		陳國章 P.1
十一戶子	cap8 it4 hoo7 a2		陳國章 P.1
十一戶仔	cap8 it4 hoo7 a2		陳國章 P.1
十一份	cap8 it4 hun7		陳國章 P.1
十一股	cap8 it4 koo2		陳國章 P.1
十七份	cap8 chit4 hun7		陳國章 P.3
十九份	cap8 kau2 hun7		陳國章 P.3
十九結	cap8 kau2 kiat4		陳國章 P.3
十九灣	cap8 kau2 uan1		陳國章 P.3
十二甲	cap8 ji7 kah4		陳國章 P.2

十二份	cap8 ji7 hun7		陳國章 P.2
十二佃	cap8 ji7 tian7		陳國章 P.2
十二張	cap8 ji7 tiunn1		陳國章 P.2
十二張犂	cap8 ji7 tiunn1 lue5（le5）		陳國章 P.2
十二寮	cap8 ji7 liau5		陳國章 P.3
十八分	cap8 pueh4 hun7		陳國章 P.1
十八分坑	cap8 pueh4 hun7 khinn1		陳國章 P.1
十八分埔	cap8 pueh4 hun7 poo1		陳國章 P.1
十八甲	cap8 peh4 kah4		陳國章 P.1
十八甲寮	cap8 peh4 kah4 liau5		陳國章 P.2
十八份	cap8 pueh4（peh4）hun7		陳國章 P.2
十八尖山	cap8 pueh4 ciam1 suann4		陳國章 P.2
十八埒	cap8 pueh4 luah8		陳國章 P.2
十三分	cap8 sann1 hun7		陳國章 P.3
十三戶仔	cap8 sann1 hoo7 a2		陳國章 P.3
十三行	cap8 sann1 hang5		陳國章 P.3
十三佃	cap8 sann1 tian7		陳國章 P.3
十三股	cap8 sann1 koo2		陳國章 P.3
十三張	cap8 sann1 tiunn1		陳國章 P.3
十五分	cap8 goo7 hun7		陳國章 P.4
十五庄	cap8 goo7 cng1		陳國章 P.4
十五張犂	cap8 goo7 tiunn1 lue5		陳國章 P.4
十五間	cap8 goo7 king1		陳國章 P.4
十五間尾	cap8 goo7 king1 be2（bue2）		陳國章 P.4
十五寮	cap8 goo7 liau5		陳國章 P.4
十六分	cap8 lak8 hun7		陳國章 P.4
十六分	cap8 lak8 hun7		陳國章 P.4
十六甲	cap8 lak8 kah4		陳國章 P.4
十六股	cap8 lak8 koo2		陳國章 P.4
十六埒	cap8 lak8 luah8		陳國章 P.4
十六張	cap8 lak8 tiunn1		陳國章 P.5
十六結	cap8 lak8 kiat4		陳國章 P.5

十六間	cap8 lak8 king1		陳國章 P.5
十分	Cap8 hun7		陳國章 P.2
十分塭	cap8 hun7 un3		陳國章 P.4
十分寮	cap8 hun7 liau5		陳國章 P.4
十戶子	cap8 hoo7 a2		陳國章 P.4
十四分	cap8 si3 hun7		陳國章 P.5
十四分坡	cap8 si3 hun7 pi1		陳國章 P.5
十四分坡內	cap8 si3 hun7 pi1 lai7		陳國章 P.5
十四甲	cap8 si3 kah4		陳國章 P.5
十四份	cap8 si3 hun7		陳國章 P.5
十四坑	cap8 si3 khinn1		陳國章 P.5
十四張	cap8 si3 tiunn1		陳國章 P.5
十四寮	cap8 si3 liau5		陳國章 P.5
十甲仔	cap8 kah4 a2		陳國章 P.5
十份寮	cap8 hun7 liau5		陳國章 P.5
十字路	sip8 ji7 loo7		陳國章 P.5
十坑	cap8 khinn1（khenn1）		陳國章 P.6
十股	cap8 koo2		陳國章 P.6
十股坑	cap8 koo2 khenn1		陳國章 P.6
十股林	cap8 koo2 na5		陳國章 P.6
十股寮	cap8 koo2 liau5		陳國章 P.6
十張犁	cap8 tiunn1 le5		陳國章 P.6
十塊	cap8 te3		陳國章 P.6
十塊寮	cap8 te3 liau5		陳國章 P.6
十興	sip8 hing1		陳國章 P.6
三　劃			
三十九結	sann1 cap8 kau2 kiat4		陳國章 P.17
三十二分	sann1 cap4 ji7 hun7		陳國章 P.17
三十二間	sann1 cap8 ji7 king1		陳國章 P.17
三十六崙	sann1 cap8 lak8 lun7		陳國章 P.17
三十甲	sann1 cap8 kah4		陳國章 P.17
三十張犁	sann1 cap8 tiunn1 le5		陳國章 P.17

三叉坑	sann1 che1 khenn1		陳國章 P.17
三叉河	sam1 che1 ho5		安倍明義 P.163
三叉港	sann1 che1 kang2		陳國章 P.18
三叉路口	sam1 che1 loo7 khau2		陳國章 P.18
三分子	sann1 hun7 a2		陳國章 P.18
三分埔	sann1 hun7 poo1		陳國章 P.18
三屯	sann1 tun1		陳國章 P.18
三爪子	sann1 jiau2 a2		陳國章 P.18
三爪子坑	sann1 jiau2 a2 khinn1（khenn1）		陳國章 P.18
三丘田	sann1 khu1 chan5		陳國章 P.18
三奶壇	sam1 nai2 tuann5		陳國章 P.18
三平尾	sann1 penn5 bue2		陳國章 P.18
三甲子	sann1 kah4 a2		陳國章 P.18
三甲仔	sann1 kah4 a2		陳國章 P.18
三份	sann1 hun7		陳國章 P.18
三合	sann1 hiap8		陳國章 P.19
三合寮	sam1 hap8 liau5		陳國章 P.19
三百六坑	sann1 pah4 lak8 khinn1（khenn1）		陳國章 P.18
三汴頭	sann1 pan7 thau5		陳國章 P.20
三角	sann1 kak4		陳國章 P.19
三角子	sann1 kak4 a2		陳國章 P.19
三角店	sann1 kak4 tiam3		陳國章 P.19
三角林	sann1 kak4 na5		陳國章 P.19
三角城	sann1 kak4 siann5		陳國章 P.19
三角埔	sann1 kak4 poo1		陳國章 P.19
三角埔子	sann1 kak4 poo1 a2		陳國章 P.19
三角堀	sann1 kak4 khut4		陳國章 P.19
三角湧	sann1 kak4 ing2		陳國章 P.19
三角湖	sann1 kak4 oo5		陳國章 P.19
三角街	sann1 kak4 ke1		陳國章 P.19
三角潭	sann1 kak4 tham5		陳國章 P.20
三角嶺	sann1 kak4 nia2		陳國章 P.20

三角嶺腳	sann1 kak4 nia2 kha1		陳國章 P.20
三姓埔	sam1 sing3 poo1		陳國章 P.20
三姓寮	sam1 sing3 liau5		陳國章 P.20
三房寮	sann1 pang1 liau5		陳國章 P.20
三抱竹	sann1 pho7 tik4		陳國章 P.20
三抱竹子	sann1 pho7 tik4 a2		陳國章 P.20
三林港	sam1 lin5 kang2		安倍明義 P.189
三板橋	sann1 pan2 kio5		陳國章 P.20
三空泉	sann1 khang2 cuann5		陳國章 P.20
三股子	sann1 koo2 a2		陳國章 P.20
三股子溪	sann1 koo2 a2 khe1		陳國章 P.20
三舍甲	sam1 sia2 kah4		陳國章 P.20
三城	sann1 siann5		陳國章 P.21
三洽水	sann1 kap4 cui2		陳國章 P.21
三炮竹	sann1 pho7 tik4		陳國章 P.21
三界壇	sam1 kai3 tuann1		陳國章 P.21
三重埔	sann1 ting5 poo1		陳國章 P.21
三埔	sann1 poo1		陳國章 P.21
三峽	sam1 kiap4	三角湧街	安倍明義 P.136
三崁	sann1 kham3		陳國章 P.21
三崁店	sann1 kham2 tiam3		陳國章 P.21
三座厝	sann1 co7 chu3		陳國章 P.21
三堵	sann1 too2		陳國章 P.22
三崎尾	sann1 kia7 be2		陳國章 P.22
三張犁	sann1 tiunn1 lue5 le5		陳國章 P.22
三條圳	sam1 tiau5 cun3		陳國章 P.21
三條崙	sann1 tiau5 lun7		陳國章 P.22
三湖	sann1 oo5		陳國章 P.22
三結	sann1 kiat4		陳國章 P.22
三貂角	sam1 tiau1 kak4		陳國章 P.22
三貂嶺	sam1 tiau1 nia2		陳國章 P.22
三間厝	sann1 king1 chu3		陳國章 P.23

三塊石	sann1 te3 cioh8		陳國章 P.23
三塊厝	sann1 te3 chu3		陳國章 P.23
三塊厝子	sann1 te3 chu3 a2		陳國章 P.23
三塊寮	sann1 te3 liau5		陳國章 P.23
三榔	sann1 long5		陳國章 P.24
三溝	sann1 kau1		陳國章 P.23
三溝水	sann1 kau1 cui2		陳國章 P.23
三爺埤	sann1 ia5 pi1		陳國章 P.24
三寮	sann1 liau5		陳國章 P.24
三層	sam1 can5		陳國章 P.24
三層崎	sam1 can3 kia7		陳國章 P.24
三點山	sann1 tiam2 suann1		陳國章 P.24
三櫃	sann1 kui7		陳國章 P.24
三鯤鯓	sann1 khun1 sin1		陳國章 P.24
三灣	sam1 uan1		陳國章 P.24
下七股	e7 chit4 koo2		陳國章 P.45
下七張犁	e7 chit4 tiunn1 le5		陳國章 P.45
下九座寮	e7 kau2 co7 liau5		陳國章 P.45
下八櫃	e7 pueh4 kui7		陳國章 P.45
下三屯	e7 sann1 tun1		陳國章 P.46
下三結	e7 sann1 kiat4		陳國章 P.46
下三塊厝	e7 sann1 te3 chu3		陳國章 P.46
下大安	e7 tai7 an1		陳國章 P.45
下大洲	e7 tua7 ciu1		陳國章 P.45
下大埔	e7 tua7 poo1		陳國章 P.45
下大湖	e7 tua7 oo5		陳國章 P.46
下大寮	e7 tua7 liau5		陳國章 P.46
下山	e7 suann1		陳國章 P.45
下山子腳	e7 suann1 a2 kha1		陳國章 P.45
下山寮	e7 suann1 liau5		陳國章 P.45
下五結	e7 goo7 kiat4		陳國章 P.47
下五塊	e7 goo7 te3		陳國章 P.47

下內埔	e7 lai7 poo1		陳國章 P.47
下六股	e7 lak8 koo2		陳國章 P.47
下公館	e7 kong1 kuan2		陳國章 P.47
下月眉	e7 gueh8 bai5		陳國章 P.47
下水底寮	e7 cui2 tue2 （te2）liau5		陳國章 P.46
下水泉	e7 cui1 cuann5		陳國章 P.46
下水潭	e7 cui2 tham5		陳國章 P.47
下牛埔	e7 gu5 poo1		陳國章 P.47
下牛埔子	e7 gu5 poo1 a2		陳國章 P.47
下牛稠	e7 gu5 tiau5		陳國章 P.47
下王功寮	e7 ong5 king1 liau5		陳國章 P.46
下王爺厝	e7 ong5 ia5 chu3		陳國章 P.46
下北勢	e7 pak4 si3		陳國章 P.48
下四湖	e7 si3 oo5		陳國章 P.48
下四結	e7 si3 kiat4		陳國章 P.48
下打鹿埔	e7 phah4 lok8 poo1		陳國章 P.48
下瓦磘子	e7 hia7 io5 a2		陳國章 P.48
下田心	e7 chan5 sim1		陳國章 P.47
下田心子	e7 chan5 sim1 a2		陳國章 P.47
下田洋	e7 chan5 iunn1		陳國章 P.47
下田寮	e7 chan5 liau5		陳國章 P.47
下石碑	e7 cioh8 pai5		陳國章 P.48
下圳寮	e7 cun3 liau5		陳國章 P.49
下宅子	e7 theh8 a2		陳國章 P.48
下灰磘	e7 hue1 io5		陳國章 P.49
下竹子林	e7 tik4 a2 na5		陳國章 P.48
下竹子腳	e7 tik4 a2 kha1		陳國章 P.48
下竹圍	e7 tik4 ui5		陳國章 P.48
下竹圍子	e7 tik4 u5 a2		陳國章 P.49
下庄	e7 cng1		陳國章 P.48
下庄子	e7 cng1 a2		陳國章 P.48

下庄仔	e7 cng1 a2		陳國章 P.48
下冷水坑	e7 ling2 cui2 khenn1		陳國章 P.49
下坑	e7 khinn1（khenn1）		陳國章 P.49
下坑子口	e7 khinn1 a2 khau2		陳國章 P.49
下角	e7 kak4		陳國章 P.49
下坪	e7 penn5		陳國章 P.49
下店	e7 tiam3		陳國章 P.49
下店子	e7 tiam3 a2		陳國章 P.49
下枋寮	e7 pang1 liau5		陳國章 P.50
下東勢	e7 tang1 si3		陳國章 P.50
下林子	e7 na5 a2		陳國章 P.50
下林坪	e7 na5 pinn1（penn1）		陳國章 P.50
下社	e7 sia7		陳國章 P.49
下社口	e7 sia7 khau2		陳國章 P.49
下社埤	e7 sia7 pi1		陳國章 P.50
下青埔	e7 chinn1（chenn1）poo1		陳國章 P.50
下青礐	e7 chinn1 hak8		陳國章 P.50
下南坑	e7 lam5 khenn1		陳國章 P.50
下南港	e7 lam5 kang2		陳國章 P.50
下南勢	e7 lam5 si3		陳國章 P.50
下南勢埔	e7 lam5 si3 poo1		陳國章 P.51
下城	e7 siann5		陳國章 P.51
下柳子林	e7 liu2 a2 na5		陳國章 P.50
下洋子	e7 iunn5 a2		陳國章 P.50
下洲仔	e7 ciu1 a2		陳國章 P.51
下紅毛館	e7 ang5 moo5 kuan2		陳國章 P.51
下茅草山	e7 hm5 chau2 suann1		陳國章 P.51
下茄苳	e7 ka1 tang1		陳國章 P.51
下茄萣	e7 ka1 tiann1		陳國章 P.51
下飛沙	e7 pe1 sua1		陳國章 P.51
下枷冬腳	e7 ka1 tang1 kha1		陳國章 P.51

下厝子	e7 chu3 a2		陳國章 P.52
下員山	e7 inn5 suann1		陳國章 P.52
下員林	e7 inn5 na5		陳國章 P.52
下埔	e7 poo1		陳國章 P.51
下埔子	e7 poo1 a2		陳國章 P.52
下崁	e7 kham3		陳國章 P.51
下海湖	e7 hai2 oo5		陳國章 P.52
下海墘厝	e7 hai2 kinn1 chu3		陳國章 P.52
下浮圳	e7 phu5 cun3		陳國章 P.52
下罟子	e7 koo1 a2		陳國章 P.52
下罟尾	e7 koo1 be2		陳國章 P.52
下草湳	e7 chau2 lam3		陳國章 P.52
下草垺	e7 chuau2 lam3		陳國章 P.52
下茹寮	e7 koo1 liau5		陳國章 P.52
下高埔	e7 ko1 poo1		陳國章 P.52
下埤	e7 pi1		陳國章 P.53
下埤頭	e7 pi1 thau5		陳國章 P.53
下埤腳	e7 pi1 kha1		陳國章 P.53
下崩崁	e7 pang1 kham3		陳國章 P.53
下崙	e7 lun7		陳國章 P.52
下崙子	e7 lun7 a2		陳國章 P.53
下崙尾	e7 lun7 be2		陳國章 P.53
下淡水溪	e7 tam7 cui2 khe1		安倍明義 P.277
下清水	e7 ching1 cui2		陳國章 P.53
下莊	e7 cng1		陳國章 P.52
下莊子	e7 cng1 a2		陳國章 P.52
下蚵子寮	e7 o5 a2 liau5		陳國章 P.53
下許厝寮	e7 khoo2 chu3 liau5		陳國章 P.53
下魚寮	e7 hu5 liau5		陳國章 P.53
下麻園	e7 mua5 huinn5		陳國章 P.53
下揖子寮	e7 chip4 a2 liau5		陳國章 P.54
下港尾	e7 kang2 be2（bue2）		陳國章 P.54

下湖	e7 oo5		陳國章 P.54
下湖口	e7 oo5 khau2		安倍明義 P.239
下番婆	e7 hian1 po5		陳國章 P.54
下菜園	e7 chai3 hng5		陳國章 P.54
下街	e7 ke1		陳國章 P.54
下街子	e7 ke1 a2		陳國章 P.54
下街仔尾	e7 kue1（ke1）a2 be2（bue2）		陳國章 P.54
下湳	e7 lam3		陳國章 P.54
下湳子	e7 lam3 a2		陳國章 P.54
下莿桐腳	e7 chi3 tong5 kha1		陳國章 P.54
下園	e7 hng5（huinn5）		陳國章 P.54
下塗城	e7 thoo5 siann5		陳國章 P.55
下塔悠	e7 tah4 iu7		陳國章 P.55
下新庄	e7 sin1 cng1		陳國章 P.55
下新店	e7 sin1 tiam3		陳國章 P.55
下新厝	e7 sin1 chu3		陳國章 P.55
下新興	e7 sin1 hing1		陳國章 P.55
下楓樹腳	e7 png1 chiu7 kha1		陳國章 P.56
下溝墘	e7 kau1 kinn5		陳國章 P.55
下溪洲	e7 khue1（khe1）ciu1		陳國章 P.55
下溪洲子	e7 khe1 ciu1 a2		陳國章 P.55
下溪墘	e7 khe1 kinn1		陳國章 P.55
下過溪	e7 kue3 khe1		陳國章 P.55
下過溪子	e7 kue3 khe1 a2		陳國章 P.55
下廖	e7 liau7		陳國章 P.56
下寮	e7 liau5		陳國章 P.56
下寮子	e7 liau5 a2		陳國章 P.56
下潭	e7 tham5		陳國章 P.56
下潭墘	e7 tham5 kinn1		陳國章 P.56
下蔦松	e7 ciau2 ching5		陳國章 P.56
下橫山	e7 huainn5 suann1		陳國章 P.56
下樹山	e7 chiu7 suann1		陳國章 P.56

下樹林	e7 chiu7 na5		陳國章 P.57
下橋子頭	e7 kio5 a2 thau5		陳國章 P.57
下澹水社	e7 tam7 cui2 sia7		安倍明義 P.275
下營	e7 iann5		安倍明義 P.218
下礁溪	e7 ta1 khue1（khe1）		陳國章 P.57
下雙溪	e7 siang1 khe1		陳國章 P.57
下彎	e7 uan1		陳國章 P.57
下鹽田	e7 kiam5 chan5		陳國章 P.57
下灣	e7 uan1		陳國章 P.57
下灣子	e7 uan1 a2		陳國章 P.57
下灣子內	e7 uan1 a2 lai7		陳國章 P.57
下廍	e7 phoo7		陳國章 P.56
下廍子	e7 phoo7 a2		陳國章 P.56
下檨榔	e7 khong1 long5		陳國章 P.56
下腳踏	e7 kha1 tah8		陳國章 P.53
口公館	khau2 kong1 kuan2		陳國章 P.67
口庄	khau2 cng1		陳國章 P.67
口林	khau2 na5		陳國章 P.67
口社寮	khau2 sia7 liau5		陳國章 P.67
口厝	khau2 chu3		陳國章 P.67
口埤	khau2 pi1		陳國章 P.68
口隘	khau2 ai3		陳國章 P.68
口寮	khau2 liau5		陳國章 P.68
口墻圍	khau2 chiunn5 ui5		陳國章 P.68
口甕	khau2 ang3		陳國章 P.68
土人厝	thoo5 lang5 chu3		陳國章 P.57
土牛	thoo5 gu5		陳國章 P.57
土牛口	thoo5 gu5 khau2		陳國章 P.57
土牛崎	thoo5 gu5 kia7		陳國章 P.58
土牛溝	thoo5 gu5 kau1		陳國章 P.58
土地公	thoo2 ti7 kong1		陳國章 P.58
土地公坑	thoo2 ti7 kong1 khinn1（khenn1）		陳國章 P.58

土地公坎	thoo2 ti7 kong1 kham3		陳國章 P.58
土地公前	thoo2 ti7 kong1 cing5		陳國章 P.58
土地公埔	thoo2 ti7 kong1 poo1		陳國章 P.58
土地公崎	thoo2 ti7 kong1 kia7		陳國章 P.58
土地公鼻	thoo2 ti7 kong1 phinn7		陳國章 P.58
土地公鞍嶺	thoo2 ti7 kong1 uann1 nia2		陳國章 P.58
土地公嶺	thoo2 ti7 kong1 nia2		陳國章 P.58
土虱堀	thoo5 sat4 khut4		陳國章 P.58
土城	thoo5 siann5		陳國章 P.58
土庫	thoo5 khoo3	大坵田堡	安倍明義 P.237
土庫子	thoo5 khoo3 a2		陳國章 P.59
土庫溪	thoo5 khoo3 khe1		陳國章 P.59
土崎頂	thoo5 kia7 ting2		陳國章 P.59
土圍	thoo5 ui5		陳國章 P.59
土間厝	thoo5 king1 chu3		陳國章 P.59
土溝	thoo5 kau1		陳國章 P.59
土壠厝	thoo5 lang5 chu3		陳國章 P.59
土壠灣	thoo5 lang5 uan1		陳國章 P.59
士林	su7 lin5	八芝蘭	安倍明義 P.102
大人宮	tua7 lang5 king1		陳國章 P.28
大人廟	tua7 lang5 bio7		陳國章 P.28
大山子	tua7 suann1 a2		陳國章 P.29
大山嶼	tua7 suann1 su7		陳國章 P.29
大山腳	tua7 suann1 kha1		陳國章 P.29
大井頭	tua7 cenn1 thau5		陳國章 P.30
大井頭街	tua7 cenn2 thau5		安倍明義 P.209
大分林	tua7 hun7 na5		陳國章 P.29
大屯子	tua7 tun1 a2		陳國章 P.29
大屯寮	tua7 tun1 liau5		陳國章 P.29
大水堀	tua7 cui2 khut4		陳國章 P.29
大水窟	tua7 cui2 khut4		陳國章 P.29
大片田	tua7 phian3 chan5		陳國章 P.29

大片頭	tua7 phian3 thau5		陳國章 P.29
大牛稠	tua7 gu5 tiau5		陳國章 P.29
大丘田	tua7 khu1 chan5		陳國章 P.30
大丘園	tua7 khu1 hng5	大坵園	安倍明義 P.207
大北埔	tua7 pak4 poo1		陳國章 P.30
大北勢	tua7 pak4 si3		陳國章 P.31
大半天寮	tua7 puann3 thinn1 liau5		陳國章 P.30
大平	tua7 penn5		陳國章 P.30
大平尾	tua7 pinn5 bue2		陳國章 P.30
大平頂	tua7 penn5 ting2		陳國章 P.30
大瓦磘	tua7 hia7 io5		陳國章 P.31
大田心	tua7 chan5 sim1		陳國章 P.30
大甲東	tai1 kah4 tang1		安倍明義 P.179
大石公	tua7 cioh8 kong1		陳國章 P.30
大石壁坑	tua7 cioh8 piah4 khenn1		陳國章 P.30
大份田	tua7 hun7 chan5		陳國章 P.32
大圳溝	tua7 cun3 kau1		陳國章 P.32
大宅仔	tua7 theh8 a2		陳國章 P.31
大安	tai7 an1		陳國章 P.31
大安港	tai7 an1 kang2		陳國章 P.31
大安寮	tai7 an1 liau5		陳國章 P.31
大尖山	tua7 ciam1 suann1		陳國章 P.31
大尖石	tua7 ciam1 cioh8		陳國章 P.32
大尖石山	tua7 ciam1 cioh8 suann1		陳國章 P.32
大尖腳	tua7 ciam1 kha1		陳國章 P.32
大池	tua7 ti5		陳國章 P.31
大池角	tua7 ti5 kak4		陳國章 P.31
大汕頭	tua7 suann3 thau5		陳國章 P.32
大竹	tua7 tik4	大竹圍	安倍明義 P.182
大竹坑	tua7 tik4 khenn1		陳國章 P.32
大竹崙	tua7 tik4 lun7		陳國章 P.32
大竹圍	tua7 tik4 ui5		陳國章 P.32

大竹湖	tua7 tik4 oo5		安倍明義 P.304
大舌湖	tua7 cih8 oo5		陳國章 P.32
大庄	tua7 cng1		陳國章 P.31
大坑	tua7 khinn1（khenn1）		陳國章 P.32
大坑口	tua7 khinn1（khenn1）khau2		陳國章 P.33
大坑山	tua7 khenn1 suann1		陳國章 P.33
大坑內	tua7 khinn1（khenn1）lai7		陳國章 P.33
大坑尾	tua7 khenn1 bue2		陳國章 P.33
大坑埔	tua7 khinn1（khenn1）poo1		陳國章 P.33
大坑溝	tua7 khinn1（khenn1）kau1		陳國章 P.33
大坑溪	tua7 khenn1 khe1		陳國章 P.33
大坑墘	tua7 khenn1 kinn5		陳國章 P.33
大村	tai7 chun1	大庄	安倍明義 P.186
大沙灣	tua7 sua1 uan1		陳國章 P.34
大沙灣	tua7 sua1 uan1		安倍明義 P.110
大車路	tua7 chia1 loo7		陳國章 P.34
大里	tai7 li2	大里木戈街	安倍明義 P.167
大坪	tua7 penn5		陳國章 P.34
大坪林	tua7 pinn5（penn5）na5		陳國章 P.35
大坪頂	tua7 penn5 ting2		陳國章 P.35
大坡	tua7 pi1		陳國章 P.34
大坡山	tua7 pi1 suann1		陳國章 P.34
大坡池	tua7 pi1 ti5		陳國章 P.34
大岸頭	tua7 huann7 thau5		陳國章 P.36
大林	tua7 na5	大莆林街	安倍明義 P.226
大林埔	tua7 na5 poo1		陳國章 P.35
大林溪	tua7 na5 khe1		陳國章 P.35
大直	tua7 tit8		陳國章 P.34
大社	tua7 sia7		陳國章 P.34
大舍甲	tua7 sia2 kah4		陳國章 P.35
大邱田	tua7 khu1 chan5		陳國章 P.35
大邱園	tua7 khu1 hng5		陳國章 P.35

大坵田	tua7 khu1 chan5		安倍明義 P.242
大南埔	tua7 lam5 poo1		陳國章 P.36
大南澳	tua7 lam5 o3		陳國章 P.36
大南灣	tua7 lam5 uan1		陳國章 P.36
大城	tua7 siann5	大城厝庄	安倍明義 P.190
大城厝	tua7 siann1 chu3		陳國章 P.39
大客	tua7 kheh4		陳國章 P.36
大洋	tua7 iunn5		陳國章 P.36
大洲	tua7 ciu1		陳國章 P.36
大突尾	tua7 tut8 be2（bue2）		陳國章 P.37
大突陳	tua7 tut8 tan5		陳國章 P.37
大突寮	tua7 tut8 liau5		陳國章 P.37
大突頭	tua7 tut8 thau5		陳國章 P.37
大紅毛社	tua7 ang5 moo5 sia7		陳國章 P.36
大茅埔	tua7 hm5 poo1		陳國章 P.37
大茄苳	tua7 ka1 tang1		陳國章 P.37
大厝	tua7 chu3		陳國章 P.37
大埔	tua7 poo1		陳國章 P.37
大埔子	tua7 poo1 a2		陳國章 P.38
大埔心	tua7 poo1 sim1		陳國章 P.38
大埔尾	tua7 poo1 bue2		陳國章 P.38
大埔美	tua7 poo1 bi2		陳國章 P.38
大埔厝	tua7 poo1 chu3		陳國章 P.38
大埔頂	tua7 poo1 ting2		陳國章 P.38
大埔園	tua7 poo1 hng5		陳國章 P.38
大埔溪	tua7 poo1 khe1		陳國章 P.38
大埔頭	tua7 poo1 thau5		陳國章 P.38
大崁腳	tua7 kham3 kha1		陳國章 P.39
大案山	tua7 uann3 suann1		陳國章 P.39
大桃坪	tua7 tho5 pinn5（penn5）		陳國章 P.39
大草埔	tua7 chau2 poo1		陳國章 P.39
大埒	tua7 luah8		陳國章 P.38

大垺尾	tua7 luah8 be2（bue2）		陳國章 P.38
大區園	tua7 khu1 hng5		陳國章 P.40
大埤	tua7 pi1	大埤頭	陳國章 P.40
大埤寮	tua7 pi1 liau5		陳國章 P.40
大埤頭	tua7 pi1 thau5		陳國章 P.40
大崎	tua7 kia7		陳國章 P.39
大崎頭	tua7 kia7 thau5		陳國章 P.40
大崙	tua7 lun7		陳國章 P.39
大崙坑	tua7 lun7 khenn1		陳國章 P.39
大崙尾	tua7 lun7 be2（bue2）		陳國章 P.39
大粗坑	tua7 cho1 khinn1		陳國章 P.40
大莊	tua7 cng1		陳國章 P.39
大莊山頂	tua7 tsng1 suann1 ting2		陳國章 P.39
大莊埔	tua7 cng1 poo1		陳國章 P.39
大莆林	tua7 poo1 na5		陳國章 P.40
大堀	tua7 khut4		陳國章 P.39
大堀尾	tua7 khut4 bue2		陳國章 P.39
大圍牆	tua7 ui5 chiunn5		陳國章 P.41
大港口	tai7 kang2 khau2		陳國章 P.41
大湖	tua7 oo5		陳國章 P.40
大湖口	tua7 oo5 khau2		陳國章 P.41
大湖口溪	tua7 oo5 khau2 khe1		陳國章 P.41
大湖子	tua7 oo5 a2		陳國章 P.41
大湖山	tua7 oo5 suann1		陳國章 P.41
大湖尾	tua7 oo5 be2		陳國章 P.41
大湖底	tua7 oo5 te2		陳國章 P.41
大湖溪	tua7 oo5 khue1（khe1）		陳國章 P.41
大湖頭	tua7 oo5 thau5		陳國章 P.41
大菁坑	tua7 chinn1（chenn1）khinn1（khenn1）		陳國章 P.41
大雅	tua7 nga2	垻雅街	安倍明義 P.173
大湳	tua7 lam3		陳國章 P.40
大園	tua7 hng5	大坵園	安倍明義 P.148

大塗師	tua7 thooo5 sai1		陳國章 P.43
大堨	tua7 un3		陳國章 P.41
大堨寮	tua7 un3 liau5		陳國章 P.41
大溝	tua7 kau1		陳國章 P.42
大溪	tua7 khe1	大科崁街	陳國章 P.42
大溪口	tua7 khe1 khau2		陳國章 P.42
大溪州	tua7 khe1 ciu1		陳國章 P.42
大溪尾	tua7 khe1 bue2		陳國章 P.42
大溪墘	tua7 khue1（khe1）kinn5		陳國章 P.42
大溪墘溪	tua7 khue1 kinn5 khue1		陳國章 P.42
大窟	tua7 khut4		陳國章 P.42
大路尾	tua7 loo7 bue2		陳國章 P.42
大路店	tua7 loo7 tiam3		陳國章 P.42
大路畔	tua7 loo7 ping5		陳國章 P.42
大路頂	tua7 loo7 ting2		陳國章 P.42
大路墘	tua7 loo7 kinn5		陳國章 P.43
大滾水	tua7 kun2 cui2		陳國章 P.43
大銅鑼圈	tua7 tang5 lo5 khuan5		陳國章 P.43
大寮	tua7 liau5		陳國章 P.43
大潭	tua7 tham5		陳國章 P.43
大潭埤	tua7 tham5 pi1		陳國章 P.43
大稻埕	tua7 tiu7 tiann1		陳國章 P.43
大鞍	tua7 uann1		陳國章 P.43
大鞍山	tua7 uann1 suann1		陳國章 P.43
大樹	tua7 chiu7		安倍明義 P.252
大樹房	tua7 chiu7 pang5	大繡房	安倍明義 P.280
大樹林	tua7 chiu7 na5		陳國章 P.44
大樹林山	tua7 chiu7 na5 suann1		陳國章 P.44
大樹腳	tua7 chiu7 kha1		陳國章 P.44
大橋	tua7 kio5		陳國章 P.43
大橋頭	tua7 kio5 thau5		陳國章 P.44

大貓嶼	tua7 niau1 su7		陳國章 P.44
大龜坑	tua7 ku1 khenn1		陳國章 P.44
大嶼	tua7 su7		陳國章 P.44
大檜溪	tua7 kue3 khe1		陳國章 P.44
大濫坑	tua7 lam3 khinn1（khenn1）		陳國章 P.44
大礁	tu7 ta1		陳國章 P.44
大礁溪	tua7 ta1 khe1		陳國章 P.44
大灣	tau7 uan1		陳國章 P.44
大籬笆	tua7 li5 pa1		陳國章 P.45
大榔槺	tua7 khong1 long5		陳國章 P.43
子良廟	ci2 liong5 bio7		陳國章 P.68
小八里坌	sio2 pat4 li2 hun1		陳國章 P.24
小八里坌子	sio2 pat4 li2 hun1 a2		陳國章 P.24
小三角潭	sio2 sann1 kak4 tham5		陳國章 P.25
小下坑	sio2 e7 khenn1		陳國章 P.25
小大湳	sio2 tua7 lam3		陳國章 P.25
小分林	sio2 hun7 na5		陳國章 P.25
小月眉	sio2 geh8 bai5		陳國章 P.25
小北埔	sio2 pak4 poo1		陳國章 P.25
小牛山	sio2 puann3 suann1		陳國章 P.25
小半天寮	sio2 puann3 thinn1 liau5		陳國章 P.25
小瓦磘	sio2 hia7 io5		陳國章 P.25
小池角	sio2 ti5 kak4		陳國章 P.25
小竹湖	sio2 tik4 oo5		安倍明義 P.304
小坑	sio2 khinn1（khenn1）		陳國章 P.25
小坑口	sio2 khenn1 khau2		陳國章 P.25
小坑子	sio2 khinn1 a2		陳國章 P.25
小坑子頭	sio2 khinn1 a2 thau5		陳國章 P.26
小坪頂	sio2 pinn5（penn5）ting2		陳國章 P.26
小坡	sio2 pi1		陳國章 P.26
小東坑	sio2 tang1 khinn1（khenn1）		陳國章 P.26
小東勢	sio2 tang1 si3		陳國章 P.26

小金面山	sio2 kim1 bin7 suann1		陳國章 P.26
小南坑	sio2 lam5 khinn1（khenn1）		陳國章 P.26
小南澳	sio2 lam5 o3		陳國章 P.26
小南灣	sio2 lam5 uan1		陳國章 P.27
小紅毛社	sio2 ang5 moo5 sia7		陳國章 P.26
小茅埔	sio2 hm5 poo1		陳國章 P.27
小茄苳	sio2 ka1 tang1		陳國章 P.27
小案山	sio2 uann1 suann1		陳國章 P.27
小格頭	sio2 keh4 thau5		陳國章 P.27
小琉球嶼	sio2 liu5 kiu5 su7		安倍明義 P.277
小埤頭	sio2 pi1 thau5		陳國章 P.27
小粗坑	sio2 cho1 khinn1（khenn1）		陳國章 P.27
小蚵寮	sio2 oo5 liau5		陳國章 P.27
小圍牆	sio2 ui5 chiunn5		陳國章 P.27
小塗師	sio2 thoo5 sai1		陳國章 P.27
小新營	sio2 sin1 iann5		安倍明義 P.215
小溪	sio2 khue1（khe1）		陳國章 P.27
小滾水	sio2 kun2 cui2		陳國章 P.28
小銅鑼圈	sio2 tang5 lo5 khuan5		陳國章 P.28
小橋	sio2 kio5		陳國章 P.28
小橋仔	sio2 kio5 a2		陳國章 P.28
小貓嶼	sio2 niau1 su7		陳國章 P.28
小龜坑	sio2 ku1 khenn1		陳國章 P.28
小濫坑	sio2 lam3 khinn1（khenn1）		陳國章 P.28
小礁溪	sio2 ta1 khe1		陳國章 P.28
小蘭嶼	sio2 lan5 su7		陳國章 P.28
小榔榔	sio2 khong1 long5		陳國章 P.28
山子內	suann1 a2 lai7		陳國章 P.65
山子坪	suann1 a2 ping5		陳國章 P.65
山子門	suann1 a2 mng5		陳國章 P.65
山子後	suann1 a2 au7		陳國章 P.65
山子頂	suann1 a2 ting2		陳國章 P.65

山子腳	suann1 a2 kha1		安倍明義 P.135
山子邊	suann1 a2 pinn1		陳國章 P.66
山仔頂	suann1 a2 ting2		陳國章 P.66
山尾	suann1 be2（bue2）		陳國章 P.66
山杉林	suann1 san1 na5		安倍明義 P.256
山坪頂	suann1 penn5 ting2		陳國章 P.66
山河壽	suann1 ho5 siu7		陳國章 P.66
山後	suann1 au7		陳國章 P.66
山員潭子	suann1 inn5 tham5 a2		陳國章 P.66
山崁子	suann1 kham3 a2		陳國章 P.66
山崎	suann1 kia7		陳國章 P.66
山頂	suann1 ting2		陳國章 P.66
山頂	suann1 ting2		安倍明義 P.174
山腳	suann1 kha1		安倍明義 P.180
山楂腳	sian1 ca1 kha1		陳國章 P.67
山鼻子	suann1 phinn1 a2		陳國章 P.67
山寮	suann1 liau5		陳國章 P.67
山豬崙	suann1 ti1 lun7		陳國章 P.66
山豬堀	suann1 ti1 khut4		陳國章 P.66
山豬湖	suann1 ti1 oo5		陳國章 P.67
山豬湖子	suann1 ti1 oo5 a2		陳國章 P.67
山豬窟	suann1 tu1（ti1）khut4		陳國章 P.67
山邊	suann1 pinn1		陳國章 P.67
四　劃			
中一結	tiong1 it4 kiat4		陳國章 P.68
中二結	tiong1 ji7 kiat4		陳國章 P.68
中大埔	tiong1 tua7 poo1		陳國章 P.68
中大埔	tiong1 tua7 poo1		陳國章 P.68
中小義	tiong1 sio2 gi7		陳國章 P.68
中屯嶼	tiong1 tun1 su7		陳國章 P.69
中心山	tiong1 sim1 suann1		陳國章 P.68
中心埔	tiong1 sim1 poo1		陳國章 P.68

中心崙	tiong1 sim1 lun7		陳國章 P.69
中心崙社	tiong1 sim1 lun5 sia7		安倍明義 P.271
中北勢	tiong1 pak4 si3		陳國章 P.69
中央山	tiong1 iong1 suann1		陳國章 P.69
中田寮	tiong1 chan5 liau5		陳國章 P.69
中圳子	tiong1 cun3 a2		陳國章 P.69
中尖山	tiong1 ciam1 suann1		陳國章 P.69
中州	tiong1 ciu1		陳國章 P.69
中庄	tiong1 cng1		陳國章 P.69
中庄子	tiong1 cng1 a2		陳國章 P.69
中坑	tiong1 khinn1（khenn1）		陳國章 P.70
中坑子	tiong1 khenn1 a2		陳國章 P.70
中角	tiong1 kak4		陳國章 P.69
中車路	tiong1 chia1 loo7		陳國章 P.70
中協	tiong1 hiap8		安倍明義 P.217
中和	tiong1 ho5		安倍明義 P.134
中坡	tiong1 pi1		陳國章 P.70
中林	tiong1 na5		陳國章 P.70
中林子	tiong1 na5 a2		陳國章 P.70
中社	tiong1 sia7		安倍明義 P.286
中青礐	tiong1 cinn1 hak8		陳國章 P.70
中城	tiong1 siann5		陳國章 P.71
中洋子	tiong1 iunn5 a2		陳國章 P.70
中洲	tiong1 ciu1		陳國章 P.70
中洲子	tiong1 ciu1 a2		陳國章 P.70
中洲埔	tiong1 ciu1 poo1		陳國章 P.70
中洲寮	tiong1 ciu1 liau5		陳國章 P.70
中厝	tiong1 chu3		陳國章 P.71
中埔	tiong1 poo1		陳國章 P.71
中崙	tiong1 lun7		陳國章 P.71
中崙店	tiong1 lun7 tiam3		陳國章 P.71
中鹿場	tiong1 lok8 tiunn5		陳國章 P.71

中港	tiong1 kang2		陳國章 P.71
中港厝	tiong1 kang2 chu3		陳國章 P.71
中港新街	tiong1 kang2 sin1 ke1		陳國章 P.72
中湖	tiong1 oo5		陳國章 P.71
中番婆	tiong1 huan1 po5		陳國章 P.72
中街	tiong1 kue1（ke1）		陳國章 P.71
中街仔	tiong1 kue1 a2		陳國章 P.71
中湳子	tiong1 lam3 a2		陳國章 P.72
中溝	tiong1 kau1		陳國章 P.72
中溪洲	tiong1 khe1 ciu1		陳國章 P.72
中路	tiong1 loo7		陳國章 P.72
中隘	tiong1 ai3		陳國章 P.72
中寮	tiong1 liau5		陳國章 P.72
中寮灣	tiong1 liau5 uan1		陳國章 P.72
中嶺	tiong1 nia2		陳國章 P.72
中營	tiong1 iann5		陳國章 P.72
中廍	tiong1 phoo7		陳國章 P.72
井子坽	cinn1 a2 uann1		陳國章 P.85
井子埔	cenn1 a2 poo1		陳國章 P.85
井子腳	cenn1 a2 kha1		陳國章 P.85
井子頭	cinn1（cenn1）a2 thau5		陳國章 P.85
井仔坑	cenn1 a2 khenn1		陳國章 P.86
五十戶	goo7 cap8 hoo7		陳國章 P.73
五叉崙山	goo7 che1 lun7 suann1		陳國章 P.73
五分	goo7 hun7		陳國章 P.73
五分山	goo7 hun1 suann1		陳國章 P.73
五分車路	goo7 hun1 chia1 loo7		陳國章 P.73
五分坡	goo7 hun1 pi1		陳國章 P.73
五分埔	goo7 hun1 poo1		陳國章 P.73
五分寮	goo7 hun1 liau5		陳國章 P.73
五甲	goo7 kah4		陳國章 P.73
五甲尾	goo7 kah4 bue2		陳國章 P.74

五份	goo7 hun7		陳國章 P.74
五庄子	goo7 cng1 a2		陳國章 P.74
五谷王	ngoo2 kok4 ong5		陳國章 P.74
五里林	goo7 li2 na5		陳國章 P.74
五里牌	goo7 li2 pai5		陳國章 P.74
五板橋	goo7 pan2 kio5		陳國章 P.74
五股	goo7 koo2		陳國章 P.74
五股林	goo7 koo2 na5		陳國章 P.74
五城	goo7 siann5		陳國章 P.75
五指山	ngoo2 ci2 suann1		陳國章 P.74
五軍營	goo7 kun1 iann5		安倍明義 P.222
五重溪	goo7 ting5 khe1		陳國章 P.74
五重溪山	goo7 ting5 khe1 suann1		陳國章 P.74
五堵	goo7 too2		陳國章 P.75
五堵北	goo7 too2 pak4		陳國章 P.75
五堵南	goo7 too2 lam5		陳國章 P.75
五條港	goo7 tiau5 kang2		陳國章 P.75
五港泉	goo7 kang2 cuann5		陳國章 P.75
五湖	goo7 oo5		陳國章 P.75
五湖坑子	goo7 oo5 khinn1（khenn1）a2		陳國章 P.75
五結	goo7 kiat4		陳國章 P.75
五間	goo7 king1		陳國章 P.75
五間厝	goo7 king1 chu3		陳國章 P.75
五間寮	goo7 king1 liau5		陳國章 P.75
五塊厝	goo7 te3 chu3		陳國章 P.76
五塊寮	goo7 te3 liau5		陳國章 P.76
五溝水	goo7 kau1 cui2		陳國章 P.75
五腳松	goo7 kha1 cing5		陳國章 P.75
五寮	goo7 liau5		陳國章 P.76
五鬮	goo5 khau1		陳國章 P.76
仁武	jin5 bu2		安倍明義 P.253
仁記內	jin5 ki3 lai7		陳國章 P.96

仁德	jin5 tik4	塗庫庄	安倍明義 P.210
元掌莊	guan5 ciang2 cng1		陳國章 P.96
內三塊厝	lai7 sann1 te3 chu3		陳國章 P.77
內大坪	lai7 tua7 pinn1（penn1）		陳國章 P.76
內大溪	lai7 tua7 khe1		陳國章 P.76
內小八里坌子	lai7 sio2 pat4 li2 hun1 a2		陳國章 P.76
內山坑	lai7 suann1 khenn1		陳國章 P.76
內中洲仔	lai7 tiong1 ciu1 a2		陳國章 P.77
內水尾	lai7 cui2 be2		陳國章 P.77
內凹子	lai7 thap4 a2		陳國章 P.77
內加道坑	lai7 ka1 to1 khenn1		陳國章 P.77
內平林	lai7 penn5 na5		陳國章 P.77
內田	lai7 chan5		陳國章 P.77
內田子	lai7 chan5 a2		陳國章 P.77
內石門	lai7 cioh8 mng5		陳國章 P.77
內竹腳	lai7 tik4 kha1		陳國章 P.77
內庄子	lai7 cng1 a2		陳國章 P.77
內冷水坑	lai7 ling2 cui2 khenn1		陳國章 P.78
內坑	lai7 khenn1		陳國章 P.77
內坑內	lai7 khenn1 lai7		陳國章 P.77
內坑底	lai7 khenn1 te2		陳國章 P.77
內角	lai7 kak4		陳國章 P.77
內底埔	lai7 te2 poo1		陳國章 P.78
內林	lai7 na5		陳國章 P.78
內門庄	lai7 mng5 cng1		安倍明義 P.255
內城	lai7 siann5		陳國章 P.78
內挖子	lai7 uat4 a2		陳國章 P.78
內柵	lai7 sa1		陳國章 P.78
內柑宅	lai7 kam1 theh8		陳國章 P.78
內柑林埤	lai7 kam1 na5 pi1		陳國章 P.78
內洲子	lai7 ciu1 a2		陳國章 P.78
內茅埔	lai7 hm5 poo1		陳國章 P.78

內苦瓜寮	lai7 khoo2 kue1 liau5		陳國章 P.78
內垵	lai7 uann1		陳國章 P.78
內厝	lai7 chu3		陳國章 P.78
內厝子	lai7 chu3 a2		陳國章 P.78
內員山	lai7 inn5 suann1		陳國章 P.79
內埔	lai7 poo1		陳國章 P.78
內埔子	lai7 poo1 a2		陳國章 P.78
內海墘	lai7 hai2 kinn5		陳國章 P.79
內草湖	lai7 chau2 oo5		陳國章 P.79
內崎內	lai7 kia7 lai7		陳國章 P.79
內涼亭	lai7 liang5 ting5		陳國章 P.79
內魚池	lai7 hi5 ti5		陳國章 P.79
內湖	lai7 oo5		陳國章 P.79
內湖大坡	lai7 oo5 tua7 pi1		陳國章 P.79
內湖子	lai7 oo5 a2		陳國章 P.79
內菁埔	lai7 chenn1 poo1		陳國章 P.79
內媽祖田	lai7 ma2 co2 chan5		陳國章 P.80
內新厝	lai7 sin1 chu3		陳國章 P.79
內新莊	lai7 sin1 cng1		陳國章 P.79
內暗坑	lai7 am3 khenn1		陳國章 P.80
內溝	lai7 kau1		陳國章 P.79
內溝子墘	lai7 kau1 a2 kinn5		陳國章 P.79
內溪洲	lai7 khue1 ciu1		陳國章 P.80
內獅頭社	lai7 sia1 thau5 sia7		安倍明義 P.272
內葉坑	lai7 hioh8 khinn1		陳國章 P.79
內寮	lai7 liau5		陳國章 P.80
內寮山	lai7 liau5 suann1		陳國章 P.80
內寮川	lai7 liau5 chuan1		陳國章 P.80
內寮溪	lai7 liau5 khe1		陳國章 P.80
內潮洋厝	lai7 tio5 iunn5 chu3		陳國章 P.80
內樹皮	lai7 chiu7 phue5		陳國章 P.80
內險坑	lai7 hiam2 khenn1		陳國章 P.80

內甕	lai7 ang3		陳國章 P.80
內雙溪	lai7 siong1 khe1		陳國章 P.81
內藤寮坑	lai7 tin5 liau5 khenn1		陳國章 P.81
內灣	lai7 uan1		陳國章 P.81
內灣	lai7 uan1		陳國章 P.81
內灣崎頭	lai7 uan1 kia7 thau5		陳國章 P.81
六分	lak8 hun7		陳國章 P.86
六分二崁	lak8 hun7 ji7 kham3		陳國章 P.86
六分三崁	lak8 hun7 sann1 kham3		陳國章 P.86
六分子	lak8 hun7 a2		陳國章 P.86
六分寮	lak8 hun1 liau5		陳國章 P.86
六戶	lak8 hoo7		陳國章 P.86
六斗子	lak8 tau2 a2		陳國章 P.86
六斗尾	lak8 tau2 bue2		陳國章 P.87
六甲	lak8 kah4		陳國章 P.87
六甲仔	lak8 kah4 a2		陳國章 P.87
六甲店	lak8 kah4 tiam1		陳國章 P.87
六份	lak8 hun7		陳國章 P.87
六份子	lak8 hun7 a2		陳國章 P.87
六份仔尾	lak8 hun7 a2 be2		陳國章 P.87
六股	lak8 koo2	大湖口	安倍明義 P.142
六股林口	lak8 koo2 na5 khau2		陳國章 P.87
六重溪	lak8 ting5 khe1		陳國章 P.87
六家	lak8 ka1	六張犁	安倍明義 P.143
六堵	lak8 too2		陳國章 P.88
六張	lak8 tiunn1		陳國章 P.87
六張犁	lak8 tiunn1 le5		陳國章 P.88
六結	lak8 kiat4		陳國章 P.88
六階鼻	lak8 kai1 phinn7		陳國章 P.88
六塊厝	lak8 te3 chu3		陳國章 P.88
六塊寮	lak8 te3 liau5		陳國章 P.88
六腳	lak8 kha1	六腳佃	安倍明義 P.241

六路厝	lak8 loo7 chu3		陳國章 P.88
六寮	lak8 liau5		陳國章 P.88
六欉樣仔	lak8 cang5 suaninn7 a2		陳國章 P.88
六腳佃	lak8 kha1 tian7		陳國章 P.88
公司埤	kong1 si1 pi1		陳國章 P.90
公司寮	kong1 si1 liau5		陳國章 P.90
公田	kong1 chan5		陳國章 P.90
公田子	kong1 chan5 a2		陳國章 P.90
公地	kong1 te7		陳國章 P.90
公厝	kong1 chu3		陳國章 P.90
公埔	kong1 poo1		陳國章 P.90
公埔子	kong1 poo1 a2		陳國章 P.90
公埔城	kong1 poo1 siann5		陳國章 P.90
公塭	kong1 un3		陳國章 P.90
公館	kong1 kuan2		陳國章 P.90
公舘口	kong1 kuan2 khau2		陳國章 P.90
公舘子	kong1 kuan2 a2		陳國章 P.90
公舘仔	kong1 kuan2 a2		陳國章 P.91
公舘坪	kong1 kuan2 pinn5（penn5）		陳國章 P.91
公舘後	kong1 kuan2 au7		陳國章 P.91
分山崙	hun1 suann1 lun7		陳國章 P.88
分水龍	hun1 cui2 ling5		陳國章 P.88
刈菜園	kua3 chai3 huinn5		陳國章 P.97
午日節湖	goo7 jit8 ceh4 oo5		陳國章 P.88
反水	huan2 cui2		陳國章 P.86
天送埤	thinn1 sang3 pi1		陳國章 P.96
太子宮	thai3 cu2 king1		陳國章 P.86
太子廟	thai3 cu2 bio7		陳國章 P.86
太保	thai3 po2		安倍明義 P.243
屯子腳	tun1 a2 kha1		陳國章 P.86
屯子頭	tun1 a2 thau5		陳國章 P.86
屯兵營	tun1 ping1 iann5		陳國章 P.86

屯園	tun1 hng5		陳國章 P.86
屯營	tun1 iann5		陳國章 P.86
文山	bun5 san1	拳山	安倍明義 P.131
文秀坑	bun5 siu3 khenn1		陳國章 P.95
文武廟街	bun5 bu2 bio7 ke1	文武町	安倍明義 P.96
文澳	bun5 o3		安倍明義 P.328
斗門埤	tau2 mng5（muinn5）pi1		陳國章 P.96
斗門頭	tau2 muinn5 thau5		陳國章 P.96
斗南	tau7 lam5	他里霧街	安倍明義 P.234
方厝寮	png1 chu3 liau5		陳國章 P.96
日月潭	jit8 guat8 tham5		陳國章 P.88
日南社	jit8 lam5 sia7		安倍明義 P.178
日潭	jit8 tham5		陳國章 P.89
月眉	geh8（gueh8）bai5		陳國章 P.91
月眉厝	gueh8 bai5 chu3		陳國章 P.92
月眉潭	guat8 bai5 tham5		安倍明義 P.226
月桃寮	guat8 tho5 liau5		安倍明義 P.115
月潭	guat8 tham5		陳國章 P.92
木瓜崙	bok8 kue1 lun7		陳國章 P.91
木瓜潭	bok8 kue1 tham5		陳國章 P.91
木柵	bak8 sa1		陳國章 P.91
木屐寮	bak8 kiah8 liau5		陳國章 P.91
木羨子腳	suainn7 a2 kha1		安倍明義 P.219
木履寮	bak8 kiah8 liau5		安倍明義 P.223
木鐸山	bak8 tok8 suann1		陳國章 P.91
水子尾	cui2 a2 bue2		陳國章 P.81
水井	cui2 cenn2		陳國章 P.81
水井子	cui2 cenn2 a2		陳國章 P.81
水井尾	cui2 cinn2（cenn2）be2（bue2）		陳國章 P.81
水坑	cui2 khenn1		陳國章 P.81
水坑口	cui2 khinn1（khenn1）khau2		陳國章 P.81
水尾	cui2 be2（bue2）		陳國章 P.81

水尾口	cui2 bue2 khau2		陳國章 P.82
水尾子	cui2 bue2 a2		陳國章 P.82
水尾坪	cui2 be2（bue2）pinn5（penn5）		陳國章 P.82
水汴頭	cui2 pan7 thau5		陳國章 P.82
水車	cui2 chia1		陳國章 P.82
水車寮	cui2 chia1 liau5		陳國章 P.82
水底寮	cui2 tue2（te2）liau5		陳國章 P.83
水林	cui2 na5	水燦林	安倍明義 P.239
水油庫	cui2 iu5 khoo3		陳國章 P.83
水社	cui2 sia7		陳國章 P.82
水社大山	cui2 sia7 tua7 suann1		陳國章 P.82
水社湖	cui2 sia7 oo5		陳國章 P.82
水返港	cui2 huan2 kang2		陳國章 P.83
水返溝	cui2 tng2 kau1		陳國章 P.83
水返腳	cui2 tng2 kha1		陳國章 P.83
水柳埤	cui2 liu2 pi1		陳國章 P.83
水柳腳	cui2 liu2 kha1		陳國章 P.83
水泉	cui2 cuann5		陳國章 P.83
水垵	cui2 uann1		陳國章 P.83
水哮	cui2 hau1		陳國章 P.83
水鬼坑	cui2 kui2 khenn1		陳國章 P.83
水掘頭	cui2 khut4 thau5	揀加頭	安倍明義 P.169
水堀頭	cui2 khut4 thau5		陳國章 P.84
水斑仔頭	cui2 pan1 a2 thau5		陳國章 P.84
水斑頭	cui2 pan1 thau5		陳國章 P.84
水景頭	cui2 king2 thau5		陳國章 P.84
水蛙堀	cui2 ke1 khut4		陳國章 P.84
水蛙潭	cui2 ke1 tham5		陳國章 P.84
水湳	cui2 lam3		陳國章 P.84
水碓	cui2 tui3		陳國章 P.84
水碓子	cui2 tui3 a2		陳國章 P.84
水裡社	cui2 li2 sia7		陳國章 P.84

水裡城	cui2 li2 siann5		陳國章 P.84
水裡港	cui2 li2 kang2		陳國章 P.84
水漆林	cui2 chat4 na5		陳國章 P.85
水頭	cui2 thau5		陳國章 P.85
水頭寮	cui2 thau5 liau5		陳國章 P.85
水燦林	cui2 chan3 na5		陳國章 P.85
水壠	cui2 lang5		陳國章 P.85
水梘頭	cui2 king2 thau5		陳國章 P.84
火山巖	hue1 suahn1 giam5		安倍明義 P.223
火庚子寮	kinn1 a2 liau5		安倍明義 P.114
火炎山	he2（hue2）iam5 suann1		陳國章 P.95
火炭坑	he2（hue2）thuann1 khinn1（khenn1）		陳國章 P.95
火焰山	hue2 iam7 suann1		陳國章 P.95
火燒牛稠	he2 sio1 gu5 tiau5		陳國章 P.95
火燒庄	hue2 sio1 cng1		陳國章 P.95
火燒坪	he2 sio1 pinn1		陳國章 P.96
火燒店	he2 sio1 tiam3		陳國章 P.96
火燒城	he2 sio1 siann1		陳國章 P.96
火燒島	huue2 sio2 to2		安倍明義 P.294
火燒寮	he2 sio1 liau5		陳國章 P.96
火燒樟	he2 sio1 ciunn1		陳國章 P.96
牛肉崎	gu5 bah4 kia7		陳國章 P.92
牛舌埔	gu5 cih8 poo1		陳國章 P.92
牛尿港	gu5 jio7 kang2		陳國章 P.92
牛角坑	gu5 kak4 khinn1（khenn1）		陳國章 P.92
牛角坡	gu5 kak4 pi1		陳國章 P.92
牛角溝	gu5 kak4 kau1		陳國章 P.92
牛拖崎	gu5 thua1 kia7		陳國章 P.92
牛屎坑口	gu5 sai2 khemm1 khau2		安倍明義 P.227
牛屎崎	gu5 sai2 kia7		陳國章 P.92
牛挑灣	gu5 tann1 uan1		陳國章 P.92
牛相觸	gu5 sio2 tak4		安倍明義 P.200

牛埔	gu5 poo1		陳國章 P.92
牛埔子	gu5 poo1 a2		陳國章 P.93
牛埔山	gu5 poo1 suann1		陳國章 P.93
牛埔田	gu5 poo1 chan5		陳國章 P.93
牛埔厝	gu5 poo1 chu3		陳國章 P.93
牛埔寮	gu5 poo1 liau5		陳國章 P.93
牛埔頭	gu5 poo1 thau5		陳國章 P.93
牛眠山	gu5 bin5 suann1		安倍明義 P.200
牛鬥口	gu5 tau3 khau2		陳國章 P.93
牛稠	gu5 tiau5		陳國章 P.93
牛稠子	gu5 tiau5 a2		陳國章 P.93
牛稠內	gu5 tiau5 lai7		陳國章 P.93
牛稠坑	gu5 tiau5 khenn1		陳國章 P.93
牛稠底	gu5 tiau5 te2		陳國章 P.93
牛稠後	gu5 tiau5 au7		陳國章 P.93
牛稠埔	gu5 tiau5 poo1		陳國章 P.94
牛稠崎	gu5 tiau5 kia7		陳國章 P.94
牛稠港	gu5 tiau5 kang2		陳國章 P.94
牛稠湖	gu5 tiau5 oo5		陳國章 P.94
牛稠溪	gu5 tiau5 khe1		陳國章 P.94
牛稠嶺	gu5 tiau5 nia2		陳國章 P.94
牛稠腳	gu5 tiau5 kha1		陳國章 P.94
牛路頭	gu5 loo7 thau5		陳國章 P.94
牛盫堀	gu5 un1 khut4		陳國章 P.94
牛墟	gu5 hu1（hi1）		陳國章 P.94
牛寮	gu5 liau5		陳國章 P.94
牛寮坑	gu5 tiau5 khinn1（khenn1）		陳國章 P.94
牛寮埔	gu5 liau5 poo1		陳國章 P.94
牛潮埔	gu5 tiau5 poo1		陳國章 P.94
牛磨車	gu5 bo7 chia1		安倍明義 P.99
牛鬥	gu5 to3		陳國章 P.95
王功	ong5 king1		陳國章 P.89

王功寮	ong5 king1 liau5		陳國章 P.89
王田	ong5 chan5		陳國章 P.89
王來厝	ong5 lai5 chu3		陳國章 P.89
王厝	ong5 chu3		陳國章 P.89
王厝寮	ong5 chu3 liau5		陳國章 P.89
王厝廍	ong5 chu3 phoo7		陳國章 P.89
王通塭	ong5 thong1 un3		陳國章 P.89
王爺坑	ong5 ia5 khinn1（khenn1）		陳國章 P.89
王爺厝	ong5 ia5 chu3		陳國章 P.89
王爺宮	ong5 ia5 king1		陳國章 P.89
王爺宮仔	ong5 ia5 king1 a2		陳國章 P.89
王爺崙	ong5 ia5 lun7		陳國章 P.89
王爺潭	ong5 ia5 tham5		陳國章 P.89
王爺壠	ong5 ia5 long2		陳國章 P.89
五　劃			
仙公廟	sian1 kong1 bio2		安倍明義 P.275
仙洞	sian1 tong1		安倍明義 P.110
冬山	tang1suann1	冬瓜山	安倍明義 P.126
凹子底	lap4 a2 tue2（te2）		陳國章 P.114
出水	chut4 cui2		陳國章 P.116
出水口	chut4 cui2 khau2		陳國章 P.116
出水仔	chut4 cui2 a2		陳國章 P.117
出水坑	chut4 cui2 khenn1		陳國章 P.117
出磺坑	chut4 hong5 khinn1（khenn1）		陳國章 P.117
加刀坑	ka1 to1 khenn1		陳國章 P.100
加走寮	ka1 cau2 liau5		陳國章 P.100
加道坑	ka1 to1 khenn1		陳國章 P.100
功勞埔	kong1 lo5 poo1		安倍明義 P.128
北山	pak4 suann1		陳國章 P.107
北山坑	pak4 suann1 khenn1		陳國章 P.107
北山嶼	pak4 suann1 su7		陳國章 P.107
北屯	pak4 tun7	三十張犁	安倍明義 P.168

北斗	pak8 tau7		安倍明義 P.188
北方澳	pak4 hong1 o3		陳國章 P.107
北北勢寮	pak4 pak4 si3 liau5		陳國章 P.107
北平里	pak4 ping5 li2		陳國章 P.107
北打鐵坑	pak4 phah4 thih4 khinn1（khenn1）		陳國章 P.107
北汕	pak4 suann3		陳國章 P.107
北汕尾	pak4 suann3 bue2		陳國章 P.107
北庄	pak4 cng1		陳國章 P.107
北坑	pak4 khenn1		陳國章 P.108
北投子	pak4 tau5 a2		陳國章 P.108
北投埔	pak4 tau5 poo1		陳國章 P.108
北投街	pak4 tau5 ke1		陳國章 P.108
北投新街	pak4 tau5 sin1 ke1		陳國章 P.108
北投舊街	pak4 tau5 ku7 ke1		陳國章 P.108
北油車港	pak4 iu5 chia1 kang2		陳國章 P.109
北門	pak4 mng5	北門嶼	陳國章 P.108
北門口街	pak4 mng5（muinn5）khau2 kue1（ke1）		陳國章 P.108
北門外	pak4 mng5 gua7		陳國章 P.108
北風澳	pak4 hong2 o3		陳國章 P.109
北埔	pak4 poo1		陳國章 P.109
北港	pak4 kang2		陳國章 P.109
北港口	pak4 kang2 khau2		陳國章 P.109
北港子	pak4 kang2 a2		陳國章 P.109
北港溪	pak4 kang2 khe1		陳國章 P.109
北勢	pak4 si3		陳國章 P.109
北勢子	pak4 si3 a2		陳國章 P.109
北勢坑	pak4 si3 khinn1（khenn1）		陳國章 P.109
北勢洲	pak4 si3 ciu1		陳國章 P.110
北勢埤	pak4 si3 pi1		陳國章 P.110
北勢湖	pak4 si3 oo5		陳國章 P.110
北勢街	pak4 si3 kue1（ke1）		陳國章 P.110
北勢湳	pak4 si3 lam3		陳國章 P.110

北勢溪	pak4 si3 khue1（khe1）		陳國章 P.110
北勢寮	pak4 si3 liau5		陳國章 P.110
北勢頭	pak4 si3 thau5		陳國章 P.110
北勢廍	pak4 si3 phoo7		陳國章 P.110
北獅里興	pak4 sai1 li2 hing1		安倍明義 P.160
北銃櫃	pak4 ching3 kui7		陳國章 P.111
北滬	pak4 hoo7		陳國章 P.111
北寮	pak4 liau5		陳國章 P.111
北邊堡	pak4 ping5 po2		陳國章 P.111
北關	pak4 kuan1		陳國章 P.111
北檳榔	pak4 khong1 long5		陳國章 P.111
半山	puann3 suann1		陳國章 P.106
半山子	puann3 auann1 a2		陳國章 P.106
半天寮	puann3 thinn1 liau5		陳國章 P.106
半月	puann3 guat8		陳國章 P.106
半平山	puann3 ping5 suann1		陳國章 P.106
半平厝	puann3 ping5 chu3		陳國章 P.106
半屏山	puann3 ping5 suann1		陳國章 P.106
半路竹	puann3 loo7 tik4		陳國章 P.106
半路店	puann3 loo7 tiam3		陳國章 P.106
半路厝	puann3 loo7 chu3		陳國章 P.106
半路厝子	puann3 loo7 chu3 a2		陳國章 P.106
半路莊	puann3 loo7 cng1		陳國章 P.106
半路寮	puann3 loo7 liau5		陳國章 P.107
半路响	puann3 loo7 hiong2（hiang2）		陳國章 P.106
半嶺	puann3 nia2		陳國章 P.107
半嶺子	puann3 nia2 a2		陳國章 P.107
古井腳	koo2 cinn2（cenn2）kha1		陳國章 P.117
古井頭	koo2 cinn2（cenn2）thau5		陳國章 P.117
古坑	koo2 khenn1	庵古坑庄	安倍明義 P.234
古亭坑	koo2 ting5 khenn1		陳國章 P.117
古亭坑	koo2 ting5 khenn1		安倍明義 P.256

古亭町	koo2 ting5 ting1	1919 年稱 古亭村	安倍明義 P.96
古亭笨	koo2 ting5 pun7		陳國章 P.117
右沖	iu7 chiong1		安倍明義 P.249
司公廊	sai1 kong1 phoo7		陳國章 P.120
台中	tai5 tiong1	大墩街	安倍明義 P.167
台北	tai7 pak4	大加蚋堡	安倍明義 P.95
台江	tai5 kang1		安倍明義 P.210
四十二份	si3 cap8 ji7 hun7		陳國章 P.97
四十分	si3 cap8 hun7		陳國章 P.97
四十四坎	si3 cap8 si3 tham2		陳國章 P.97
四十份	si3 cap8 thun7		陳國章 P.97
四十張	si3 cap8 tiunn1		陳國章 P.97
四分	si3 hun7		陳國章 P.97
四分子	si3 hun7 a2		陳國章 P.97
四分子	si3 hun7 a2		陳國章 P.97
四方林	si3 hong1 na5		陳國章 P.97
四份	si3 hun7		陳國章 P.97
四百名	si3 pah4 mia5		陳國章 P.97
四汴頭	si3 pan7 thau5		陳國章 P.98
四角坪	si3 kak4 pinn5（penn5）		陳國章 P.97
四角林	si3 kak4 na5		陳國章 P.97
四角圍牆	si3 kak4 ui5 chiunn5		陳國章 P.97
四角嶼	si3 kak4 su7		陳國章 P.98
四社寮	si3 sia7 liau5		陳國章 P.98
四股	si3 koo2		陳國章 P.98
四股寮	si3 koo2 liau5		陳國章 P.98
四城	si3 siann5		陳國章 P.98
四重埔	si3 ting5 poo1		陳國章 P.98
四重溪	si3 ting5 khe1		陳國章 P.98
四埔	si3 poo1		陳國章 P.98
四座厝	ci2 co2 chu3		安倍明義 P.142
四草湖	si3 chau3 oo5		安倍明義 P.212

四張犁	si3 tiunn1 le5		陳國章 P.99
四湖	si3 oo5		陳國章 P.99
四湖尾	si3 oo5 be2		陳國章 P.99
四結	si3 kiat4		陳國章 P.99
四塊厝	si3 te3 chu3		陳國章 P.99
四溝	si3 kau1		陳國章 P.99
四溝水	si3 kau1 cui2		陳國章 P.99
四腳亭	si2 kha1 ting5		安倍明義 P.114
四腳亭埔	si3 kha1 ting5 poo1		陳國章 P.98
四寮	si3 liau5		陳國章 P.99
四寮坪	si3 liau5 pinn5（penn5）		陳國章 P.99
四鯤鯓	si3 khun1 sin1		陳國章 P.99
四灣	si3 uan1		陳國章 P.99
四鬮	si3 khau1		陳國章 P.99
四鬮一	si3 khau1 it4		陳國章 P.100
四鬮二	si3 khau1 ji7		陳國章 P.100
四鬮三	si3 khau1 sann1		陳國章 P.100
四腳亭	si3 kha1 ting5		陳國章 P.98
四腳亭坑	si3 kha1 ting5 khinn1（khenn1）		陳國章 P.98
外三塊厝	gua7 sann1 te3 chu3		陳國章 P.114
外大坪	gua7 tua7 pinn1（penn1）		陳國章 P.114
外大溪	gua7 tua7 khe1		陳國章 P.114
外水尾	gua7 cui2 bue2		陳國章 P.114
外加道坑	gua7 ka1 to1 khenn1		陳國章 P.114
外四塊厝	gua7 si3 te3 chu3		陳國章 P.114
外平林	gua7 penn5 na5		陳國章 P.114
外田子	gua7 chan5 a2		陳國章 P.114
外石門	gua7 cioh8 muinn5		陳國章 P.114
外冷水坑	gua7 ling2 cui2 khenn1		陳國章 P.114
外坑內	gua7 khenn1 lai7		陳國章 P.114
外坑底	gua7 khenn1 te2		陳國章 P.114
外林	gua7 na5		陳國章 P.115

外社	gua7 sia7		陳國章 P.115
外城	gua7 siann5		陳國章 P.115
外挖子	gua7 uat4 a2		陳國章 P.115
外茅埔	gua7 hm5 poo1		陳國章 P.115
外苦瓜寮	gua7 khoo2 kue1 liau5		陳國章 P.115
外垵	gua7 uann1		陳國章 P.115
外員山	gua7 inn5 suann1		陳國章 P.115
外埔	gua7 poo1		陳國章 P.115
外埔子	gua7 poo1 a2		陳國章 P.115
外崎內	gua7 kia7 lai7		陳國章 P.115
外崙子腳	gua7 lun7 a2 kha1		陳國章 P.115
外涼亭	gua7 liang5 ting5		陳國章 P.115
外傘頂洲	gua7 suann3 ting2 ciu1		陳國章 P.116
外湖	gua7 oo5		陳國章 P.115
外湖子	gua7 oo5 a2		陳國章 P.116
外媽祖田	gua7 ma2 co2 chan5		陳國章 P.116
外暗坑	gua7 am3 khenn1		陳國章 P.116
外溪洲	gua7 khe1 ciu1		陳國章 P.116
外獅頭社	gua7 sai1 thau5 sia7		安倍明義 P.272
外寮	gua7 liau5		陳國章 P.116
外潮洋厝	gua7 tio5 iunn5 chu3		陳國章 P.116
外甕	gua7 ang3		陳國章 P.116
外雙溪	gua7 siong1 khe1		陳國章 P.116
外藤寮坑	gua7 tin5 liau5 khenn1		陳國章 P.116
奶姑山	ni1 ko1 suann1		陳國章 P.120
左營	co2 iann5		安倍明義 P.248
左鎮	co2 tin3		安倍明義 P.216
布袋	poo3 te7	布袋嘴	安倍明義 P.242
平和厝	ping5 ho5 chu3		陳國章 P.120
平和街	ping5 ho5 kue1		陳國章 P.120
平林	penn5 na5		陳國章 P.120
平埔	penn5 poo1		安倍明義 P.266

平埔厝	pinn5 poo1 chu3		陳國章 P.120
平溪子	pinn5（penn5）khue1（khe1）a2		陳國章 P.120
平鎮	ping5 tin3	安平鎮	安倍明義 P.145
幼坑	iu3 khinn		陳國章 P.120
打牛湳	phah4 gu5 lam3		陳國章 P.119
打鹿坑	phah4 lok8 khinn1（khenn1）		陳國章 P.119
打鹿洲	phah4 lok8 ciu1		陳國章 P.119
打鹿埔	phah4 lok8 poo1		陳國章 P.119
打鐵坑	phah4 thih4 khinn1		陳國章 P.119
打鐵店	phah4 thih4 tiam3		陳國章 P.119
打鐵店子	phah4 thih4 tiam3 a2		陳國章 P.119
打鐵厝	phah4 thih4 chu3		陳國章 P.119
打鐵寮	phah4 thih4 liau5		陳國章 P.119
本協	pun2 hiap8		安倍明義 P.222
永和山	ing2 ho5 suann1		陳國章 P.120
永定厝	ing2 ting7 chu3		陳國章 P.120
永春宅	ing2 chun1 theh8		陳國章 P.121
永春坡	ing2 chun1 pi1		陳國章 P.121
永春城	ing2 chun1 siann5		陳國章 P.121
永春寮	ing2 chun1 liau5		陳國章 P.121
永康	ing2 khong1	埔姜頭	安倍明義 P.211
永寧	ing2 ling5		安倍明義 P.210
玉山	giok8 suann1		安倍明義 P.198
瓦厝	hia7 chu3		陳國章 P.121
瓦厝子	hia7 chu3 a2		陳國章 P.121
瓦厝內	hia7 chu3 lai7		陳國章 P.121
瓦厝仔	hia7 chu3 a2		陳國章 P.121
瓦厝底	hia7 chu3 te2		陳國章 P.121
瓦厝埔	hia7 chu3 poo1		陳國章 P.121
瓦硐	ua7 tang5		陳國章 P.121
瓦寮	hia7 liau5		陳國章 P.121
瓦磘厝	hia7 io5 ch3		安倍明義 P.187

瓦窯	hia7 io5		陳國章 P.121
瓦窯子	hia7 io5 a2		陳國章 P.121
甘宅	kam1 theh8		陳國章 P.120
甘厝	kam1 chu3		陳國章 P.120
甘蔗崙	kam1 cia3 lun5		安倍明義 P.173
田子	chan5 a2		陳國章 P.111
田子埔	chan5 a2 poo1		陳國章 P.111
田子墘	chan5 a2 kinn5		陳國章 P.111
田中	tian5 tiong1	田中央	安倍明義 P.188
田中央	chan5 tiong1 ng1		陳國章 P.112
田心	chan5 sim1		陳國章 P.111
田心子	chan5 sim1 a2		陳國章 P.111
田心仔	chan5 sim1 a2		陳國章 P.112
田心屋	chan5 sim1 chu3		陳國章 P.112
田仔頭	chan5 a2 thau5		陳國章 P.112
田尾	chan5 be2（bue2）		陳國章 P.112
田洋	chan5 iunn5		陳國章 P.112
田洋子	chan5 iunn5 a2		陳國章 P.112
田洋仔	chan5 iunn5 a2		陳國章 P.112
田厝	chan5 chu3		陳國章 P.112
田厝仔	chan5 chu3 a2		陳國章 P.113
田草埔	chan5 chau2 poo1		陳國章 P.113
田草崙	chan5 chau2 lun7		陳國章 P.113
田草寮	chan5 chau2 liau5		陳國章 P.113
田墘厝	chan5 kinn5 chu3		陳國章 P.113
田寮	chan5 liau5		陳國章 P.113
田寮口	chan5 liau5 khau2		陳國章 P.113
田寮子	chan5 liau5 a2		陳國章 P.113
田寮坑	chan5 liau5 khinn1（khenn1）		陳國章 P.113
田寮洋	chan5 liau5 iunn5		陳國章 P.113
田寮港	chan5 liau5 kang2		陳國章 P.113
田頭	chan5 thau5		陳國章 P.114

田頭子	chan5 thau5 a2		陳國章 P.114
田螺堀	chan5 le5 khut4		陳國章 P.114
白石腳	peh8 cioh8 kha1		安倍明義 P.120
白沙島	peh8 sua1 to2		安倍明義 P.329
白沙港	peh8 sua1 kang2		陳國章 P.118
白沙墩堡	peh8 sua1 tun1 po2		安倍明義 P.239
白沙嶼	peh8 sua1 su7		陳國章 P.118
白沙礁	peh8 sua1 ta1		陳國章 P.118
白沙灣	peh8 sua1 uan1		陳國章 P.118
白芒埔	peh8 bong5 poo2	白望埔	安倍明義 P.228
白砂崙	peh8 sua1 lun7		陳國章 P.118
白厝角	peh8 chu3 kak4		陳國章 P.119
白匏湖	peh8 pu5 oo5		陳國章 P.119
白崙子	peh8 lun7 a2		陳國章 P.119
白葉山	peh8 hioh8 suann1		陳國章 P.119
白葉坑	peh8 hioh8 khenn1		陳國章 P.119
白廟子	peh8 bio7 a2		陳國章 P.119
白鴒厝	peh8 ling7 chu3		安倍明義 P.243
白樹子	peh8 chiu7 a2		陳國章 P.119
白鬚公潭	peh8 ciu1 kong1 tham5		安倍明義 P.242
石土地公	cioh8 thoo2 ti7 kong1		陳國章 P.100
石山	cioh8 suann1	石頭山	陳國章 P.100
石山子	cioh8 suann1 a2		陳國章 P.100
石井	cioh8 cinn1（cenn1）		陳國章 P.100
石公坑	cioh8 kong1 khenn1		陳國章 P.100
石屯	cioh8 tun1		陳國章 P.100
石牛山	cioh8 gu5 suann1		陳國章 P.100
石牛坑	cioh8 gu5 khinn1（khenn1）		陳國章 P.100
石石曹	cioh8 co5		陳國章 P.104
石灰坑	cioh8 he1（hue1）khinn1（khenn1）		陳國章 P.100
石坊街	cioh8 hong1 ke1		安倍明義 P.96
石坑	cioh8 khenn1		陳國章 P.101

石坑子	cioh8 khinn1（khenn1）a2		陳國章 P.101
石坑山	cioh8 khenn1 suann1		陳國章 P.101
石坑溪	cioh8 khenn1 khe1		陳國章 P.101
石灼子	cioh8 cek4 a2		陳國章 P.101
石角	cioh8 kak4		陳國章 P.100
石坡坑	cioh8 phe5 khinn1（khenn1）		陳國章 P.102
石底	cioh8 tue2（te2）		陳國章 P.101
石空	cioh8 khang1		陳國章 P.101
石空子	cioh8 khang1 a2		陳國章 P.101
石門	cioh8 mng5		陳國章 P.101
石門山	cioh8 mng5 suann1		陳國章 P.101
石門內	cioh8 mng5 lai7		陳國章 P.101
石門公	cioh8 mng5 kong1		陳國章 P.101
石門坑	cioh8 mng5（muinn5）khinn1（khenn1）		陳國章 P.102
石門溪	cioh8 mng5（muinn5）khue1（khe1）		陳國章 P.102
石雨傘	cioh8 hoo7 suann1		陳國章 P.102
石城子	cioh8 siann5 a2		陳國章 P.102
石泉	cioh8 cuann5		陳國章 P.102
石埔子	cioh8 poo1 a2		陳國章 P.102
石埔庄	cioh8 poo1 cng1		陳國章 P.102
石崁山	cioh8 kham3 suann1		陳國章 P.102
石崁頭	cioh8 kham3 thau5		陳國章 P.102
石馬店	cioh8 be2 tiam3		陳國章 P.103
石梯	cioh8 thui1		安倍明義 P.322
石圍墻	cioh8 ui5 chiunn5		陳國章 P.103
石圍牆	cioh8 ui5 chiunn5		陳國章 P.103
石牌	cioh8 pai5		陳國章 P.103
石牌仔	cioh8 pai5 a2		陳國章 P.103
石牌坑	cioh8 pai5 khenn1		陳國章 P.103
石牌嶺	cioh8 pai5 nia2		陳國章 P.103
石獅	ciuh7 sai1		陳國章 P.103
石獅頂	ciuh7 sai1 ting2		陳國章 P.103

石獅腳	ciuh7 sai1 kha1		陳國章 P.103
石碎崙	cioh8 sap4 lun7		陳國章 P.104
石碑腳	cioh8 pi1 kha1		陳國章 P.104
石硿子	cioh8 khang1 a2		陳國章 P.103
石碇	cioh8 ting3		陳國章 P.103
石碇溪	cioh8 ting3 khue1		陳國章 P.103
石廟子	cioh8 bio7 a2		陳國章 P.104
石磊子	cioh8 lui2 a2		陳國章 P.104
石壁	cioh8 piah4		陳國章 P.104
石壁子	cioh8 piah4 a2		陳國章 P.104
石壁坑	cioh8 piah4 khinn1（khenn1）		陳國章 P.104
石壁坑溪	cioh8 piah4 khenn1 khe1		陳國章 P.104
石壁潭	cioh8 piah4 tham5		陳國章 P.104
石壁腳	cioh8 piah4 kha1		陳國章 P.104
石橋仔頭	cioh8 kio5 a2 thau5		陳國章 P.105
石橋頭	cioh8 kio5 thau5		陳國章 P.105
石頭山	cioh8 thau5 suann1		陳國章 P.105
石頭坑	cioh8 thau5 khenn1		陳國章 P.105
石頭城	cioh8 thau5 siann5		陳國章 P.105
石頭厝	cioh8 thau5 chu3		陳國章 P.105
石頭埔	cioh8 thau5 poo1		陳國章 P.105
石頭莊	cioh8 thau5 cng1		陳國章 P.105
石頭圍	cioh8 thau5 ui5		陳國章 P.105
石頭溪	cioh8 thau5 khue1（khe1）		陳國章 P.105
石頭營	cioh8 thau5 iann5		陳國章 P.105
石頭灣	cioh8 thau5 uan1		陳國章 P.105
石龜	cioh8 ku1		陳國章 P.104
石龜溪	cioh8 ku1 khe1		陳國章 P.104
石螺子	cioh8 le5 a2		陳國章 P.105
石螺潭	cioh8 le5 tham5		陳國章 P.106
石觀音	cioh8 kuan1 im1		陳國章 P.106
石筍	cioh8 sun2		陳國章 P.102

六　劃			
交力坪	kau1 lat8 pinn5（penn5）		陳國章 P.123
交力林	kau1 lat8 na5		陳國章 P.123
伍厝	ngoo2 chu3		陳國章 P.137
任厝	jim7 chu3		陳國章 P.137
芏萊宅	ong7 lai7 theh8		陳國章 P.174
芏萊坑	ong7 lai5 theh8 khenn1		陳國章 P.174
吉貝嶼	kiat4 pue3 su7		安倍明義 P.329
同安宅	tang1 uann1 theh8		陳國章 P.136
同安村	tong5 an1 chuan1		陳國章 P.136
同安厝	tang1 uann1 chu3		陳國章 P.136
同安寮	tang1 uann1 liau5		陳國章 P.136
后庄	au7 cng1		陳國章 P.135
后里	au7 li2		陳國章 P.135
后厝子	an7 chu3 a2		陳國章 P.136
后湖	au7 oo5		陳國章 P.136
后湳	au7 lam3		陳國章 P.136
后壁店	au7 piah4 tiam3		陳國章 P.136
后壁厝仔	au7 piah4 chu3 a2		陳國章 P.136
后壁溪	au7 piah4 khue1		陳國章 P.136
圳子寮	cun3 a2 liau5		陳國章 P.131
圳子頭	cun3 a2 thau5		陳國章 P.131
圳子頭坑	cun3 a2 thau5 khinn1		陳國章 P.131
圳心	cun3 sim1		陳國章 P.131
圳仔尾	cun3 a2 be2		陳國章 P.131
圳仔頭	cun3 a2 thau5		陳國章 P.131
圳岸腳	cun3 huann1 kha1		陳國章 P.131
圳後	cun3 au7		陳國章 P.131
圳堵	cun3 too2		陳國章 P.131
圳頂	cun3 ting2		陳國章 P.131
圳溝墘	cun3 kau1 kinn5		陳國章 P.131
圳墘	cun3 kinn5		陳國章 P.131

圳寮	cun3 liau5		陳國章 P.131
圳寮公館	cun3 liau5 kong1 kuan2		陳國章 P.132
圳寮坑	cun3 liau5 khenn1		陳國章 P.132
圳頭	cun3 thau5		陳國章 P.132
圳頭坑	cun3 thau5 khenn1		陳國章 P.132
圳頭厝	cun3 thau5 chu3		陳國章 P.132
好收	hoo2 siu7		安倍明義 P.239
守城份	siu7 siann5 hun3		安倍明義 P.200
宅口	theh8 khau2		陳國章 P.131
宅子內	theh8 a2 lai7		陳國章 P.131
宅子港	theh8 a2 kang2		陳國章 P.131
安平	an1 ping5		陳國章 P.133
安平鎮	an1 ping5 tin3		陳國章 P.133
安坑	am3 khenn1		陳國章 P.133
安定	an1 ting7		陳國章 P.133
安順	an1 sun7	安順寮	安倍明義 P.212
安業	an1 giap8		陳國章 P.133
安溪厝	an1 khe1 chu3		陳國章 P.133
安溪寮	an1 khe1 liau5		陳國章 P.133
尖山	ciam1 suann1		陳國章 P.123
尖山子	ciam1 suann1 a2		陳國章 P.123
尖山仔鼻	ciam1 suann1 a2 phinn7		陳國章 P.123
尖山外	ciam1 suann1 gua7		陳國章 P.123
尖山湖	ciam1 suann1 oo5		陳國章 P.124
尖山鼻	ciam1 suann1 phinn7		陳國章 P.124
尖山腳	ciam1 suann1 kha1		陳國章 P.123
尖石山	ciam1 cioh8 suann1		陳國章 P.124
尖尾	ciam1 be2（bue2）		陳國章 P.124
尖筆山	ciam1 pit4 suann1		陳國章 P.124
成子寮	sing5 a2 liau5		陳國章 P.145
成功村	sing5 kong1 chuan1		陳國章 P.145
成福	sing5 hok4		陳國章 P.145

成興	sing5 hing1		陳國章 P.145
朴子	phoh8 a2	朴仔腳	安倍明義 P.240
朴子口	phoh8 a2 khau2		安倍明義 P.171
朴子腳	phoh8 a2 kha1		陳國章 P.132
朱厝	cu1 chu3		陳國章 P.137
朱厝崙	cu1 chu3 lun7		陳國章 P.137
死礦子坪	si2 hong5 a2 penn5		安倍明義 P.113
江竹子腳	kang1 tik4 a2 kha1		陳國章 P.136
江厝	kang1 chu3		陳國章 P.136
江厝仔	kang1 chu3 a2		陳國章 P.136
江厝宅角	kang1 chu3 theh8 kak4		陳國章 P.136
江厝店	kang1 chu3 tiam3		陳國章 P.136
汕尾	suann3 bue2		陳國章 P.137
灰磘	hue1 io5		陳國章 P.137
灰磘子	he1 io5 a2		陳國章 P.137
灰磘坑	he1 io5 khinn1（khenn1）		陳國章 P.137
灰窯	hue1 io5		陳國章 P.137
灰窯仔	hue1 io5 a2		陳國章 P.137
灰窯仔腳	hue1 io5 a2 kha1		陳國章 P.137
百二十份	pah4 ji7 cap8 hun7		陳國章 P.123
百二甲	pah4 ji7 kah4		陳國章 P.123
百三	pah4 sann1		陳國章 P.123
竹子山	tik4 a2 suann1		陳國章 P.124
竹子山腳	tik4 a2 suann1 kha1		陳國章 P.124
竹子坑	tik4 a2 khenn1		陳國章 P.124
竹子林	tik4 a2 na5		陳國章 P.124
竹子門	tik4 a2 mng5		陳國章 P.124
竹子城	tik4 a2 siann5		陳國章 P.125
竹子港	tik4 a2 kang2		陳國章 P.125
竹子港溪	tik4 a2 kang2 khe1		陳國章 P.125
竹子湖	tik4 a2 oo5		陳國章 P.125
竹子腳	tik4 a2 kha1		安倍明義 P.213

竹子寮	tik4 a2 liau5		陳國章 P.125
竹子腳	tik4 a2 kha1		陳國章 P.125
竹山	tik4 suann1		陳國章 P.124
竹山	tik4 san1	林杞埔街	安倍明義 P.206
竹山溝	tik4 suann1 kau1		陳國章 P.124
竹戈寮	tik4 ko1 liau5		陳國章 P.125
竹仔坑	tik4 a2 khenn1		陳國章 P.125
竹仔林	tik4 a2 na5		陳國章 P.125
竹仔巷	tik4 a2 hang7		陳國章 P.125
竹仔崙	tik4 a2 lun7		陳國章 P.125
竹仔寮	tik4 a2 liau5		陳國章 P.125
竹北	tik4 pak4		陳國章 P.125
竹宅子	tik4 theh8 a2		陳國章 P.126
竹坑	tik4 khinn1（khenn1）		陳國章 P.126
竹坑山	tik4 khenn1 suann1		陳國章 P.126
竹坑底	tik4 khenn1 tue2		陳國章 P.126
竹坑社	tik4 khenn1 sia7		安倍明義 P.271
竹坑溪	tik4 khinn1 khue1		陳國章 P.126
竹東	tik4 tang1	樹杞林街	安倍明義 P.155
竹林	tik4 na5		陳國章 P.126
竹南	tij4 lam5	三角店	安倍明義 P.158
竹南路	tik4 lam5 loo7		陳國章 P.126
竹巷	tik4 hang7		陳國章 P.126
竹巷仔	tik4 hang7 a2		陳國章 P.126
竹竿厝	tik4 ko1 chu3		陳國章 P.126
竹崎	tik4 kia7	竹頭崎	安倍明義 P.227
竹圍	tik4 ui5		陳國章 P.127
竹圍子	tik4 ui5 a2		陳國章 P.127
竹圍子埔	tik4 ui5 a2 poo1		陳國章 P.127
竹圍內	tik4 ui5 lai7		陳國章 P.127
竹圍仔	tik4 ui5 a2		陳國章 P.127
竹圍仔內	tik4 ui5 a2 lai7		陳國章 P.127

竹圍後	tik4 ui5 au7		陳國章 P.127
竹湖	tik4 oo5		陳國章 P.127
竹湖子	tik4 oo5 a2		陳國章 P.127
竹滬	tik4 hoo7		陳國章 P.128
竹橋	tik4 kio2		安倍明義 P.251
竹篙山	tik4 koo1 suann1		陳國章 P.128
竹篙厝	tik4 koo1 chu3		陳國章 P.128
竹篙厝仔	tik4 koo1 chu3 a2		陳國章 P.128
竹篙嶺	tik4 koo1 nia2		陳國章 P.128
竹頭角	tik4 thau5 kak4		陳國章 P.128
竹頭崎	tik4 thau5 kia7		陳國章 P.128
竹頭湖	tik4 thau5 oo5		陳國章 P.128
竹腳厝	tik4 kha1 chu3		陳國章 P.126
竹腳厝山頂	tik4 kha1 chu3 suann1 ting2		陳國章 P.127
竹腳寮	tik4 kha1 liau5		陳國章 P.127
米市街	bi2 chi7 kue1（ke1）		陳國章 P.134
米庚仔寮	kinn1 a2 liau5		陳國章 P.305
米倉	bi2 chng1		陳國章 P.134
米粉埔	bi2 hun2 poo1		陳國章 P.134
米粉間	bi2 hun2 king1		陳國章 P.134
米粉寮	bi2 hun2 liau5		陳國章 P.134
羊子寮	iunn5 a2 liau5		陳國章 P.132
羊朝堀	iunn5 tiau5 khut4		陳國章 P.133
羊稠	iunn5 tiau5		陳國章 P.133
羊稠子	iunn5 tiau5 a2		陳國章 P.133
羊稠坑	iunn5 tiau5 khinn1（khenn1）		陳國章 P.133
羊稠厝	iunn5 tiau5 chu3		陳國章 P.133
羊寮	iunn5 liau5		陳國章 P.133
考試潭	khoo2 chi3 tham5		陳國章 P.137
考潭	khoo2 tham2		安倍明義 P.253
肉豆腳	bah4 tau7 kha1		陳國章 P.137
西山	sai1 suann1		陳國章 P.128

西屯	se1 tun7	西大墩街	安倍明義 P.169
西片山	sai1 phinn1 suann1		陳國章 P.128
西平里	sai1 ping5 li2		陳國章 P.128
西平港子	sai1 ping5 kang2 a2		陳國章 P.128
西平寮	sai1 ping5 liau5		陳國章 P.128
西瓜園	si1 kue1 hng5（huinn5）		陳國章 P.128
西瓜寮	si1 kue1 liau5		陳國章 P.129
西庄	sai1 cng1		陳國章 P.129
西庄子	sai1 cng1 a2		陳國章 P.129
西坑	sai1 khinn1（khenn1）		陳國章 P.129
西社	sai1 sia7		陳國章 P.129
西門	sai1 mng5		陳國章 P.129
西門口	sai1 mng5 khau2		陳國章 P.129
西施厝坪	sai1 si1 chu3 penn5		陳國章 P.129
西畔	sai1 ping5		陳國章 P.129
西莊	sai1 cng1		陳國章 P.129
西港	se1 kang2	西港仔庄	安倍明義 P.219
西湖	sai1 oo5		陳國章 P.129
西勢	sai1 si3		陳國章 P.129
西勢子	sai1 si3 a2		陳國章 P.130
西勢坑	sai1 si3 sia7		陳國章 P.130
西勢厝	sai1 si3 chu3		陳國章 P.130
西勢湖	sai1 si3 oo5		陳國章 P.130
西勢寮	sai1 si3 liau5		陳國章 P.130
西勢窯	sai1 si3 io5		陳國章 P.130
西新庄子	saif1 sin1 cng1 a2		陳國章 P.130
西溪底	sai1 khue1 tue2		陳國章 P.130
西廖	sai1 liau7		陳國章 P.130
西寮	sai1 liau5		陳國章 P.130
西衛	sai1 ue7		陳國章 P.130
西嶼	sai1 su7（si7）		陳國章 P.130
西嶼平	sai su7（si7）ping5		陳國章 P.130

西廍	sai1 phoo7		陳國章 P.130
庄子內	cng1 a2 lai7		陳國章 P.132
庄前	cng1 cing5		陳國章 P.132
庄後	cng1 au7		陳國章 P.132
庄頭	cng1 thau5		陳國章 P.132
七 劃			
何竹子腳	hoo5 tik4 a2 kha1		陳國章 P.149
何厝	hoo5 chu3		陳國章 P.149
兌仔園	tue7 a2 hng5		陳國章 P.147
兵仔市	ping1 a2 chi7		陳國章 P.147
兵仔營	ping1 a2 iann5		陳國章 P.147
冷水坑	ling2 cui2 khinn1（khenn1）		陳國章 P.147
冷水空仔	ling2 cui2 khang1 a2		陳國章 P.147
冷水空坪	ling2 cui2 khang1pinn5		陳國章 P.147
冷水堀	ling2 cui2 khut4		陳國章 P.147
冷泉	ling2 cuann5		陳國章 P.147
吳全城	goo5（ngoo5）cuan5 siann1		陳國章 P.148
吳竹子腳	goo5（ngoo5）tik4 a2 kha1		陳國章 P.148
吳阿再坑	goo5（ngoo5）a2 cai3 khinn1（khenn1）		陳國章 P.148
吳厝	goo5 chu3		陳國章 P.148
吳厝大瓦厝內	goo5（ngoo5）chu3 tua7 hia7 chu3 lai7		陳國章 P.148
吳厝巷	goo5（ngoo5）chu3 hang7		陳國章 P.148
吳厝圍	goo5 chu3 ui5		陳國章 P.148
吳厝寮	goo5（ngoo5）chu3 liau5		陳國章 P.148
吳鳳廟	goo5（ngoo5）hong7 bio7		陳國章 P.148
呂厝	li7 chu3		陳國章 P.149
坑口	khinn1（khenn1）khau2		陳國章 P.138
坑子	khinn1（khenn1）a2		陳國章 P.138
坑子口	khinn1（khenn1）a2 khau2		陳國章 P.138
坑子口山	khinn1（khenn1）a2 khau2 suann1		陳國章 P.138
坑子內	khenn1 a2 lai7		陳國章 P.138

坑子外	khinn1（khenn1）a2 gua7		陳國章 P.138
坑子溪	khinn1（khenn1）a2 khue1（khe1）		陳國章 P.139
坑內	khinn1（khenn1）lai7		陳國章 P.139
坑內仔	khenn1 lai7 a2		陳國章 P.139
坑仔	khenn1 a2		陳國章 P.139
坑仔口	khinn1（khenn1）a2 khau2		陳國章 P.139
坑仔內	khenn1 a2 lai7		陳國章 P.139
坑仔公	khinn1 a2 kong1		陳國章 P.139
坑仔底	khinn1（khenn1）a2 tue2（te2）		陳國章 P.139
坑仔社	khinn1（khenn1）a2 sia7		陳國章 P.139
坑仔寮埔	khinn1（khenn1）a2 liau5 poo1		陳國章 P.139
坑尾	khinn1（khenn1）be2（bue2）		陳國章 P.139
坑尾寮	khinn1（khenn1）be2（bue2）liau5		陳國章 P.139
坑底	khenn1 te2		陳國章 P.139
坑頭	khenn1 thau5		陳國章 P.140
坑頭厝	khenn1 thau5 chu3		陳國章 P.140
壯圍	cong3 ui5		安倍明義 P.121
宋厝	song3 chu3		陳國章 P.149
尾山	be2 suann1		陳國章 P.142
尾份	bue2 hun7		陳國章 P.142
尾份仔	be2 hun7 a2		陳國章 P.142
尾份仔埔	be2 hun7 a2 poo1		陳國章 P.143
尾竹圍	bue2 tik4 ui5		陳國章 P.143
尾庄	be2（bue2）cng1		陳國章 P.142
尾社	be2（bue2）sia7		陳國章 P.143
尾厝	be2（bue2）chu3		陳國章 P.143
尾崙	bue2 lun7		陳國章 P.143
尾崙山	bue2 lun7 suann1		陳國章 P.143
尾張	bue2 tiunn1		陳國章 P.143
尾隘子	be2（bue2）ai3 a2		陳國章 P.143
尾塹	bue2 cam7		陳國章 P.143
尾寮	bue2 liau5		陳國章 P.143

巫厝	bu5 chu3		陳國章 P.149
抄房	chau1 pang5		陳國章 P.149
抄封仔地	chau1 hong1 a2 tue7（te7）		陳國章 P.149
抄封埔	chau1 hong1 poo1		陳國章 P.149
更寮	kinn1 liau5		陳國章 P.150
李子林	li2 a2 na5		陳國章 P.143
李子園	li2 a2 hng5（huinn5）		陳國章 P.143
李仔坑	li2 a2 khinn1		陳國章 P.143
李厝	li2 chu3		陳國章 P.144
杜厝	too7 chu3		陳國章 P.149
杜厝街	too7 chu3 kue1		陳國章 P.149
沙子田	sua1 a2 chan5		陳國章 P.141
沙子園	sua1 a2 hng5（huinn5）		陳國章 P.141
沙山	sua1 suann1		陳國章 P.141
沙仔地	sua1 a2 te7		陳國章 P.141
沙仔崙	sua1 a2 lun7		陳國章 P.141
沙仔園	sua1 a2 hng5		陳國章 P.141
沙凹子	sua1 lap4 a2		陳國章 P.141
沙田	sua1 chan5		陳國章 P.141
沙坑	sua1 khenn1		陳國章 P.141
沙尾崛	sua1 bue2 khut4		陳國章 P.141
沙青埔	sua1 chinn1（chenn1）poo1		陳國章 P.141
沙埔	sua1 poo1		陳國章 P.142
沙島	sua1 to2		陳國章 P.142
沙崙	sua1 lun7		陳國章 P.142
沙崙子	sua1 lun7 a2		陳國章 P.142
沙崙後	sua1 lun7 au7		陳國章 P.142
沙崙湖	sua1 lun7 oo5		陳國章 P.142
沙崙腳	sua1 lun7 kha1		陳國章 P.142
沙港頭	sua1 kang2 thau5		陳國章 P.142
沈厝仔	sim2 chu3 a2		陳國章 P.150
沛舍坡	phai3 sia3 pi1		陳國章 P.173

汴子頭	pan7 a2 thau5		陳國章 P.145
汴頭	pan7 thau5		陳國章 P.145
私埤	su1 pi1		陳國章 P.148
秀才	sio3 cai5		陳國章 P.142
秀水	siu3 cui2	臭水	安倍明義 P.185
秀祐	siu3 iu7		安倍明義 P.222
肚兜角	too7 tau1 kak4		陳國章 P.150
肚臍窟	too7 cai5 khut4		陳國章 P.150
良文港	liong5 bun5 kang2		安倍明義 P.329
芒花埔	bang5 hue1 poo1		陳國章 P.149
芒埔	bang5 poo1		陳國章 P.149
芋子寮	oo7 a2 liau5		陳國章 P.145
芋田	oo7 chan5		陳國章 P.145
芋田坑	oo7 chan5 khinn1		陳國章 P.145
芋寮	oo7 liau5		陳國章 P.145
角秀	kak4 siu3		安倍明義 P.217
角宿	kak4 siu3		安倍明義 P.249
豆子埔	tau7 a2 poo1		陳國章 P.144
赤土仔	chiah4 thoo5 a2		陳國章 P.140
赤土崎	chiah4 thoo5 kia7		陳國章 P.140
赤山	chiah4 suann1		陳國章 P.140
赤山子	chiah4 suann1 a2		陳國章 P.140
赤山湖	chiah4 suann1 oo5		陳國章 P.140
赤山廟	chiah4 suann1 bio7		陳國章 P.140
赤牛稠	chiah4 gu5 tiau5		陳國章 P.140
赤皮湖	chiah4 phe5（phue5）oo5		陳國章 P.140
赤竹仔	chiah4 tik4 a2		陳國章 P.140
赤柯山	chiah4 kho1 suann1		陳國章 P.140
赤柯坪	chiah4 kho1 pinn5（penn5）		陳國章 P.140
赤崁	chiah4 kham3		陳國章 P.140
赤崁	chiah4 kham3		陳國章 P.141
赤崎子	chiah4 kia7 a2		陳國章 P.141

赤塗崎	chiah4 thoo5 kia7		陳國章 P.141
車子 路	chia1 a2 loo7		陳國章 P.144
車仔寮	chia1 a2 liau5		陳國章 P.144
車仔頭	chia1 a2 thau5		陳國章 P.144
車田	chia1 chan5		陳國章 P.144
車行	chia1 hang5		安倍明義 P.212
車店	chia1 tiam3		陳國章 P.144
車店子	chia1 tiam3 a2		陳國章 P.144
車城	chia1 siann5	柴城	安倍明義 P.281
車城灣	chia1 siann5 uan1		安倍明義 P.282
車埕	chia1 tiann5		陳國章 P.144
車路口	chia1 loo7 khau2		陳國章 P.144
車路巷	chia1 loo7 hang7		陳國章 P.144
車路崎	chia1 loo7 kia7		陳國章 P.144
車路垷	chia1 loo7 kinn5		陳國章 P.144
車路頭	chia1 loo7 thau5		陳國章 P.144
車頭	chia1 thau5		陳國章 P.145
車頭口田	chia1 thau5 khau2 chan5		陳國章 P.145
車頭仔	chia1 thau5 a2		陳國章 P.145
里港	li2 kang2	阿里港	安倍明義 P.260
阮厝	ng2 chu3		陳國章 P.149
泔水港	ciann2 cui2 kang2		陳國章 P.147
泔水澳	ciann2 cui2 o3		陳國章 P.147
刣人埔	thai5 lang5 poo1		陳國章 P.138
刣牛坑	thai5 gu5 khenn1		陳國章 P.138
刣豬厝	thai5 ti1 chu3		陳國章 P.138
坔仔	lam3 a2		陳國章 P.147
坔尾	lam3 bue2		陳國章 P.147
芉子寮	kuann1 a2 liau5		陳國章 P.145
芉蓁坑	kuann1 cin1 khenn1		陳國章 P.145
芉蓁林	kuann1 cin1 na5		陳國章 P.145
坔埔	lam3 poo1		陳國章 P.147

八 劃			
挖子	uat4 a2		陳國章 P.150
芎林	kiong1 na5	九芎林	安倍明義 P.155
芎蕉坑	king1 ciu1 khinn1（khenn1）		陳國章 P.150
芎蕉灣	king1 ciu1 uan1		陳國章 P.150
芎蕉腳	king1 ciu1 kha1		陳國章 P.150
亞麻埤	a1 mua5 pi1		陳國章 P.174
佳冬	ka1 tang1	茄冬腳	安倍明義 P.277
佳里	ka1 li2	蕭瓏庄	安倍明義 P.218
佳里興	ka1 li2 hing1		安倍明義 P.218
佳樂水	ka1 laoh8 cui2		陳國章 P.174
來利坑	la5 li2 khinn1（khenn1）		陳國章 P.172
兔子坑	thoo3 a2 khenn1		陳國章 P.143
兔仔空坪	thoo3 a2 khang1 pinn5		陳國章 P.143
刺仔腳	chi3 a2 kha1		陳國章 P.169
卓厝	toh4 chu3		陳國章 P.173
呼神坑	hoo5 sin5 khinn1（khenn1）		陳國章 P.174
和尚田	he5 siunn7 chan5		陳國章 P.172
和尚洲	he5 siunn7 ciu1		陳國章 P.172
和尚寮	he5（hue5）siunn7 liau5		陳國章 P.172
和社	ho5 sia7		陳國章 P.172
和美	ho5 bi2	和美線	安倍明義 P.183
和睦	ho5 bok8		陳國章 P.172
周厝	ciu1 chu3		陳國章 P.174
周厝崙	ciu1 chu3 lun7		陳國章 P.174
坪子頂	penn5 a2 ting2	坪仔頂	安倍明義 P.207
坪子頭	penn5 a2 thau5		陳國章 P.164
坪子腳	penn5 a2 kha1		陳國章 P.164
坪仔頂	penn5 a2 ting2		陳國章 P.164
坪林	penn5 na5	坪林尾	安倍明義 P.132
坪林尾	pinn5 na5 be2		陳國章 P.164
坪埔	pinn5 poo1		陳國章 P.164

坪埔頂	pinn5（penn5）poo1 ting2		陳國章 P.164
坪頂	penn5 ting2		陳國章 P.164
坪頂大湖	pinn5 ting2 tua7 oo5		陳國章 P.164
坪頂厝	pinn5（penn5）ting2 chu3		陳國章 P.164
坪頂埔	penn5 ting2 poo1		陳國章 P.164
坪潭	pinn5（penn5）tham5		陳國章 P.164
坡子頭	pi1 a2 thau5		陳國章 P.166
坡內坑	pi1 lai7 khinn1（khenn1）		陳國章 P.166
坡心	pi1 sim1		陳國章 P.166
坡仔頭	pi1 a2 thau5		陳國章 P.166
坡堵	pi1 too2		陳國章 P.166
坡寮	pi1 liau5		陳國章 P.167
坡腳	pi1 kha1		陳國章 P.166
姑子寮	koo1 a2 liau5		陳國章 P.166
姓吳仔內	sinn1（senn1）goo5 a2 lai7		陳國章 P.171
姓吳園	sinn1（senn1）goo5 hng5（hinn5）		陳國章 P.171
姓李仔	senn1 li2 a2		陳國章 P.171
姓林仔厝	senn1 lim5 a2 chu3		陳國章 P.171
姓林的	senn1 lim5 e5		陳國章 P.171
姓許街仔	sinn1（senn1）khoo2 kue1（ke1）a2		陳國章 P.171
姓陳寮	senn1 tan5 liau5		陳國章 P.171
姓黃仔內	sinn1（senn1）ng5（uinn5）a2 lai7		陳國章 P.171
姓葉仔	senn1 iap8 a2		陳國章 P.171
官田	kuan1 tian5	官佃	安倍明義 P.217
官佃	kuann1 tian7		陳國章 P.170
宜蘭	gi5 lan5		安倍明義 P.117
屈尺	khut4 chioh4		陳國章 P.167
岸內	huann7 lai7		陳國章 P.167
岸腳	huann7 kha1		陳國章 P.167
店子口	tiam3 a2 khau2		陳國章 P.156
店子後	tiam3 a2 au7		陳國章 P.156
店子頂	tiam3 a2 ting2		陳國章 P.156

店子街	tiam3 a2 ke1		陳國章 P.156
店仔	tiam3 a2		陳國章 P.156
店仔口	tiam3 a2 khau2		陳國章 P.156
店仔口街	tiam3 a2 khau2 ke1		陳國章 P.156
店仔內	tiam3 a2 lai7		陳國章 P.157
店仔尾	tiam3 a2 be2（bue2）		陳國章 P.157
店仔尾埤	tiam3 b2 be2 pi1		陳國章 P.157
店仔尾邊	tiam3 a2 be2 pinn1		陳國章 P.157
店仔後	tiam3 a2 au7		陳國章 P.157
店后莊	tiam3 au7 cng1		陳國章 P.157
府中街	hu2 tiong1 ke1		安倍明義 P.96
府前街	hu2 cing5 ke1	本町通	安倍明義 P.96
府後街	hu2 au7 ke1	表町	安倍明義 P.96
忠義亭	tiong1 gi7 tiann5		安倍明義 P.265
拔子	pat4 a2		安倍明義 P.319
拔子林	pat4 a2 na5		陳國章 P.161
拔子埔	pat4 a2 poo1		陳國章 P.162
拔子窟	pat4 a2 khut4		陳國章 P.162
拔子腳	pat4 a2 kha1		陳國章 P.162
拔仔埔	pat4 a2 poo1		陳國章 P.162
拔仔湖	pat4 a2 oo5		陳國章 P.162
拔死猴	puah8 si2 kau5		陳國章 P.162
拔死猴澳	puah8 si2 kau5 o3		陳國章 P.162
拔西猴	puah8 si2 kau5		陳國章 P.162
拔西猴溪	puah8 si2 kau5 khue1（khe1）		陳國章 P.162
拔雅林	pat4 a2 na5		陳國章 P.162
旺來山	ong7 lai5 suann1		陳國章 P.173
旺來宅仔	ong7 lai5 theh8 a2		陳國章 P.173
枋子林	png1 a2 na5		陳國章 P.159
枋山	pang1 suann1		陳國章 P.159
枋山坑	pang1 suann1 khinn1		陳國章 P.159
枋仔林	png1 a2 na5		陳國章 P.159

枋坑子	pang1 khinn1（khenn1）a2		陳國章 P.159
枋坪	pang1 pinn1（penn1）		陳國章 P.159
枋寮	pang1 liau5		陳國章 P.160
枋寮子	pang1 liau5 a2		陳國章 P.160
枋寮坑	pang1 liau5 khinn1（khenn1）		陳國章 P.160
枋寮埔	pang1 liau5 poo1		陳國章 P.160
枋樹腳	pang1 kio5 kha1		陳國章 P.160
枋橋	pang1 kio5		陳國章 P.160
枋橋頭	pang1 kio5 thau5		陳國章 P.160
枋腳	png1 kha1		陳國章 P.159
枕頭山	cim2 thau5 suann1		陳國章 P.175
東大邱園	tang1 tua1 khu1 hng5		安倍明義 P.256
東山	tong1 san1		陳國章 P.150
東山湖	tang1 suann1		陳國章 P.150
東片村	tang1 phinn3 chuan1		陳國章 P.150
東平	tang1 ping5		陳國章 P.150
東平里	tang1 ping5 li2		陳國章 P.151
東石	tang1 cioh8		陳國章 P.151
東石港	tang1 cioh8 kang2		陳國章 P.151
東尖山	tang1 ciam1 suann1		陳國章 P.151
東竹圍	tang1 tik4 ui5		陳國章 P.151
東庄	tong1 cng1		陳國章 P.151
東坑	tang1 khinn1（khenn1）		陳國章 P.151
東店仔	tang1 tiam3 a2		陳國章 P.152
東社	tang1 sia7		陳國章 P.151
東門	tang1 mng5		陳國章 P.151
東門口	tang1 muinn5 khau2		陳國章 P.151
東門內街	tang1 mng5（muinn5）lai7 kue1（ke1）		陳國章 P.151
東門仔	tang1 mng5 a2		陳國章 P.151
東門外街	tang1 mng5 gua7 kue1		陳國章 P.151
東施厝坪	tang1 si1 chu3 penn5		陳國章 P.152
東崎頂	tang1 kia7 ting2		陳國章 P.152

東莊	tang1 cng1		陳國章 P.152
東港	tang1 kang2		陳國章 P.152
東港溪	tang1 kang2 khe1		陳國章 P.152
東湖	tang1 oo5		陳國章 P.152
東湖子	tang1 oo5 a2		陳國章 P.152
東勢	tang1 si3	東勢角庄	安倍明義 P.173
東勢下股	tang1 si3 e7 koo2		陳國章 P.152
東勢上股	tang1 si3 ting2 koo2		陳國章 P.152
東勢子	tang1 si3 a2		陳國章 P.152
東勢中股	tang1 si3 tiong1 koo2		陳國章 P.152
東勢宅	tang1 si3 theh8		陳國章 P.153
東勢庄	tang1 si3 cng1		陳國章 P.153
東勢坑	tang1 si3 khinn1（khenn1）		陳國章 P.153
東勢尾	tang1 si3 be2（bue2）		陳國章 P.153
東勢角	tang1 si3 kak4		陳國章 P.153
東勢社	tang1 si3 sia7		陳國章 P.153
東勢厝	tang1 si3 chu3		陳國章 P.153
東勢埔	tang1 si3 poo1		陳國章 P.153
東勢湖	tang1 si3 oo5		陳國章 P.153
東勢閣	tang1 si3 koh4		陳國章 P.153
東勢寮	tang1 si3 liau5		陳國章 P.153
東勢窰	tang1 si3 io5		陳國章 P.153
東新庄	tang1 sin1 cng1		陳國章 P.153
東新庄子	tang1 sin1 cng1 a2		陳國章 P.153
東溪底	tang1 khue1（khe1）tue2（te2）		陳國章 P.153
東路墘	tang1 loo2 kinn5		安倍明義 P.171
東廖	tang1 liau7		陳國章 P.154
東寮	tang1 liau5		陳國章 P.154
東澳	tang1 o3		陳國章 P.154
東澳溪	tang1 o3 khe1		陳國章 P.154
東澳嶺	tang1 o3 nia2		陳國章 P.154
東嶼坪	tang1 su7 ping5		陳國章 P.154

東邊竹圍	tang1 ping5 tik4 ui5		陳國章 P.154
東衛	tang1 ue7		陳國章 P.154
果毅後	ko2 ge7 a7		安倍明義 P.222
林口	na5 khau2		安倍明義 P.138
林子	na5 a2		陳國章 P.154
林子口	na5 a2 khau2		陳國章 P.154
林子內	na5 a2 lai7		陳國章 P.154
林子尾	na5 a2 bue2		陳國章 P.154
林子前	na5 a2 cing5		陳國章 P.154
林子城	na5 a2 siann5		陳國章 P.154
林子厝	na5 a2 chu3		陳國章 P.154
林子頂	na5 a2 ting2		陳國章 P.154
林子頭	na5 a2 thau5	林仔頭	安倍明義 P.248
林子邊	na5 a2 pinn1	林仔邊	安倍明義 P.211
林內	na5 lai7		陳國章 P.155
林仔邊	na5 a2 pinn1		陳國章 P.155
林圯埔	lim5 ki2 poo1		陳國章 P.155
林尾	na5 bue2		陳國章 P.155
林投	na5 tau5		陳國章 P.155
林投內	na5 tau5 lai7		陳國章 P.155
林投坑	na5 tau5 khinn1		陳國章 P.155
林投厝	na5 tau5 chu3		陳國章 P.155
林投圍	na5 tau5 ui5		陳國章 P.155
林投溝	na5 tau5 kau1		陳國章 P.155
林厝	lim5 chu3		陳國章 P.155
林厝仔	lim5 chu3 a2		陳國章 P.156
林厝坑	lim5 chu3 khenn1		陳國章 P.156
林厝底	lim5 chu3 te2		陳國章 P.156
林厝寮	lim5 chu3 liau5		陳國章 P.156
林家	lim5 ka1		陳國章 P.155
林鳳營	lim5 hong7 iann5		陳國章 P.156
林頭	na5 thau5		陳國章 P.156

林邊	na5 pinn1	林仔邊	安倍明義 P.276
板子寮	pan2 a2 liau5		陳國章 P.166
板橋	pang1 kio2	枋橋街	安倍明義 P.134
松子腳	cing5（ching5）a2 kha1		陳國章 P.164
松仔頂	ching5 a2 ting2		陳國章 P.165
松仔腳	ching5 kha1		陳國章 P.165
松柏坑	ching5 peh4 khenn1		陳國章 P.165
松柏坑仔港	cing5 peh4 khinn1 a2 kang1		陳國章 P.165
松柏林	cing5（ching5）peh4 na5		陳國章 P.165
松柏崎	cing5 peh4 kia7		陳國章 P.165
松柏崙	ching5 peh4 lun7		陳國章 P.165
松柏崙山	ching5 peh4 lun7 suann1		陳國章 P.165
松腳	ching5 kha1		陳國章 P.165
松樹王	ching5 chiu7 ong5		陳國章 P.165
松樹門	cing5（ching5）chiu7mng5（muinn5）		陳國章 P.165
松樹腳	cing5（ching5）chiu7 kha1		陳國章 P.165
松羅社	siong5 lo5 sia7		陳國章 P.166
武東堡	bu2 tang1 po2		安倍明義 P.187
油車	iu5 chia1		陳國章 P.170
油車口	iu5 chia1 khau2		安倍明義 P.106
油車子	iu5 chia1 a2		陳國章 P.170
油車庄	iu5 chia1 cng1		陳國章 P.170
油車坑	iu5 chia1 khinn1		陳國章 P.170
油車里	iu5 chia1 li2		陳國章 P.170
油車坡	iu5 chia1 pi1		陳國章 P.170
油車店	iu5 chia1 tiam3		陳國章 P.170
油車埤	iu5 chia1 pi1		陳國章 P.170
油車港	iu5 chia1 kang2		陳國章 P.170
油車溝	iu5 chia1 kau1		陳國章 P.170
泊仔寮	pik4（poh8）a2 liau5		陳國章 P.169
狗沙仔礁	kau2 sua1 a2 ta1		陳國章 P.171
狗恩勤	kau2 un1 khun3		陳國章 P.171

狗殷勤	kau2 un1 khun3		陳國章 P.171
狗塚	kau2 thiong2		陳國章 P.171
狗氳氫	kau2 un1 khun3		陳國章 P.172
直坑	tit8 khinn1		陳國章 P.171
直潭	tit8 tham5		陳國章 P.171
知高	ti1 ko1		陳國章 P.173
社口	sia7 khau2		陳國章 P.157
社口尾	sia7 khau2 be2		陳國章 P.157
社口頭	sia7 khau2 thau5		陳國章 P.157
社子	sia7 a2		陳國章 P.157
社子島	sia7 a2 to2		陳國章 P.157
社內	sia7 lai7		陳國章 P.158
社皮	sia7 phue5		陳國章 P.158
社尾	sia7 bue2		陳國章 P.158
社角	sia7 kak4		陳國章 P.158
社後	sia7 au7		陳國章 P.158
社後下	sia7 au7 e7		陳國章 P.158
社後坪	sia7 au7 penn5		陳國章 P.158
社後頂	sia7 au7 ting2		陳國章 P.158
社頂	sia7 ting2		陳國章 P.158
社溝	sia7 kau1		陳國章 P.158
社寮	sia7 liau5		陳國章 P.158
社寮坑	sia7 liau5 khenn1		陳國章 P.158
社寮前	sia7 liau5 cing5		陳國章 P.159
社寮島	sia7 liau5 to2		陳國章 P.159
社寮街	sia7 liau5 kue1（ke1）		陳國章 P.159
社頭	sia7 thau5		陳國章 P.159
社腳	sia7 kha1		陳國章 P.158
空地子	khang1 te7 a2		陳國章 P.169
空殼嶼	khang1 khak4 su7（si7）		陳國章 P.170
羌仔坑	kiunn1 a2 khinn1（khenn1）		陳國章 P.169
羌寮	kiunn1 liau5		陳國章 P.169

芝山巖	ci1 san1 giam5		安倍明義 P.103
芭樂埔	pat4 a2 poo1		陳國章 P.175
花宅	hue1 theh8		陳國章 P.169
花矸嶼	hue1 kan1 su7（si7）		陳國章 P.169
花城	hue1 siann5		陳國章 P.169
花瓶嶼	hue1 pan5 su7		安倍明義 P.112
花園仔	hue1 hng5（huinn5）a2		陳國章 P.169
花蓮埤	hue1 lian5 pi1		陳國章 P.169
花蓮港	hua1 lian5 kang2	回瀾港 hue5 lam5	安倍明義 P.309
芬園	hun1 hng5		陳國章 P.174
虎子山	hoo2 a2 suann1		陳國章 P.160
虎子坑	hoo2 a2 khenn1		陳國章 P.160
虎井	hoo2 cinn2		陳國章 P.160
虎井嶼	hoo2 cinn2 su7		陳國章 P.160
虎仔耳	hoo2 a2 hinn7		陳國章 P.160
虎尾	hoo2 bue2	五間厝	安倍明義 P.235
虎尾寮	hoo2 be2（bue2）liau5		陳國章 P.161
虎形	hoo2 hing5		陳國章 P.160
虎形仔	hoo2 hing5 a2		陳國章 P.161
虎爬壁	hoo2 peh4 piah4		陳國章 P.161
虎腳瘡	hoo2 kha1 chng1		陳國章 P.161
虎寮潭	hoo2 liau5 tham5		陳國章 P.161
虎頭山	hoo2 thau5 suann1		陳國章 P.161
虎頭山腳	hoo2 thau5 suann1 kha1		陳國章 P.161
虎頭崁	hoo2 thau5 kham3		陳國章 P.161
虎頭埤	hoo2 thau5 pi1		陳國章 P.161
虎頭崎	hoo2 thau5 kia7		陳國章 P.161
邱厝	khu1 chu3		陳國章 P.174
邱厝子	khu1 chu3 a2		陳國章 P.174
邱厝厝	khu1 chu3 chu3		陳國章 P.174
金仔坑	kim1 a2 khenn1		陳國章 P.163
金仔空	kim1 a2 khang1		陳國章 P.163

金瓜仔礁	kim1 kue1 a2 ta1		陳國章 P.162
金瓜坑	kim1 kue1 khinn1（khenn1）		陳國章 P.162
金瓜寮	kim1 kue1 liau5		陳國章 P.162
金瓜寮溪	kim1 kue1 liau5 khue1		陳國章 P.163
金門厝	kim1 mng5 chu3		陳國章 P.163
金蕉灣	kim1 ciu1 uan1		陳國章 P.163
長泰	tio5 thua3		陳國章 P.173
長崎頭	tng5 kia7 thau5		陳國章 P.173
長寮	tng5 liau5		陳國章 P.174
長潭	tng5 tham5		陳國章 P.174
門口埤	mng5 khau2 pi1		陳國章 P.166
門樓仔	mng5 lau5 a2		陳國章 P.166
阿丹	a1 tan1		安倍明義 P.234
阿公店	a1 kong1 tiam3		陳國章 P.167
阿四坑	a1 si3 khinn1		陳國章 P.167
阿考崎	a1 khoo2 kia7		陳國章 P.167
阿泉坑	a1 cuann5 khinn1		陳國章 P.167
阿美新村	a1 bi2 sin1 chuan1		陳國章 P.167
阿兼城	a1 kiam1 siann5		陳國章 P.168
阿媽厝	a1 ma2 chu3		安倍明義 P.186
阿彌陀後	o1 mi5 to5 au7		陳國章 P.168
阿蘭城	a1 lan5 siann5		陳國章 P.168
陂仔	pi1 a2		陳國章 P.168
陂仔頂	pi1 a2 thau5		陳國章 P.168
陂仔頭	pi1 a2 ting2		陳國章 P.168
青仔宅	chinn1 a2 theh8		陳國章 P.168
青埔	chinn1（chenn1）poo1		陳國章 P.168
青埔子	chinn1（chenn1）poo1 a2		陳國章 P.168
青埔尾	chenn1 poo1 bue2		陳國章 P.168
青島里	chinn1（chenn1）li2		陳國章 P.168
青草	chenn1 chau2		陳國章 P.168
青草崙	chenn1 lun7		陳國章 P.168

青草湖	chinn1 chau2 oo5		陳國章 P.168
青荣埕	chenn1 chai2 tiann5		陳國章 P.168
青潭	chinn1 tham5		陳國章 P.169
青鯤鯓	chenn1 khun1 sin1		陳國章 P.169
九　劃			
保安林	po2 an1 lim5		陳國章 P.200
保長坑	po2 tiunn2 khinn1（khenn1）		陳國章 P.200
保長湖	po2 tiunn2 oo5		陳國章 P.200
保長廍	po2 tiunn2 phoo7		陳國章 P.200
前大埔	cing5 tua7 poo1		陳國章 P.188
前山	cing5 suann1		陳國章 P.188
前仔腳	cing5 a2 kha1		陳國章 P.188
前布埔	cing5 po3 poo1		陳國章 P.188
前庄	cing5 cng1		陳國章 P.188
前洲子	cing5 ciu1 a2		陳國章 P.188
前厝	cing5 chu3		陳國章 P.189
前班	cing5 pan1		陳國章 P.189
前崩山	cing5 pang1 suann1		陳國章 P.189
前溝尾	cing5 kau1 be2（bue2）		陳國章 P.189
前寮	cing5 liau5		陳國章 P.189
前鋒	cing5 hong1		安倍明義 P.247
前鎮	cing5 tin3		安倍明義 P.247
南山	lam5 suann1		陳國章 P.182
南山坪	lam5 suann1 pinn5		陳國章 P.182
南仁山	lam5 jin5 suann1		陳國章 P.182
南化	lam5 hua3	南庄	安倍明義 P.216
南屯	lam5 tun7	犁頭店街	安倍明義 P.169
南方澳	lam5 hong1 o3		陳國章 P.182
南北勢寮	lam5 pak4 si3 liau5		陳國章 P.183
南四町	lam5 si3 ting1		陳國章 P.183
南平	lam5 ping5		陳國章 P.182
南平里	lam5 ping5 li2		陳國章 P.183

南打鐵坑	lam5 phah4 thih4 khinn1（khenn1）		陳國章 P.183
南安老	lam5 uann1 lau2		陳國章 P.183
南庄	lam5 cng1		陳國章 P.183
南坑	lam5 khenn1		陳國章 P.183
南坑尾	lam5 khinn1（khenn1）be2（bue2）		陳國章 P.183
南坪店仔	lam5 ping5 tiam3 a2		陳國章 P.184
南油車港	lam5 io5 chia1 kang2		陳國章 P.184
南社	lam5 sia7		陳國章 P.183
南門	lam5 mng5		陳國章 P.184
南門口	lam5 mng5 khau2		陳國章 P.184
南門口街	lam5 mng5 khau2 ke1		陳國章 P.184
南門外	lam5 mng5 gua7		陳國章 P.184
南門外街	lam5 mng5 gua7 ke1		陳國章 P.184
南門田仔	lam5 mng5 chan5 a2		陳國章 P.184
南門田仔底	lam5 mng5 chan5 a2 te2		陳國章 P.184
南門埤仔	lam5 muinn5 pi1 a2		陳國章 P.184
南城腳	lam5 siann5 kha1		陳國章 P.185
南洲	lam5 ciu1		陳國章 P.184
南風澳	lam5 hong1 o3		陳國章 P.184
南埔	lam5 poo1		陳國章 P.185
南崁	lam5 kham3		陳國章 P.185
南崁內厝	lam5 kham3 lai7 chu3		陳國章 P.185
南崁頂	lam5 kham3 ting2		陳國章 P.185
南崁廟口	lam5 kham3 bio7 khau2		陳國章 P.185
南埒	lam5 luah8		陳國章 P.185
南埤仔	lam5 pi1 a2		陳國章 P.185
南球	lam5 kiu5		陳國章 P.185
南莊	lam5 cng1		陳國章 P.185
南莊圳	lam5 cng1 cun3		陳國章 P.185
南郭	lam5 kueh4	南門口	安倍明義 P.182
南港	lam5 kang2		陳國章 P.185
南港三重埔	lam5 kang2 sann1 ting5 poo1		陳國章 P.186

南港大坑	lam5 kang2 tua7 khenn1		陳國章 P.186
南港子	lam5 kang2 a2		陳國章 P.185
南港舊	lam5 kang2 ku7		陳國章 P.186
南勢	lam5 si3		陳國章 P.186
南勢子	lam5 si3 a2		陳國章 P.186
南勢山	lam5 si3 suann1		陳國章 P.186
南勢仔	lam5 si3 a2		陳國章 P.186
南勢圳仔	lam5 si3 cun3 a2		陳國章 P.186
南勢坑	lam5 si3 khinn1（khenn1）		陳國章 P.186
南勢角	lam5 si3 kak4		陳國章 P.186
南勢林	lam5 si3 na5		陳國章 P.186
南勢厝	lam5 si3 chu3		陳國章 P.187
南勢埔	lam5 si3 poo1		陳國章 P.187
南勢崙	lam5 si3 lun7		陳國章 P.187
南勢湖	lam5 si3 oo5		陳國章 P.187
南勢湖橋	lam5 si3 oo5 kio5		陳國章 P.187
南勢街	lam5 si3 kue1（ke1）		陳國章 P.187
南獅里興	lam5 sai1 li2 hing1		安倍明義 P.160
南隘	lam5 ai3		陳國章 P.186
南靖	lam5 cing7		陳國章 P.187
南靖厝	lam5 cing7 chu3		陳國章 P.187
南靖寮	lam5 cing7 liau5		陳國章 P.187
南滬	lam5 hoo7		陳國章 P.187
南寮	lam5 liau5		陳國章 P.188
南寮灣	lam5 liau5 uan1		陳國章 P.188
南潭	lam5 tham5		陳國章 P.188
南橋坑	lam5 kio5 khinn1（khenn1）		陳國章 P.188
南邊堡	lam5 piing5 po2		陳國章 P.188
南灣	lam5 uan1		陳國章 P.188
南廓	lam5 phoo7		陳國章 P.187
咬人狗坑	ka7 lang5 kau2 khenn1		陳國章 P.175
咬狗	ka7 kau2		陳國章 P.175

城子埔	siann5 a2 poo1		陳國章 P.217
城北	siann15 pak4		陳國章 P.217
城前	siann5 cing5		陳國章 P.218
城隍廟街	sing5 hong5 bio7		安倍明義 P.98
姜子寮	kiunn1 a2 liau5		陳國章 P.194
姜子寮山	kiunn1 a2 liau5 suann1		陳國章 P.194
姜母寮	kiunn1 bo2 liau5		陳國章 P.194
姜厝	khiong1 chu3		陳國章 P.194
姚厝	iau5 chu3		陳國章 P.202
客人仔庄	kheh4 lang5 a2 cng1		陳國章 P.175
客人庄	kheh4 lang5 cng1		陳國章 P.175
客人城	kheh4 lang5 siann5		陳國章 P.175
客子厝	kheh4 a2 chu3		陳國章 P.175
客子寮	kheh4 a2 liau5		陳國章 P.175
客庄	kheh4 cng1		陳國章 P.175
客庄內	kheh4 cng1 lai7		陳國章 P.175
屎溝巷	sai2 kau1 hang7		陳國章 P.202
屏東	pin5 tong5	阿猴	安倍明義 P.259
巷口	hang7 khau2		陳國章 P.190
巷仔內	hang7 a2 lai7		陳國章 P.190
巷仔潭	hang7 a2 tham5		陳國章 P.190
巷尾	hang7 bue2		陳國章 P.190
律師巷	lut8 su1 hang7		陳國章 P.202
後大埔	au7 tua7 poo1		陳國章 P.177
後山	au7 suann1		陳國章 P.177
後山坡	au7 suann1 pi1		陳國章 P.177
後布埔	au7 poo3 poo1		陳國章 P.177
後田	au7 chan5		陳國章 P.177
後圳巷	au7 cun3 hang7		陳國章 P.178
後圳溝	au7 cun3 kau1		陳國章 P.178
後朴子腳	au7 phoh8 a2 kha1		陳國章 P.178
後竹圍	au7 tik4 ui5		陳國章 P.178

後庄	au7 cng1		陳國章 P.177
後庄子	au7 cng1 a2		陳國章 P.178
後坑	au7 khenn1		陳國章 P.178
後坑子	au7 khinn1 a2		陳國章 P.178
後坑仔	au7 khenn1 a2		陳國章 P.178
後尾	au7 bue2		陳國章 P.178
後尾堀	au7 bue2 khut4		陳國章 P.178
後尾街	au7 bue2 ke1		陳國章 P.178
後角仔	au7 kak4 a2		陳國章 P.178
後車路	au7 chia1 loo7		陳國章 P.178
後協	au7 hiap8		安倍明義 P.247
後油車	au7 io5 chia1		陳國章 P.178
後勁	au7 kenn3		安倍明義 P.248
後洲子	au7 ciu1 a2		陳國章 P.178
後紅	au7 ang5		陳國章 P.178
後面	au7 bin7		陳國章 P.178
後厝	au7 chu3		陳國章 P.178
後厝子	au7 chu3 a2		陳國章 P.179
後厝仔	au7 chu3 a2		陳國章 P.179
後厝底	au7 chu3 te2		陳國章 P.179
後埔	au7 poo1		陳國章 P.179
後埔子	au7 poo1 a2		陳國章 P.179
後埔窟	au7 poo1 khut4		陳國章 P.179
後埤	au7 pi1		陳國章 P.179
後崩山	au7 pang1 suann1		陳國章 P.179
後莊	au7 cng1		陳國章 P.179
後堀	au7 khut4		陳國章 P.179
後港	au7 kang2		陳國章 P.179
後港西	au7 kang2 sai1		陳國章 P.179
後港東	au7 kang2 tang1		陳國章 P.180
後港墘	au7 kang2 kinn5		陳國章 P.180
後湖	au7 oo5		陳國章 P.179

後湖子	au7 oo5 a2		陳國章 P.179
後湖仔	au7 oo5 a2		陳國章 P.179
後湖庄	au7 oo5 cng1		安倍明義 P.184
後番子坑	au7 huan1 a2 khenn1		陳國章 P.180
後菜園	au7 chai3 hng5		陳國章 P.180
後菜園仔	au7 chai3 hng5（huinn5）a2		陳國章 P.180
後街仔	au7 kue1（ke1）a2		陳國章 P.180
後塭子	au7 un3 a2		陳國章 P.180
後溝子	au7 kau1 a2		陳國章 P.180
後溝尾	au7 kau1 be2（bue2）		陳國章 P.180
後窟潭	au7 khut4 tham5		陳國章 P.180
後寮	au7 liau5		陳國章 P.180
後寮子	au7 liau5 a2		陳國章 P.181
後寮仔	au7 liau5 a2		陳國章 P.181
後寮仔尾	au7 liau5 a2 bue2		陳國章 P.181
後寮仔溝	au7 liau5 a2 kau1		陳國章 P.181
後寮埔	au7 liau5 poo1		陳國章 P.181
後潭	au7 tham5		陳國章 P.180
後壁	au7 piah4		陳國章 P.181
後壁田仔	au7 piah4 chan5 a2		陳國章 P.181
後壁宅仔	au7 piah4 theh8 a2		陳國章 P.181
後壁林	au7 piah4 na5		陳國章 P.181
後壁厝	au7 piah4 chu3		陳國章 P.181
後壁埔	au7 piah4 poo1		陳國章 P.181
後壁崙仔	au7 piah4 lun7 a2		陳國章 P.181
後壁湖	au7 piah4 oo5		陳國章 P.181
後壁溝仔	au7 piah4 kau1 a2		陳國章 P.182
後壁溪	au7 piah4 ke1		陳國章 P.181
後壁溪仔	au7 piah4 ke1 a2		陳國章 P.182
後壁溪底仔	au7 piah4 ke1 te2 a2		陳國章 P.182
後壁寮	au7 piah4 liau5		陳國章 P.182
後壁寮仔	au7 piah4 liau5 a2		陳國章 P.182

後壁廍	au7 piah4 phoo7		陳國章 P.182
後頭寮仔	au7 piah4 liau5 a2		陳國章 P.182
後營	au7 iann5		安倍明義 P.219
後鎮	au7 tin3		安倍明義 P.221
後灣	au7 uan1		陳國章 P.182
後壠底	au7 lang5 tue2（te2）		陳國章 P.182
後廍	au7 phoo7		陳國章 P.180
恆春	hing5 chun1	郎嬌、郎橋、瑯矯、瑯琦	安倍明義 P.279
挖子	uat4 a2		陳國章 P.176
挖子內	uat4 a2 lai7		陳國章 P.176
挖子尾	uat4 a2 be2		陳國章 P.176
挖子厝	uat4 a2 chu3		陳國章 P.176
拷潭	khoo2 tham5		陳國章 P.202
挑米坑	tann1 bi2 khenn1		陳國章 P.199
挑米坑口	tann1 bi2 khenn1 khau2		陳國章 P.199
挑糖崎	tann1 thng5 kia7		陳國章 P.200
施瓜寮	si1 kue1 liau5		陳國章 P.199
施厝湖	si1 chu3 oo5		陳國章 P.199
施厝寮	si1 chu3 liau5		陳國章 P.199
施厝寮溪	si1 chu3 liau5 khue1（khe1）		陳國章 P.199
柿子林	khi7 a2 na5		陳國章 P.192
柿子寮	khi7 a2 liau5		陳國章 P.192
柿子腳	khi7 a2 kha1		陳國章 P.192
柿仔腳	khi7 a2 kha1		陳國章 P.192
柯子坑	kho1 a2 khenn1		陳國章 P.191
柯子林	kho1 a2 na5		陳國章 P.192
柯子湖	kho1 a2 oo5		陳國章 P.192
柯仔湳	kho1 a2 lam3		陳國章 P.192
柯厝	kua1 chu3		陳國章 P.192
柯�腳	kho1 si1 kha1		陳國章 P.192
柑子井	kam1 a2 chinn2		陳國章 P.190

柑子宅	kam1 a2 theh8		陳國章 P.190
柑子林	kam1 a2 na5		陳國章 P.190
柑子崎	kam1 a2 kia7		陳國章 P.190
柑子園	kam1 a2 hng5		陳國章 P.190
柑仔宅	kam1 a2 theh8		陳國章 P.191
柑仔園山	kam1 a2 hng5 suann1		陳國章 P.191
柑仔園腳	kam1 a2 hng5 kha1		陳國章 P.191
柑宅	kam1 theh8		陳國章 P.191
柑宅子	kam1 theh8 a2		陳國章 P.191
柑林埤	kam1 na5 pi1		陳國章 P.191
柑園	kam1 hng5		陳國章 P.191
柑腳	kam1 kha1		安倍明義 P.115
柚子宅	iu7 a2 theh8		陳國章 P.191
柚子坑	iu7 a2 khenn1		陳國章 P.191
柚子林	iu7 a2 na5		陳國章 P.191
柚仔園	iu7 a2 hng5		陳國章 P.191
查某坑	ca1 boo2 khenn1		陳國章 P.201
查某間	ca1 boo2 king1		陳國章 P.201
柳子林	liu2 a2 na5		陳國章 P.192
柳子溝	liu2 a2 kau1		陳國章 P.192
柳仔湳	liu2 a2 lam3		陳國章 P.192
柳樹湳	liu2 chiu7 lam3		陳國章 P.192
柳營	liu2 iann5	查畝營	安倍明義 P.222
泉水子	cuann5 cui2 a2		陳國章 P.194
泉水公	cuann5 cui2 kong1		陳國章 P.194
泉水空	cuann5 cui2 khang1		陳國章 P.194
泉水空仔	cuann5 cui2 khang1 a2		陳國章 P.194
泉州厝	cuan5 ciu1 chu3		陳國章 P.194
泉州寮	cuan5 ciu1 liau5		陳國章 P.195
泉勝	cuan5 sing3		陳國章 P.195
泉興埔	cuan5 hing1 poo1		陳國章 P.195
洋子	iunn5 a2		陳國章 P.190

洋麻堀	iunn5 mua5 khut4		陳國章 P.190
洋麻窟	iunn5 mua5 khut4		陳國章 P.190
洋麻鼻	iunn5 mua5 phinn7		陳國章 P.190
洋痳子腳	iunn5 mua5 a2 kha1		陳國章 P.190
洲子	ciu1 a2		陳國章 P.177
洲子尾	ciu1 a2 be2（bue2）		陳國章 P.177
洲仔尾	ciu1 a2 be2（bue2）		陳國章 P.177
洲尾	ciu1 bue2		陳國章 P.177
洲尾頭	ciu1 bue2 thau5		陳國章 P.177
洪厝	ang5 chu3		陳國章 P.202
洪厝巷	ang5 chu3 hang7		陳國章 P.202
洪厝埕	ang5 chu3 tiann5		陳國章 P.202
洪堀寮	ang5 khut4 liau5		陳國章 P.202
流籠腳	liu5 long5 kha1		陳國章 P.198
流籠頭	liu5 long5 thau5		陳國章 P.198
炭埕	thuann3 tiann5		陳國章 P.202
炭寮	thuann3 liau5		陳國章 P.202
炭寮仔	thuann3 liau5 a2		陳國章 P.202
炭窯仔	thuann3 io5 a2		陳國章 P.202
界址	kai3 chi2		陳國章 P.200
相思仔腳	siunn1 si1 a2 kha1		陳國章 P.201
相思林	siunn1 si1 na5		陳國章 P.201
看西	khuann3 sai1		陳國章 P.199
看西街	khuann3 sai1 ke1		陳國章 P.199
看東	khuann3 tang1		陳國章 P.199
科子林	kho1 a2 na5		安倍明義 P.227
竿林坑	kuann1 na5 khenn1		陳國章 P.201
竿林坑口	kuann1 na5 khenn1 khau2		陳國章 P.201
竿蓁林	kuann1 cin1 na5		陳國章 P.201
竿蓁林街	kuan1 cin1 na5 ke1		安倍明義 P.247
紅木埕	ang5 bok8 tiann5	紅毛城	安倍明義 P.328
紅毛	ang5 mng5		安倍明義 P.141

紅毛井	ang5 mng5 chinn2		陳國章 P.195
紅毛城	ang5 moo5 siann5		陳國章 P.195
紅毛厝	ang5 moo5 chu3		陳國章 P.195
紅毛埤	ang5 moo5 pi1		陳國章 P.195
紅毛港	ang5 mng5 kang2		陳國章 P.195
紅毛路	ang5 mng5（moo5）loo7		陳國章 P.195
紅毛寮	ang5 moo5 liau5		陳國章 P.195
紅毛館	ang5 mng5（moo5）kuan2		陳國章 P.195
紅水仙溪	ang5 cui2 sian1 khue1		陳國章 P.195
紅水坑	ang5 cui2 khenn1		陳國章 P.196
紅水溝	ang5 cui2 kau1		陳國章 P.196
紅瓦厝	ang5 hia7 chu3		陳國章 P.196
紅瓦磘	ang5 hia7 io5		陳國章 P.196
紅米曲場	ang5 khak4 tiunn5		陳國章 P.196
紅坡	ang5 pi1		陳國章 P.196
紅泥坡	ang5 li5 pi1		陳國章 P.196
紅柿仔腳	ang5 khi7 a2 kha1		陳國章 P.196
紅茄苳	ang5 ka1 tiann1		陳國章 P.196
紅柴山	ang5 cha5 suann1		陳國章 P.196
紅柴坑	ang5 cha5 khinn1（khenn1）		陳國章 P.196
紅柴林	ang5 cha5 na5		陳國章 P.196
紅崎頂	ang5 kia7 ting2		陳國章 P.196
紅崩崁	ang5 pang1 kham3		陳國章 P.196
紅淡林	ang5 tam7 na5		陳國章 P.196
紅蝦港	ang5 he5 kang2		陳國章 P.196
紅壇	ang5 tuann5		陳國章 P.197
紅頭嶼	ang5 thau5 su7		安倍明義 P.297
紅龜面	ang5 ku1 bin7		陳國章 P.197
紀厝	ki2 chu3		陳國章 P.201
美濃	bi5 long5	彌濃	安倍明義 P.255
胡厝	oo5 chu3		陳國章 P.202
胡厝寮	oo5 chu3 liau5		陳國章 P.202

苧子園	tua7（te7）a2 hng5（huinn5）		陳國章 P.193
苧子園坑	tua7 a2 hng5 khinn1		陳國章 P.194
苧子潭	tue7（te7）a2 tham5		陳國章 P.194
苧仔園	tue7 a2 hng5		陳國章 P.194
苧仔潭	tue7 a2 tham5 tham5		陳國章 P.194
茅子埔	hm5 a2 poo1		陳國章 P.193
茅子寮	hm5 a2 liau5		陳國章 P.193
茅凹	hm5 lap4		陳國章 P.193
茅坪	hm5 pinn5（penn5）		陳國章 P.193
茅埔	bang5 poo1		陳國章 P.193
茅埔仔	bang5 poo1 a2		陳國章 P.193
茅埔圍	bang5 poo1 ui5		陳國章 P.193
茅埔頭	bang5 poo1 thau5		陳國章 P.193
茅草埔尾	hm5 chau2 poo1 be2		陳國章 P.193
茅港尾	hm5 kang2 bue2		陳國章 P.193
苦瓜寮	khoo2 kue1 liau5		陳國章 P.198
苦瓜寮坑	khoo2 kue1 liau5 khenn1		陳國章 P.198
苦苓林	khoo2 ling7 na5		陳國章 P.198
苦苓湖	khoo2 ling7 oo5		陳國章 P.199
苦苓腳	khoo2 king5 kha1		安倍明義 P.234
苦苓腳坪	khoo2 ling7 kha1 penn5		陳國章 P.199
苦練腳	khoo2 ling7 nia2		陳國章 P.199
茄冬湖	ka1 tang1 oo5		陳國章 P.197
茄拔	ka1 puat8		陳國章 P.197
茄芷坑	ka1 chi7 khenn1		陳國章 P.197
茄苳	ka1 tang1		陳國章 P.197
茄苳仔	ka1 tang1 a2		陳國章 P.197
茄苳仔頭	ka1 tang1 a2 thau5		陳國章 P.197
茄苳坑	ka1 tang1 khenn1		陳國章 P.197
茄苳林	ka1 tang1 na5		陳國章 P.197
茄苳崙	ka1 tang1 lun7		陳國章 P.197
茄苳湖	ka1 tang1 oo5		陳國章 P.198

茄苳溪	ka1 tang1 khe1		陳國章 P.198
茄苳腳	ka1 tang1 kha1		安倍明義 P.243
茄苳腳山	ka1 tang1 kha1 suann1		陳國章 P.198
茄荎角	ka1 chi7 kak4		陳國章 P.198
茄荎	ka1 tiann7		陳國章 P.198
苓子林	ling7 a2 na5		陳國章 P.193
苓子寮	ling5 a2 liau5		陳國章 P.193
苓雅寮	ling5 a2 liau5		陳國章 P.193
苓雅寮	ling5 a2 liau5		安倍明義 P.247
軍功坑	kun1 kong1 khinn1		陳國章 P.197
軍功寮	kun1 kong1 liau5		陳國章 P.197
面前厝	bin7 cing5 chu3		陳國章 P.201
面前埔	bin7 cing5 poo1		陳國章 P.201
面前崙	bin7 cing5 lun7		陳國章 P.201
韭菜坑	ku2 chai3 khinn1		陳國章 P.301
韭菜園	ku2 chai3 hng5		陳國章 P.301
風吹沙	hong1 pue1 sua1		陳國章 P.200
風吹嶺	hong1 chue1 nia2		陳國章 P.200
風吹贅崎	hong1 che1 lian2 khi7		陳國章 P.200
風空	hong1 khang1		陳國章 P.200
風櫃尾	hong1 kui7 be2		陳國章 P.200
飛沙	pe1 sua1		陳國章 P.200
飛燕山	hui1 ian3 suann1		陳國章 P.200
香山	hiong1 san1		陳國章 P.175
香山大庄	hiang1 san1 tua7 cng1		陳國章 P.175
香山坑	hiong1 san1 khinn1		陳國章 P.176
香山港	hiong1 san1 kang2		安倍明義 P.143
香員宅	hiong1（hiang1）inn5 theh8		陳國章 P.176
香員腳	hiong1（hiang1）inn5 kha1		陳國章 P.176
香港厝	hiang1 kang chu3		陳國章 P.176
香蕉園	hiong1 ciu1 hng5		陳國章 P.176
香爐嶼	hiong1 ioo5 sui7		陳國章 P.176

香菓宅	hiong1（hiang1）ko2 theh8		陳國章 P.176
响隆	hiong2（hiang2）liong5		陳國章 P.202
十　劃			
倒松	to2 cing5		陳國章 P.221
倒松子	to3 ching5 a2		陳國章 P.222
倒樟	to2 chiunn1		陳國章 P.222
凍子腳	tang3 a2 kha1		陳國章 P.218
凍頂	tang3 ting2		陳國章 P.218
凍腳	tang3 kha1		陳國章 P.218
厝子	chu3 a2		陳國章 P.216
厝前路	chu3 au7 loo7		陳國章 P.216
厝後田	chu3 au7 chan5		陳國章 P.216
哨船頭	sau3 cun5 thau5		陳國章 P.223
員子城	inn5 a2 siann5		陳國章 P.203
員山	inn5 suann1		陳國章 P.203
員山子	inn5 suann1 a2		陳國章 P.203
員山子腳	inn5 suann1 a2 kha1		陳國章 P.203
員屯子	inn5 tun1 a2		陳國章 P.203
員貝嶼	uan5 pue3 su7（si7）		陳國章 P.203
員林	inn5 na5	員林仔街	安倍明義 P.186
員林仔	inn5 na5 a2		陳國章 P.203
員笨	inn5 pun7		陳國章 P.203
員潭子	inn5 tham5 a2		陳國章 P.203
員潭子坑	inn5 tham5 a2 khinn1		陳國章 P.203
員潭溪	inn5 tham5 khe1		陳國章 P.204
員樹林	inn5 chiu7 na5		陳國章 P.204
哮貓	hau1 niau1		陳國章 P.223
埔子	poo1 a2		陳國章 P.214
埔子項	poo1 a2 ting2		陳國章 P.214
埔子垳	poo1 a2 kinn5		陳國章 P.214
埔子寮	poo1 a2 liau5		陳國章 P.214
埔中央	poo1 tiong1 ng1		陳國章 P.214

埔心	poo1 sim1		陳國章 P.214
埔心子	poo1 sim1 a2		陳國章 P.214
埔心溪	poo1 sim1 khe1		陳國章 P.214
埔仔尾	poo1 a2 bue2		陳國章 P.214
埔尾	poo1 be2（bue2）		陳國章 P.214
埔羌林	poo1 kiunn1 na5		陳國章 P.215
埔羌崙	poo1 kiunn1 lun7		陳國章 P.215
埔姜崙	poo1 kiunn1 lun7		陳國章 P.215
埔姜圍	poo1 kiunn1 ui5		陳國章 P.215
埔姜頭	poo1 kiunn1 thau5		陳國章 P.215
埔頂	poo1 ting2		陳國章 P.215
埔墘	poo1 kinn5		陳國章 P.215
埔頭	poo1 thau5		陳國章 P.215
埔頭仔	poo1 thau5 a2		陳國章 P.215
埔頭坑	poo1 thau5 khinn1（khenn1）		陳國章 P.216
埔鹽	poo1 iam5		陳國章 P.216
埔鹽藍	poo1 iam5 na5		陳國章 P.216
埔羌坑	poo1 kiunn1 khenn1		陳國章 P.215
埔羌崙	poo1 kiunn1 lun7		陳國章 P.215
埔腳	poo1 kha1		陳國章 P.215
娘子坑	niu5 a2 khinn1		陳國章 P.217
孫厝寮	sun1 chu3 liau5		陳國章 P.223
家具街	ka1 ku7 ke1		陳國章 P.222
宮口	king1 khau2		陳國章 P.216
宮後	king1 au7		陳國章 P.216
峨公髻山	gia5 kang1 ke3		安倍明義 P.158
峨眉	gia5 bai5	月眉	安倍明義 P.156
崁子	kham3 a2		陳國章 P.204
崁子頂	kham3 a2 ting2		陳國章 P.204
崁子頭	kham3 a2 thau5		陳國章 P.204
崁子腳	kham3 a2 kha1		陳國章 P.204
崁仔頂	kham3 a2 ting2		陳國章 P.204

崁仔腳	kham3 a2 kha1		陳國章 P.204
崁仔頭	kham3 a2 thau5		陳國章 P.205
崁仔腳	kham3 a2 kha1		陳國章 P.204
崁底	kham3 tue2（te2）		陳國章 P.205
崁前	kham3 cing5		陳國章 P.205
崁後	kham3 au7		陳國章 P.205
崁頂	kham3 ting2		陳國章 P.205
崁頂社	kham3 ting2 sia7		陳國章 P.205
崁頂溪	kham3 ting2 khe1		陳國章 P.205
崁頂寮	kham3 ting2 liau5		陳國章 P.205
崁腳	kham3 kha1		陳國章 P.205
崁頭	kham3 thau5		陳國章 P.206
崁頭子	kham3 thau5 a2		陳國章 P.206
崁頭山	kham3 thau5 suann1		陳國章 P.206
崁頭厝	kham3 thau5 chu3		陳國章 P.206
崁頭溪	kham3 thau5 khe1		陳國章 P.206
崁腳	kham3 kha1		陳國章 P.205
崁腳底	kham3 kha1 te2		陳國章 P.205
徐厝	chi5 chu3		陳國章 P.222
徐厝角	chi5 chu3 kak4		陳國章 P.222
料角坑	liau7 kak4 khenn1		陳國章 P.221
時鐘崁	si5 cing1 kham3		陳國章 P.224
晉江宅	cin3 kang1 theh8		陳國章 P.220
晉江寮	cin3 kang1 liau5		陳國章 P.220
書院街	su1 inn7 kue1		陳國章 P.223
校力林	kau3 lat8 na5		陳國章 P.223
校栗林	kau3 lat8 na5		安倍明義 P.173
校栗埔	kau3 lat8 poo1		陳國章 P.223
桂竹子	kui3 tik4 a2		陳國章 P.219
桂竹林	kui3 tik4 na5		陳國章 P.220
桂竹圍	kui3 tik4 ui5		陳國章 P.220
桂花園	kui3 tik4 ui5		陳國章 P.220

桂花樹	kui3 hue1 chiu7		陳國章 P.220
栗子園	sik4 a2 huinn5		陳國章 P.269
栗仔坑	sik4 a2 khinn1（khenn1）		陳國章 P.269
栗倉口	chik4 chng1 khau2		陳國章 P.269
栗厝	chik4 chu3		陳國章 P.269
柴土地公	cha5 thoo2 ti7 kong1		陳國章 P.189
柴子坑	cha5 a2 khenn1		安倍明義 P.182
柴山	cha5 suann1		陳國章 P.189
柴井巷	cha5 cenn2 hang7		陳國章 P.189
柴城	cha5 siann5		陳國章 P.189
柴梳山	cha5 sue1（se1）suann1		陳國章 P.189
柴埕	cha5 tiann5		陳國章 P.189
柴圍	cha5 ui5		陳國章 P.189
柴寮	cha5 liau5		陳國章 P.189
柴橋	cha5 kio5		陳國章 P.189
柴橋坑	cha5 kio5 khinn1		陳國章 P.189
柴橋頭	cha5 kio5 thau5		陳國章 P.190
柴頭井	cha1 thau5 cenn2		安倍明義 P.186
柴頭巷	cha5 thau5 kang2		陳國章 P.190
桃子園	tho5 a2 hng5		陳國章 P.213
桃子腳	tho5 a2 kha1		陳國章 P.213
桃山	tho5 suann1		陳國章 P.213
桃仔宅	tho5 a2 theh8		陳國章 P.213
桃仔尾	tho5 a2 be2（bue2）		陳國章 P.213
桃仔園	tho5 a2 hng5（huinn5）		陳國章 P.214
桃坪	tho5 pinn5（penn5）		陳國章 P.214
桃城	tho5 siann5		陳國章 P.214
桃園	tho5 hng5		安倍明義 P.146
浸水	cim3 cui2		陳國章 P.218
海口	hai2 khau2		陳國章 P.206
海口仔	hai2 khau2 a2		陳國章 P.206
海口尾	hai2 khau2 bue2		陳國章 P.206

海口厝	hai2 khau2 chu3		陳國章 P.206
海口溝	hai2 khau2 kau1		陳國章 P.206
海口寮仔	hai2 khau2 kau1 a2		陳國章 P.206
海子尾	ha2 a2 be2		陳國章 P.207
海山	hai2 san1		安倍明義 P.134
海山川	hai2 san1 chuan1		陳國章 P.206
海山罟	hai2 san1 koo1		陳國章 P.207
海山莊	hai2 san1 cng1		陳國章 P.207
海山頭	hai2 san1 thau5		陳國章 P.207
海汕	hai2 suann3		陳國章 P.207
海尾	hai2 be2（bue2）		陳國章 P.207
海尾子	hai2 be2 a2		陳國章 P.207
海尾仔	hai2 be2（bue2）a2		陳國章 P.207
海尾溪	hai2 be2 khue1		陳國章 P.207
海尾寮	hai2 be2 liau5		陳國章 P.207
海岸山	hai2 gan7 suann1		陳國章 P.207
海底	hai2 tue2（te2）		陳國章 P.207
海枯寮	hai2 koo1 liau5		陳國章 P.207
海砂	hai2 sua1		陳國章 P.207
海風	hai2 hong1		陳國章 P.207
海埔	hai2 poo1		陳國章 P.207
海埔子	hai2 poo1 a2		陳國章 P.208
海埔厝	hai2 poo1 chu3		陳國章 P.208
海埔寮	hai2 poo1 liau5		陳國章 P.208
海翁堀	hai2 ang1 khut4		陳國章 P.208
海參坪	hai2 sim1 phiann5		陳國章 P.208
海產街	hai2 san2 ke1		陳國章 P.208
海墘厝	hai2 kinn5 chu3		陳國章 P.208
海寮	hai2 liau5		陳國章 P.208
海澄里	hai2 ting5 li2		陳國章 P.208
海豐厝	hai2 hong1 chu3		陳國章 P.208
浮洲	phu5 ciu1		陳國章 P.222

浮景	phu5 king2		陳國章 P.222
浮橋	phu5 kio5		陳國章 P.222
烘爐埕	hang1 loo5 tiann5		陳國章 P.224
烏山	oo1 suann1		陳國章 P.209
烏山坑	oo1 suann1 khenn1		陳國章 P.209
烏山頭	oo1 suann1 thau5		陳國章 P.209
烏山嶺	oo1 suann1 nia2		陳國章 P.209
烏日	oo1 jit8	湖日	安倍明義 P.170
烏牛欄	oo1 gu5 lan5		陳國章 P.209
烏瓦厝	oo1 hia7 chu3		陳國章 P.209
烏瓦窯	oo1 hia7 io5		陳國章 P.209
烏瓦窯圳	oo1 hia7 io5 cun3		陳國章 P.209
烏瓦磘	oo1 hia7 io5		陳國章 P.209
烏石港	oo1 cioh8 kang2		安倍明義 P.120
烏石港口	oo1 cioh8 kang2 khau2		陳國章 P.209
烏石鼻	oo1 cioh8 phinn1		陳國章 P.209
烏石壁	oo1 cioh8 piah4		陳國章 P.209
烏竹林	oo1 tik4 na5		陳國章 P.209
烏材林	oo1 chai5 na5		陳國章 P.209
烏來社	u1 lai1 sia7		陳國章 P.210
烏松	oo1 ching5		陳國章 P.209
烏崁	oo1 kham3		陳國章 P.210
烏鬼洞	oo1 kui2 tong7		陳國章 P.210
烏鬼埔	oo1 kui2 poo1		陳國章 P.210
烏鬼橋	oo1 kui2 kio5		陳國章 P.210
烏崩崁	oo1 pang1 kham3		陳國章 P.210
烏蛇嘴	oo1 cua5 chui3		陳國章 P.210
烏魚港仔	oo1 hi5 kang2 a2		陳國章 P.210
烏魚寮	oo1 hu5 liau5		陳國章 P.210
烏麻園	oo1 mua5 hng5		陳國章 P.210
烏塗子	oo1 thoo5 a2		陳國章 P.210
烏塗窟	oo1 thoo5 khut4		陳國章 P.210

烏樹林	oo1 chiu7 na5		陳國章 P.210
烏樹林埔	oo1 chiu7 na5 poo1		陳國章 P.210
烏橋頭	oo1 kio5 thau5		陳國章 P.210
班芝花坑	pan1 chi1 hue1 khenn1		陳國章 P.222
班芝花腳	pan1 chi1 hue1 kha1		陳國章 P.222
班芝埔	pan1 chi1 poo1		陳國章 P.222
班芝埔溪	pan1 chi1 poo1 khe1		陳國章 P.222
琉球埔	liu5 kiu5 poo1		陳國章 P.223
琉球澳	liu5 kiu5 o3		安倍明義 P.114
珠螺澳	cu1 le5 o3		陳國章 P.224
破布子腳	phua3 poo3 chi2 kha1		陳國章 P.218
破布烏	phua3 poo3 oo1		陳國章 P.218
破瓦厝	phua3 hia7 chu3		陳國章 P.218
破竹圍子	phua3 tik4 ui5 a2		陳國章 P.219
祖厝埕	co2 chu3 tiann5		陳國章 P.223
祖厝邊	co2 chu3 pinn1		陳國章 P.223
神社	sin5 sia7		陳國章 P.221
神社口	sin5 sia7 khau2		陳國章 P.221
神社頂	sin5 sia7 ting2		陳國章 P.221
神秘谷	sin5 pi3 kok4		陳國章 P.221
神棹山	sin5 toh4 suann1		陳國章 P.221
秦厝	cin5 chu3		陳國章 P.222
粉寮	hun2 liau5		陳國章 P.223
粉寮崎仔	hun2 liau5 kia7 a2		陳國章 P.223
紗帽山	se1 bo7 suann1		陳國章 P.223
紙湖	cua2 oo5		陳國章 P.223
缺子	khih4 a2		陳國章 P.203
罟仔寮崙	koo1 a2 liau5 lun7		陳國章 P.219
罟寮	koo1 liau5		陳國章 P.219
罟寮仔	koo1 liau5 a2		陳國章 P.219
罟寮窟	koo1 liau5 khut4		陳國章 P.219
翁子	ang1 a2		安倍明義 P.171

翁厝	ang1 chu3		陳國章 P.222
荔枝林	nai7 chi1 na5		陳國章 P.222
草子崎	chau2 a2 kia7		陳國章 P.211
草子寮	chau2 a2 liau5		陳國章 P.211
草山	chau2 suann1		陳國章 P.211
草山頂	chau2 suann1 ting2		陳國章 P.211
草山溪	chau2 suann1 khe1		陳國章 P.211
草屯	chau3 tun7	草蛙墩	安倍明義 P.191
草地尾	chau2 te7 bue2		陳國章 P.211
草尾嶺	chau2 bue2 nia2		陳國章 P.211
草店尾	chau2 tiam3 bue2		陳國章 P.211
草厝仔	chau2 chu3 a2		陳國章 P.211
草埔	chau2 poo1		陳國章 P.211
草埔仔	chau2 poo1 a2		陳國章 P.211
草埔尾	chau2 poo1 be2（bue2）		陳國章 P.211
草納	chau2 lap4		陳國章 P.211
草魚潭	chau2 hi5 tham5		陳國章 P.212
草港中	chau2 kang2 tiong1		陳國章 P.212
草港尾	chau2 kang2 be2		陳國章 P.212
草港頭	chau2 kang2 thau5		陳國章 P.212
草湖	chau2 oo5		陳國章 P.212
草湖溪	chau2 oo5 khe1		陳國章 P.212
草湳	chau2 lam3		陳國章 P.212
草湳坡	chau2 lam3 pi1		陳國章 P.212
草湳底	chau2 lam3 tue2		陳國章 P.212
草湳埔	chau2 lam3 poo1		陳國章 P.212
草衙	chau2 ge5		陳國章 P.212
草漯	chau2 lap4		陳國章 P.212
草漯仔	chau2 lap4 a2		陳國章 P.212
草漯尾	chau2 lap4 be2		陳國章 P.213
草寮	chau2 liau5		陳國章 P.213
草鞋墩	chau2 e5 tun1		陳國章 P.213

草嶼	chau2 su7		陳國章 P.213
草嶺	chau2 nia2		陳國章 P.213
草嶺山	chau2 nia2 suann1		陳國章 P.213
草嶺頂	chau2 nia2 ting2		陳國章 P.213
草濫	chau2 lam3		陳國章 P.213
草濫尾	chau2 lam3 be2（bue2）		陳國章 P.213
茶仔溝	te5 a2 kau1		陳國章 P.219
茶亭	te5 ting5		陳國章 P.219
茶頂山	te5 ting2 suann1		陳國章 P.219
茶園	te5 hng5		陳國章 P.219
茶園坪	te5 hng5 penn5		陳國章 P.219
茶園埔	te5 hng5 poo1		陳國章 P.219
蚊子坑	bang2 a2 khenn1		陳國章 P.217
蚊港	bang2 kang2		安倍明義 P.237
貢寮	kong2 liau5	檳仔寮	安倍明義 P.114
陡門頭	tau7 mng5 thau5		安倍明義 P.138
馬公	be2 kong1 chu3		安倍明義 P.328
馬公厝	be2 kong1 chu3		安倍明義 P.238
馬坑	be2 khenn1		陳國章 P.220
馬坑腳	be2 khenn1 kha1		陳國章 P.220
馬車空	be2 chia1 khang1		陳國章 P.220
馬厝	ma2 chu3		陳國章 P.220
馬場	be2 tiunn5		陳國章 P.220
馬稠	be2 tiau5		陳國章 P.220
馬稠巷	be2 tiau5 hang7		陳國章 P.220
馬稠後	be2 tiau5 au7		陳國章 P.220
馬寮	be2 liau5		陳國章 P.221
馬槽	be2 co5		陳國章 P.221
馬鞍山	be2 uann1 suann1		陳國章 P.221
馬興	ma2 hing1		陳國章 P.221
馬頭山	be2 thau5 suann1		陳國章 P.221
高山頂	ko1 suann1 ting2		陳國章 P.216

高厝	ko1 chu3		陳國章 P.217
高厝坑	ko1 chu3 khinn1		陳國章 P.217
高埔	ko1 poo1		陳國章 P.216
高園子	kuainn5 hng5 a2		陳國章 P.217
高樹	ko1 chiu7	高樹下	安倍明義 P.259
高橋坑	ko1 kio5 khinn1（khenn1）		陳國章 P.217
鬼子山	kui2 a2 suann1		陳國章 P.217
鬼仔坑	kui2 a2 khinn1（khenn1）		陳國章 P.217
埒內	luah8 lai7		陳國章 P.218
埒仔	luah8 a2		陳國章 P.218
埊坡	pang1 pi1		陳國章 P.221
茭白里	kha1 peh8 li2		陳國章 P.219
荖葉宅	lau2 hioh8 theh8		陳國章 P.223
荖寮	lo2 liau5		陳國章 P.223
荖寮	lau2 laio5		陳國章 P.223
荖藤宅	lau2 tin5 theh8		陳國章 P.223
柏子林	khing7 a2 na5		陳國章 P.217
笋子坑	sun2 a2 na5		陳國章 P.217
柏子埔	khing7 a2 poo1		陳國章 P.217
羌仔寮	kuinn1 a2 liau5		陳國章 P.218
羌市	kiunn1 chi7		陳國章 P.218
十 一 劃			
砠磘	hui5 io5		陳國章 P.259
乾坑	ta1 khenn1		陳國章 P.256
乾坑子	ta1 khenn1 a2		陳國章 P.256
乾陂	ta1 pi1		陳國章 P.256
乾溝子	ta1 kau1 a2		陳國章 P.256
乾溪	ta1 khue1（khe1）		陳國章 P.256
乾溪仔	ta1 khue1（khe1）a2		陳國章 P.256
做戲埕	co3 hi3 tiann5		陳國章 P.259
匏子園	pu5 a2 hng5		陳國章 P.247
匏子寮	pu5 a2 liau5		陳國章 P.247

匏仔園	pu5 a2 hng5		陳國章 P.247
匏杓崙	pu5 hia1 lun7		陳國章 P.247
國姓	kok4 senn2	內國姓	安倍明義 P.200
國聖港	kok4 sing3 kang2		安倍明義 P.219
國旗台腳	kok4 ki5 tai5 kha1		陳國章 P.259
埤口	pi1 khau2		陳國章 P.238
埤子尾	pi1 a2 bue2		陳國章 P.238
埤子底	pi1 a2 te2		陳國章 P.238
埤子墘	pi1 a2 kinn5		陳國章 P.238
埤子頭	pi1 a2 thau5		陳國章 P.238
埤內	pi1 lai7		陳國章 P.238
埤斗	pi1 tau2		陳國章 P.238
埤仔口	pi1 a2 khau2		陳國章 P.238
埤仔尾	pi1 a2 be2（bue2）		陳國章 P.238
埤仔底	pi1 a2 tue2（te2）		陳國章 P.238
埤仔後	pi1 a2 au7		陳國章 P.238
埤仔埔	pi1 a2 poo1		陳國章 P.238
埤仔堵	pi1 a2 too2		陳國章 P.238
埤仔寮	pi1 a2 liau5		陳國章 P.239
埤仔頭	pi1 a2 thau5		陳國章 P.239
埤仔頭後角仔	pi1 a2 thau5 au7 kak4 a2		陳國章 P.239
埤仔腳	pi1 a2 kha1		陳國章 P.238
埤仔腳埤	pi1 a2 kha1 pi1		陳國章 P.238
埤北	pi1 pak4		陳國章 P.238
埤尾	pi1 bue2		陳國章 P.239
埤角	pi1 kak4		陳國章 P.239
埤底	pi1 te2		陳國章 P.239
埤後	pi1 au7		陳國章 P.239
埤埔仔	pi1 poo1 a2		陳國章 P.239
埤頂	pi1 ting2		陳國章 P.239
埤麻	pi1 mua5		陳國章 P.239
埤麻腳	pi1 mua5 kha1		陳國章 P.239

埤腳	pi1 kha1		陳國章 P.239
埤腹內	pi1 pak4 lai7		陳國章 P.239
埤寮	pi1 liau5		陳國章 P.239
埤頭	pi1 thau5		陳國章 P.240
埤頭山	pi1 thau5 suann1		陳國章 P.240
埤霞	pi1 ha5		陳國章 P.240
基隆嶼	ke1 lang5 su7		安倍明義 P.111
堵南山	too7 lam5 suann1		陳國章 P.276
宿舍埔	sichu3 sia3 poo1		陳國章 P.257
密婆坑	bi48 poo5 khinn1		陳國章 P.258
密婆洞	bit8 po5 tong7		陳國章 P.258
將軍	ciong1 kun1		陳國章 P.257
將軍溪	ciong1 kun1 khue1（khe1）		陳國章 P.257
將軍澳	ciong1 kun1 o3		陳國章 P.257
將軍澳嶼	ciong1 kun1 o3 su7		陳國章 P.257
崎子腳	kia7 a2 kha1		陳國章 P.246
崎子頭	kia7 a2 thau5		陳國章 P.246
崎仔頂	kia7 a2 ting2		陳國章 P.246
崎頂	kia7 ting2		陳國章 P.246
崎路仔	kia7 loo7 a2		陳國章 P.247
崎頭	kia7 thau5		陳國章 P.247
崎腳	kia7 kha1		陳國章 P.246
崩山	pang1 suann1		陳國章 P.236
崩山坑	pang1 suann1 khinn1		陳國章 P.237
崩山河	pang1 suann1 hoo5		陳國章 P.237
崩山崚仔	pang1 suann1 ling5 a2		陳國章 P.237
崩山頭	pang1 suann1 thau5		陳國章 P.237
崩坡	pang1 pi1		陳國章 P.237
崩崁腳	pang1 kham3 kha1		陳國章 P.237
崩埤	pang1 pi1		陳國章 P.237
崩埤仔	pang1 pi1 a2		陳國章 P.237
崩埤溝	pang1 pi1 kau1		陳國章 P.237

崩崖仔	pang1 gai5 a2		陳國章 P.237
崩隙	pang1 khek4		陳國章 P.238
崙子	lun7 a2		陳國章 P.240
崙子尾	lun7 a2 bue2		陳國章 P.240
崙子頂	lun7 a2 ting2		陳國章 P.240
崙子寮	lun7 a2 liau5		陳國章 P.241
崙子寮	lun7 a2 liau5		陳國章 P.241
崙子腳	lun7 a2 kha1		陳國章 P.241
崙內	lun7 lai7		陳國章 P.241
崙仔	lun7 a2		陳國章 P.241
崙仔尾	lun7 a2 be2		陳國章 P.241
崙仔底	lun7 a2 te2		陳國章 P.241
崙仔頂	lun7 a2 ting2		陳國章 P.241
崙仔頭	lun7 a2 thau5		陳國章 P.241
崙尾	lun7 be2（bue2）		陳國章 P.241
崙尾寮	lun7 be2 liau5		陳國章 P.241
崙坪	lun7 phiann5		陳國章 P.241
崙前	lun7 cing5		陳國章 P.241
崙背	lun7 pue3		陳國章 P.241
崙頂尾	lun7 bing2 be2		陳國章 P.242
崙雅	lun7 a2		陳國章 P.242
崙腳寮	lun7 kha1 liau5		陳國章 P.242
崙頭仔	lun7 thau5 a2		陳國章 P.242
康厝	khng1 chu3		陳國章 P.258
張公園	tiunn1 kong1 ui5		陳國章 P.250
張厝	tiunn1 chu3		陳國章 P.250
張路寮	tiunn1 loo7 liau5		陳國章 P.251
教場埔	kau3 tiunn5 poo1		陳國章 P.258
較場埔	kau3 tiunn5 poo1		陳國章 P.301
望古坑	bong7 koo2 khinn1		陳國章 P.252
望更寮	bong7 kinn1（kenn1）liau5		陳國章 P.252
望南角	bong7 lam5 kak4		陳國章 P.252

望高寮	bong7 ko1 liau5		陳國章 P.252
望高樓	bong7 ko1 lau5		陳國章 P.252
望晴谷	bong7 ching5 kok4		陳國章 P.252
梁厝	niu5 chu3		陳國章 P.258
桶盤	thang2 puann5		安倍明義 P.328
桶盤嶼	thang2 puann5 su7（si7）		陳國章 P.259
梧棲	goo7 che1	五叉港	安倍明義 P.178
梅子林	mui5（bue5）a2 na5		陳國章 P.245
梅子厝	mui5（bue5）a2 chu3		陳國章 P.245
梅子樹腳	bue5 a2 chiu7 kha1		陳國章 P.246
梅子腳	mui5（bue5）a2 kha1		陳國章 P.245
梅仔坑	bue5 a2 khenn1		陳國章 P.246
梅洲	mui5（bue5）ciu1		陳國章 P.246
梅洲圍	bue5 ciu1 ui5		陳國章 P.246
梅園	mui5（bue5）hng5（huinn5）		陳國章 P.246
梅樹腳	mui5（bue5）chiu7 kha1		陳國章 P.246
梨子腳	lai5 a2 kha1		陳國章 P.242
梨山	le5 san1		陳國章 P.242
梨園寮	lai5 hng5 liau5		陳國章 P.242
殺人坑	thai5 lang5 khinn1（khenn1）		陳國章 P.203
淡水	tam7 cui2	滬尾街	安倍明義 P.105
淡水公	tam7 cui2 kong1		陳國章 P.250
淡水河	tam7 cui2 ho5		安倍明義 P.106
清水	ching1 cui2		陳國章 P.249
清水山	ching1 cui2 suann1		陳國章 P.249
清水仔	ching1 cui2 a2		陳國章 P.249
清水坑	ching1 cui2 khenn1		陳國章 P.249
清水埔仔	ching1 cui2 poo1 a2		陳國章 P.250
清水崎	cing1 cui2 kia7		陳國章 P.250
清水湖	ching1 cui2 oo5		陳國章 P.250
清水溪	ching1 cui2 khe1		陳國章 P.250
清水潭	ching1 cui2 tham2		陳國章 P.250

清洲	ching1 ciu1		陳國章 P.250
淋漓坪	lim5 li5 pinn5（penn5）		陳國章 P.259
深井	chim1 chinn2（chenn2）		陳國章 P.248
深水	chim1 cui2		陳國章 P.248
深丘	chim1 khu1		陳國章 P.248
深圳	chim1 cun3		陳國章 P.248
深坑	chim1 khenn1		陳國章 P.249
深坑子	chim1 khinn1（khenn1）a2		陳國章 P.249
深坑子溪	chim1 khenn1 a2 khe1		陳國章 P.249
深耕堡	chim1 khinn1 po2		安倍明義 P.190
深溝	chim1 kau1		陳國章 P.249
深澳	chim1 o3		陳國章 P.249
深澳山	chim1 o3 suann1		陳國章 P.249
深澳山腳	chim1 o3 suann1 kha1		陳國章 P.249
深澳坑	chim1 o3 khenn1		陳國章 P.249
深澳坑口	chim1 o3 khenn1 khau2		陳國章 P.249
爽文路	song2 bun5 loo7		陳國章 P.251
牽牛坑	khan1 gu5 khinn1（khenn1）		陳國章 P.250
犁舌尾	lue5 chih8 be2（bue2）		陳國章 P.255
犁頭山	le5 thau5 suann1		陳國章 P.255
犁頭店	le5 thau5 tiam3		陳國章 P.255
犁頭洲	lue5（le5）thau5 ciu1		陳國章 P.255
犁頭厝	lue5（le5）thau5 chu3		陳國章 P.255
犁頭鏢	le5 thau5 pio1		安倍明義 P.265
球仔山	kio5 a2 suann1		陳國章 P.251
球仔山頂	kio5 a2 suann1 ting2		陳國章 P.251
球仔山腳	kio5 a2 suann1 kha1		陳國章 P.251
球埕	kiu5 tiann5		陳國章 P.251
現天磅硿	hian7 thinn1 pong7 khang1		陳國章 P.251
硫磺窟	liu5 hong5 khut4		陳國章 P.326
笨子港	pun3 a2 kang2		安倍明義 P.145
笨潭	pun3 tham5		安倍明義 P.217

粗石斛	cho1 cioh8 hak8		陳國章 P.253
粗坑	cho1 khenn1		陳國章 P.253
粗坑口	cho1 khenn1 khau2		陳國章 P.253
粗坑子	cho1 khenn1 a2		陳國章 P.253
粗坑仔	cho1 khenn1 a2		陳國章 P.253
粗坑底	cho1 khenn1 te2		陳國章 P.253
粗坑頭	cho1 khenn1 thau5		陳國章 P.254
粗窟	cho1 khut4		陳國章 P.254
細坪	sua3（se3）pinn5（penn5）		陳國章 P.257
細坪仔	sua3（se3）pinn5（penn5）a2		陳國章 P.257
細姨仔巷	se3 i5 a2 hang7		陳國章 P.257
細姨仔街	se3 i5 a2 ke1		陳國章 P.257
細茅埔	sua3（se3）hm5 poo1		陳國章 P.257
船子頭	cun5 a2 thau5		陳國章 P.248
船仔頭	cun5 a2 thau5		陳國章 P.248
船形	cun5 hing5		陳國章 P.248
船寮	cun5 liau5		陳國章 P.248
船寮仔	cun5 liau5 a2		陳國章 P.248
船頭	cun5 thau5		陳國章 P.248
船頭埔	cun5 thau5 poo1		陳國章 P.248
船頭莊	cun5 thau5 cng1		陳國章 P.248
船頭溪洲	cun5 thau5 khue1 ciu1		陳國章 P.248
莊子	cng1 a2		陳國章 P.242
莊子頂	cng1 a2 ting2		陳國章 P.242
莊仔	cng1 a2		陳國章 P.242
莊尾	cng1 be2（bue2）		陳國章 P.242
莊厝	cng1 chu3		陳國章 P.243
莊頭	cng1 thau5		陳國章 P.243
莊禮寮	cng1 le2 liau5		陳國章 P.243
荷包嶼湖	ho5 pau2 su7 oo5		安倍明義 P.240
蛇山	cua5 suann1		陳國章 P.242
蛇仔形	cua5 a2 hing5		陳國章 P.242

蛇頭埔	cua5 thau5 poo1		陳國章 P.242
蚶子寮	ham1 a2 liau5		陳國章 P.248
蚶寮	ham1 liau5		陳國章 P.248
蚵子寮	o5 a2 liau5		陳國章 P.247
蚵仔坪	o5 a2 phiann5		陳國章 P.247
蚵仔寮	o5 a2 liau5		陳國章 P.247
蚵殼港	o5 khak4 kang2		安倍明義 P.110
蚵寮	o5 liau5		陳國章 P.247
蚵寮子	o5 liau5 a2		陳國章 P.248
蚵壳坑	o5 khak4 khenn1		陳國章 P.247
蚵殼港	o5 khak4 kang2		陳國章 P.247
許竹圍	khoo2 tik4 ui5		陳國章 P.256
許秀才	khoo2 siu3 cai5		陳國章 P.256
許厝	khoo2 chu3		陳國章 P.256
許厝港	khoo2 chu3 kang2		陳國章 P.256
許厝湖	khoo2 chu3 oo5		陳國章 P.256
許厝寮	khoo2 chu3 liau5		陳國章 P.256
許梓桑	khoo2 cu2 song1		陳國章 P.256
許羅厝	khoo2 lo5 chu3		陳國章 P.256
軟橋	nng2 kio5		陳國章 P.259
通過寮	thong1 ke3（kue3）liau5		陳國章 P.259
造船港	co7 cun5 kang2		陳國章 P.258
造橋	co7 kio5		陳國章 P.258
郭厝	keh4（kueh4）chu3		陳國章 P.258
釣魚坑	tio3 hi5 khenn1		陳國章 P.258
陳子方街	tan5 cu2 hong1 ke1		陳國章 P.243
陳井寮	tan5 cenn1 liau5		陳國章 P.243
陳平莊	tan5 ping5 cng1		陳國章 P.243
陳有蘭溪	tan5 iu2 lan5 khe1		陳國章 P.243
陳厝	tan5 chu3		陳國章 P.243
陳厝仔	tan5 chu3 a2		陳國章 P.243
陳厝坑	tan5 chu3 khinn1		陳國章 P.243

陳厝角	tan5 chu3 kak4		陳國章 P.243
陸軍埔	liok8 kun1 poo1		陳國章 P.258
陸軍路	liok8 kun1 loo7		陳國章 P.258
陸軍澳	liok8 kun1 o3		陳國章 P.258
陸軍營	liok8 kun1 iann5		陳國章 P.258
陷窟底	ham7 khut4 te2		陳國章 P.259
頂九十五	ting2 kau2 cap8 goo7		陳國章 P.225
頂三結	ting2 sann1 kiat4		陳國章 P.225
頂三塊厝	ting2 sann1 te3 chu3		陳國章 P.225
頂口寮	ting2 khau2 liau5		陳國章 P.225
頂大安	ting2 tai7 an1		陳國章 P.225
頂大洲	ting2 tua7 ciu1		陳國章 P.225
頂大埔	ting1 tua7 poo1		陳國章 P.225
頂大寮	ting1 tua7 liau5		陳國章 P.225
頂山子	ting2 suann1 a2		陳國章 P.225
頂山子腳	ting2 suann1 a2 kha1		陳國章 P.225
頂山腳	ting2 suann1 kha1		陳國章 P.225
頂山寮	ting2 suann1 liau5		陳國章 P.225
頂井	ting2 cinn2		陳國章 P.225
頂五莊	ting2 goo7 cng1		陳國章 P.226
頂五結	ting2 goo7 kiat4		陳國章 P.226
頂五塊	ting2 goo7 te3		陳國章 P.226
頂內埔	ting2 lai7 poo1		陳國章 P.226
頂六股	ting2 lak8 koo2		陳國章 P.226
頂水泉	ting2 cui2 cuann5		陳國章 P.226
頂水碓	ting2 cui2 tui3		陳國章 P.226
頂牛埔	ting2 gu5 poo1		陳國章 P.226
頂王功寮	ting2 ong5 king1 liau5		陳國章 P.226
頂王爺厝	ting2 ong5 ia5 chu3		陳國章 P.226
頂北投	ting2 pak4 tau5		陳國章 P.227
頂四張	ting2 si3 tiunn1		陳國章 P.227
頂平林	ting2 penn5 na5		陳國章 P.227

頂田	ting2 chan5		陳國章 P.226
頂田洋	ting2 chan5 iunn5		陳國章 P.227
頂田寮	ting2 chan5 liau5		陳國章 P.227
頂甲	ting2 kah4		陳國章 P.226
頂圳	ting2 cun3		陳國章 P.227
頂圳仔頭	ting2 cun3 a2 thau5		陳國章 P.227
頂圳寮	ting2 cun3 liau5		陳國章 P.227
頂圭柔山	ting2 kue1 jio5 suann1		陳國章 P.227
頂尖山	ting2 ciam1 suann1		陳國章 P.227
頂灰磘	ting2 hue1 io5		陳國章 P.228
頂竹圍	ting2 tik4 ui5		陳國章 P.227
頂竹圍子	ting2 tik4 ui5 a2		陳國章 P.228
頂庄	ting2 cng1		陳國章 P.227
頂庄子	ting2 cng1 a2		陳國章 P.227
頂吳厝	ting2 goo5 chu3		陳國章 P.228
頂坑	ting2 khenn1		陳國章 P.228
頂沙崙	ting2 sua1 lun7		陳國章 P.228
頂角	ting2 kak4		陳國章 P.228
頂角子寮	ting2 kak4 a2 liau5		陳國章 P.228
頂角仔	ting2 kak4 a2		陳國章 P.228
頂角潭	ting2 kak4 tham5		陳國章 P.228
頂車埕	ting2 chia1 tiann5		陳國章 P.228
頂坪	ting2 pinn1（penn1）		陳國章 P.228
頂店	ting2 tiam3		陳國章 P.229
頂店大埔	ting2 tiam3 tua7 poo1		陳國章 P.229
頂店仔	ting2 tiam3 a2		陳國章 P.229
頂店仔埔	ting2 tiam3 a2 poo1		陳國章 P.229
頂東石	ting2 tang1 cioh8		陳國章 P.229
頂東勢	ting2 tang1 si1		陳國章 P.229
頂林子	ting2 na5 a2		陳國章 P.229
頂松仔腳	ting2 ching5 a2 kha1		陳國章 P.229
頂油車子	ting2 iu5 chia1 a2		陳國章 P.229

頂社	ting2 sia7		陳國章 P.228
頂青礐	ting2 chinn1 hak8		陳國章 P.229
頂坵	ting2 khu1		陳國章 P.228
頂南勢角	ting2 lam5 si3 kak4		陳國章 P.230
頂城	ting2 siann5		陳國章 P.230
頂後車路	ting2 au7 chia1 loo7		陳國章 P.230
頂後厝子	ting2 au7 chu3 a2		陳國章 P.230
頂後埔	ting2 au7 poo1		陳國章 P.230
頂後壁寮	ting2 au7 piah4 liau5		陳國章 P.230
頂柳子林	ting2 liu2 a2 na5		陳國章 P.229
頂茄荖	ting2 ka1 lo2		陳國章 P.230
頂茄苳	ting2 ka1 tiann7		陳國章 P.230
頂飛沙	ting2 pe1 sua1		陳國章 P.230
頂枷冬腳	ting2 ka1 tang1 kha1		陳國章 P.229
頂厝	ting2 chu3		陳國章 P.231
頂厝子	ting2 chu3 a2		陳國章 P.231
頂厝仔	ting2 chu3 a2		陳國章 P.231
頂埔	ting2 poo1		陳國章 P.231
頂埔子	ting2 poo1 a2		陳國章 P.231
頂埔仔	ting2 poo1 a2		陳國章 P.231
頂埔頭	ting2 poo1 thau5		陳國章 P.231
頂崁	ting2 kham3		陳國章 P.230
頂崁子	ting2 kham3 a2		陳國章 P.230
頂崁仔	ting2 kham3 a2		陳國章 P.231
頂徑口	ting2 king3 khau2		陳國章 P.231
頂海墘厝	ting2 hai2 kinn5 chu3		陳國章 P.232
頂浮圳	ting2 phu5 cun3		陳國章 P.231
頂臭水	ting2 chao3 cui2		陳國章 P.231
頂草湳	ting2 chau2 lam3		陳國章 P.232
頂草濫	ting2 chau2 lam3		陳國章 P.232
頂草坔	ting2 chau2 lam3		陳國章 P.232
頂鬼子山	ting2 kui2 a2 suann1		陳國章 P.231

頂垺尾	ting2 luah8 bue2		陳國章 P.232
頂埤	ting2 pi1		陳國章 P.232
頂埤腳	ting2 pi1 kha1		陳國章 P.232
頂埤頭	ting2 pi1 thau5		陳國章 P.232
頂崙子	ting2 lun7 a2		陳國章 P.232
頂張仔	ting2 tiunn1 a2		陳國章 P.233
頂張厝	ting2 tiunn1 chu3		陳國章 P.233
頂清水	ting2 ching1 cui2		陳國章 P.233
頂莊	ting2 cng1		陳國章 P.232
頂莊子	ting2 cng1 a2		陳國章 P.232
頂蚵子寮	ting2 o5 a2 liau5		陳國章 P.233
頂蚵寮	ting2 o5 liau5		陳國章 P.233
頂魚寮	ting2 hi5 liau5		陳國章 P.233
頂鹿場	ting2 lok8 tiunn5		陳國章 P.233
頂堡	ting2 po2		陳國章 P.233
頂揖子寮	ting2 chip4 a2 liau5		陳國章 P.234
頂港	ting2 kang2		陳國章 P.234
頂港子墘	ting2 kang2 a2 kinn5		陳國章 P.234
頂湖	ting2 oo5		陳國章 P.233
頂番婆	ting2 huan1 po5		陳國章 P.234
頂菜園	ting2 chai3 hng5		陳國章 P.234
頂街	ting2 ke1		陳國章 P.233
頂街子	ting2 ke1 a2		陳國章 P.233
頂湳	ting2 lam3		陳國章 P.234
頂湳子	ting2 lam3 a2		陳國章 P.234
頂莿桐腳	ting2 chi3 tong5 kha1		陳國章 P.234
頂塊黃	ting2 te3 ng5		陳國章 P.235
頂塊廖	ting2 te3 liau7		陳國章 P.235
頂新厝	ting2 sin1 chu3		陳國章 P.235
頂新興	ting2 sin1 hing1		陳國章 P.235
頂溝後	ting2 kau1 au7		陳國章 P.234
頂溪洲	ting2 khue1（khe1）ciu1		陳國章 P.234

頂溪洲子	ting2 khe1 ciu1 a2		陳國章 P.234
頂溪埔	ting2 khue1 poo1		陳國章 P.234
頂溪埔寮	ting2 khe1 poo1 liau5		陳國章 P.234
頂溪垺	ting2 khe1 kinn5		陳國章 P.235
頂過溝	ting2 kue3 kau1		陳國章 P.235
頂過溪子	ting2 kue3 khe1 a2		陳國章 P.235
頂寮	ting2 liau5		陳國章 P.235
頂寮子	ting2 liau5 a2		陳國章 P.236
頂寮溪	ting2 liau5 khue1		陳國章 P.236
頂潭	ting2 tham5		陳國章 P.235
頂蔦松	ting2 ciau2 ching5		陳國章 P.236
頂橋子頭	ting2 kio5 a2 thau5		陳國章 P.236
頂頭	ting2 thau5		陳國章 P.236
頂頭厝	ting2 thau5 chu3		陳國章 P.236
頂頭園仔	ting2 thau5 hng5 a2		陳國章 P.236
頂龜殼	ting2 ku1 khak4		陳國章 P.236
頂礁溪	ting2 ta1 khe1		陳國章 P.236
頂鹽田	ting2 kiam5 chan5		陳國章 P.236
頂灣子內	ting2 uan1 a2 lai7		陳國章 P.236
頂廍	ting2 phoo7		陳國章 P.235
頂廍子	ting2 phoo7 a2		陳國章 P.235
頂腳踏	ting2 kha1 tah8		陳國章 P.233
魚仔市	hi5 a2 chi7		陳國章 P.251
魚池	hi5 ti5		陳國章 P.251
魚池口	hu5 ti5 khau2		陳國章 P.251
魚池子	hi5 ti5 a2		陳國章 P.251
魚行口	hu5（hi5）hang5 khau2		陳國章 P.251
魚巷	hi5 hang7		陳國章 P.252
魚逮尾	tai7 be2		陳國章 P.336
魚逮魚崛	tai7 hu5（hi5）khut4		陳國章 P.336
魚逮港埔	tai7 kang2 poo1		陳國章 P.337
魚寮	hu5（hi5）liau5		陳國章 P.252

魚寮子	hi5 liau5 a2		陳國章 P.252
魚寮溪	hi5 liau5 khe1		陳國章 P.252
魚藤坪	hu5 tin5 pinn5（penn5）		陳國章 P.252
鳥仔巢	ciau2 a2 tau1		陳國章 P.253
鳥竹圍	ciau2 tik4 ui5		陳國章 P.253
鳥岫	ciau2 siu7		陳國章 P.253
鳥松	ciau2 ching5		安倍明義 P.253
鳥松腳	ciau2 ching5 kah41		陳國章 P.253
鳥前仔腳	ciau2 cing5 a2 kha1		陳國章 P.253
鳥鼠洲	niau2 chi2 ciu1		陳國章 P.253
鳥嘴山	ciau2 chui3 suann1		陳國章 P.253
鳥嶼	ciau2 su7（si7）		陳國章 P.253
鹿子坑	lok8 a2 khinn1		陳國章 P.244
鹿仔坑	lok8 a2 khinn1（khenn1）		陳國章 P.244
鹿仔草	lok8 a2 chau2		陳國章 P.244
鹿仔港	lok8 a2 kang2		陳國章 P.244
鹿仔港寮	lok8 a2 kang2 liau5		陳國章 P.244
鹿角坑	lok8 kak4 khinn1（khenn1）		陳國章 P.244
鹿埔	lok8 poo1		陳國章 P.244
鹿草	lok8 chai3	鹿仔草	安倍明義 P.242
鹿場	lok8 tiunn5		陳國章 P.245
鹿港	lok8 kang2	鹿仔港	安倍明義 P.183
鹿窟	lok8 khut4		陳國章 P.245
鹿鳴坑	lok8 bing5 khinn1（khenn1）		陳國章 P.245
鹿寮	lok8 liau5		陳國章 P.245
鹿寮子	lok8 liau5 a2		陳國章 P.245
鹿寮山	lok8 liau5 suann1		陳國章 P.245
鹿寮坑	lok8 liau5 khinn1（khenn1）		陳國章 P.245
鹿寮埔	lok8 liau5 poo1		陳國章 P.245
鹿廚坑	lok8 tu5 khinn1（khenn1）		陳國章 P.245
鹿廚坑山	lok8 tu5 khinn1（khenn1）suann1		陳國章 P.245
麥子園	beh8 a2 hng5		陳國章 P.247

麥寮	beh8 liau5		陳國章 P.247
麻竹坑	mua5 tik4 khenn1		陳國章 P.254
麻竹坑口	mua5 tik4 khenn1 khau2		陳國章 P.254
麻竹坑巷	mua5 tik4 khenn1 hang7		陳國章 P.254
麻竹湖	mua5 tik4 oo5		陳國章 P.254
麻竹湖口	mua5 tik4 oo5 khau2		陳國章 P.254
麻竹園	mua5 tik4 hng5		陳國章 P.254
麻竹寮	mua5 tik4 liau5		陳國章 P.254
麻豆	mua5 tau7		陳國章 P.254
麻豆崙	mua5 tau7 lun7		陳國章 P.254
麻豆寮	mua5 tau7 liau5		陳國章 P.254
麻油子寮	mua5 iu5 a2 liau5		陳國章 P.255
麻園	mua5 hng5		陳國章 P.255
麻園仔	mua5 hng5 a2		陳國章 P.255
麻園坑	mua5 hng5 khinn1		陳國章 P.255
麻園寮	mua5 hng5 liau5		陳國章 P.255
堀尺嶺	khut4 chioh4 nia2		陳國章 P.251
堀後	khut4 au7		陳國章 P.251
粘厝	liam5 chu3		陳國章 P.258
傅厝	poo3 chu3		陳國章 P.276
勞水坑	lo5 cui2 khenn1		陳國章 P.272
單塊厝	tuann1 te3 chu3		陳國章 P.276
彭子存	phenn5 a2 cun5		陳國章 P.268
彭佳嶼	phenn5 ka1 si7		陳國章 P.268
彭屋厝	phenn5 ok4 chu3		陳國章 P.268
彭厝	phenn5 chu3		陳國章 P.268
插天山	chah4 thinn5 suann1		安倍明義 P.155
提督巷	the5 tok4 hang7		陳國章 P.277
提標巷	the5 phiau1 hang7		陳國章 P.277
揖子寮	ip4 a2 liau5		安倍明義 P.242
援巢中	uan7 cau5 tiong1		安倍明義 P.249
揚喜崎	iong5 hi2 kia7		陳國章 P.277

景尾	kinn2 bue2		安倍明義 P.132
曾文	can1 bun5		安倍明義 P.214
曾厝	can1 chu3		陳國章 P.276
曾厝巷	can1 chu3 hang7		陳國章 P.276
曾厝厝	can1 chu3 chu3		陳國章 P.276
曾厝崙	can1 chu3 lun7		陳國章 P.276
曾家村	can1 ka1 chuan1		陳國章 P.276
曾家厝	can1 chu3 chu3		陳國章 P.276
朝棟里	tiau5 tong3 li2		陳國章 P.277
棧間	can3 king1		陳國章 P.277
棧寮	can3 liau5		陳國章 P.277
棋盤厝	ki5 puann5 chu3		安倍明義 P.234
棉花嶼	mi5 hue1 su7（si7）		陳國章 P.274
港口	kang2 khau2		陳國章 P.262
港子	kang2 a2		陳國章 P.261
港子尾	kang2 a2 be2（bue2）		陳國章 P.261
港子坪	kang2 a2 ping5		陳國章 P.261
港子埔	kang2 a2 poo1		陳國章 P.261
港子鼻	kang2 a2 phinn7		陳國章 P.261
港子墘	kang2 a2 kinn5		陳國章 P.261
港子嘴	kang2 a2 chui3		陳國章 P.261
港子頭	kang2 a2 thau5		陳國章 P.261
港仔口	kang2 a2 khau2		陳國章 P.262
港仔尾	kang2 a2 bue2		陳國章 P.262
港仔後	kang2 a2 au7		陳國章 P.262
港仔鼻山	kang2 a2 phinn7 suann1		陳國章 P.262
港仔墘	kang2 a2 kinn5		陳國章 P.262
港尾	kang2 bue2		陳國章 P.262
港尾子	kang2 bue2 a2		陳國章 P.262
港尾子溪	kang2 bue2 a2 khe1		陳國章 P.262
港尾寮	kang2 bue2 liau5		陳國章 P.262
港底	kang2 tue2		陳國章 P.262

港東	kang2 tang1		陳國章 P.262
港後	kang2 au7		陳國章 P.263
港後子	kang2 au7 a2		陳國章 P.263
港墘	kang2 kinn5		陳國章 P.263
港墘子	kang2 kinn5 a2		陳國章 P.263
港墘仔	kang2 kinn5 a2		陳國章 P.263
港墘厝	kang2 kinn5 chu3		陳國章 P.263
梘仔埔	king2 a2 poo1		陳國章 P.252
梘尾	king2 be2		陳國章 P.252
梘頭	king2 thau5		陳國章 P.253
十 二 劃			
菝子寮	poh8 a2 liau5		陳國章 P.269
菝子寮汕	poh8 a2 liau5 suann3		陳國章 P.269
煉子寮	kinn1（kenn1）a2 liau5		陳國章 P.269
煉寮坑	kinn1（kenn1）liau5 khinn1（khenn1）		陳國章 P.269
煉寮角	kinn1（kenn1）liau5 kak4		陳國章 P.269
椇梧	gi5 goo5		陳國章 P.277
渡子頭	too7 a2 thau5		陳國章 P.270
渡仔頭	too7 a2 thau5		陳國章 P.270
渡船頭	too7 cun5 thau5		陳國章 P.270
渡船頭埔	too7 cun5 thau5 poo1		陳國章 P.270
湖口	oo5 khau2	大湖口	安倍明義 P.141
湖子	oo5 a2		陳國章 P.260
湖子內	oo5 a2 lai7		陳國章 P.260
湖內	oo5 lai7		陳國章 P.260
湖仔內	oo5 a2 lai7		陳國章 P.260
湖仔底	oo5 a2 te2		陳國章 P.260
湖底	oo5 tue2（te2）		陳國章 P.261
湖底崎	oo5 te2 kia7		陳國章 P.261
湖南山	oo5 lam5 suann1		陳國章 P.261
湖南營	oo5 lam5 iann5		陳國章 P.261
湯圍	thng1 ui5		陳國章 P.277

無水療	bu5 cui2 liau5		陳國章 P.272
無尾溝	bu5 be2（bue2）kau1		陳國章 P.272
無線電山	bue5 suann3 tian7 suann1		陳國章 P.272
無線電腳	bue5 suann3 tian7 kha1		陳國章 P.272
猴山坑	kau5 suann1 khinn1		陳國章 P.269
猴坪	kau5 phiann5		陳國章 P.269
猴洞	kau5 tong7		陳國章 P.269
猴洞頂	kau5 tong7 ting2		陳國章 P.269
猴洞腳	kau5 tong7 kha1		陳國章 P.269
猴硐	kau5 tong7		陳國章 P.269
番子井	huan1 a2 cenn2		陳國章 P.264
番子田	huan1 a2 chan5		陳國章 P.264
番子庄	huan1 a2 cng1		陳國章 P.264
番子坑	huan1 a2 khinn1（khenn1）		陳國章 P.264
番子坡	huan1 a2 pi1		陳國章 P.264
番子城	huan1 a2 siann5		陳國章 P.264
番子厝	huan1 a2 chu3		陳國章 P.264
番子埔	huan1 a2 poo1		陳國章 P.264
番子崙	huan1 a2 lun7		陳國章 P.264
番子堀	luan1 a2 khut4		陳國章 P.264
番子渡頭	huan1 a2 too7 thau5		陳國章 P.265
番子湖	huan1 a2 oo5		陳國章 P.265
番子園	huan1 a2 hng5		陳國章 P.265
番子塭	huan1 a2 un3		陳國章 P.265
番子溝	huan1 a2 kau1		陳國章 P.265
番子寮	huan1 a2 liau5		陳國章 P.265
番子潭	huan1 a2 tham5		陳國章 P.265
番子澳	huan1 a2 o3		陳國章 P.265
番子嶺	huan1 a2 nia2		陳國章 P.265
番仔井	huan1 a2 chenn2		陳國章 P.265
番仔田	huan1 a2 chan5		陳國章 P.265
番仔田尾	huan1 a2 chan5 be2		陳國章 P.265

番仔田洋	huan1 a2 chan5 iunn5		陳國章 P.266
番仔圳	huan1 a2 cun3		陳國章 P.266
番仔坑	huan1 a2 khenn1		陳國章 P.266
番仔林	huan1 a2 na5		陳國章 P.266
番仔陂	huan1 a2 pi3		陳國章 P.266
番仔城	huan1 a2 siann5		陳國章 P.266
番仔厝	huan1 a2 chu3		陳國章 P.266
番仔埔	huan1 a2 poo1		陳國章 P.266
番仔崎	huan1 a2 kia7		陳國章 P.266
番仔溝	huan1 a2 kau1		陳國章 P.266
番仔溝田仔	huan1 a2 kau1 chan5 a2		陳國章 P.266
番仔路	huan1 a2 loo7		陳國章 P.266
番仔寮	huan1 a2 liau5		陳國章 P.266
番字洞	huan1 ji7 tong7		陳國章 P.266
番社	huan1 sia7		陳國章 P.266
番社口	huan1 sia7 khau2		陳國章 P.267
番社子	huan1 sia7 a2		陳國章 P.267
番社內	huan1 sia7 lai7		陳國章 P.267
番社仔	huan1 sia7 a2		陳國章 P.267
番社後	huan1 sia7 au7		陳國章 P.267
番婆	huan1 po5		陳國章 P.267
番婆坑	huan1 po5 khinn1（khenn1）		陳國章 P.267
番婆林	huan1 po5 na5		陳國章 P.267
番婆嶺	huan1 po5 nia2		陳國章 P.267
番婆坟	huan1 po5 hun5		安倍明義 P.145
番割田	huan1 kuah4 chan5		陳國章 P.267
番童埔	huan1 tong5 poo1		陳國章 P.267
番雅溝	huan1 a2 kau1		陳國章 P.267
番路	huan1 loo2	番仔路	安倍明義 P.227
童厝	tong5 chu3		陳國章 P.276
筍寮子	sun2 liau5 a2		陳國章 P.277
筏子頭	pai5 a2 thau5		陳國章 P.270

善化	sian7 hua3	灣裡街	安倍明義 P.214
菁子宅	chenn1 a2 theh8		陳國章 P.267
菁仔市	chenn1 a2 chi7		陳國章 P.267
菁仔宅	chinn1 a2 theh8		陳國章 P.267
菁仔巷	chinn1 a2 hang7		陳國章 P.268
菁仔園	chinn1（chenn1）a2 hng5（huinn5）		陳國章 P.268
菁埔	chinn1（chenn1）poo1		陳國章 P.268
菁埔仔	chinn1（chenn1）poo1 a2		陳國章 P.268
菁埔埤	chenn1 poo1 pi1		陳國章 P.268
菁埔寮	chenn1 poo1 liau5		陳國章 P.268
菁桐坑	chinn1 tong5 khinn1		陳國章 P.268
菁寮	chenn1 liau5		陳國章 P.268
菁礐	chinn1（chenn1）hak8		陳國章 P.268
菱角埤	ling5 kak4 pi1		陳國章 P.275
萊子坑	lai5 a2 khenn1		陳國章 P.268
菜公	chai3 kong1		陳國章 P.270
菜公坑	chai3 kong1 khinn1		陳國章 P.270
菜公店	chai3 kong1 tiam3		陳國章 P.270
菜公厝	chai3 kong1 chu3		陳國章 P.270
菜公埤	chai3 kong1 pi1		陳國章 P.270
菜公堂	chai3 kong1 tng5		陳國章 P.270
菜公溝	chai3 kong1 kau1		陳國章 P.270
菜公寮	chai3 kong1 liau5		陳國章 P.270
菜瓜坑	chai3 kue1 khinn1		陳國章 P.270
菜瓜寮	chai3 kue1 liau5		陳國章 P.270
菜園	chai3 hng5		陳國章 P.271
菜園內	chai3 hng5 lai7		陳國章 P.271
菜園仔	chai3 hng5（huinn5）a2		陳國章 P.271
菜園仔角	chai3 hng5 a2 kak4		陳國章 P.271
菜園角	chai3 hng5 kak4		陳國章 P.271
菜園溝	chai3 hng5 kau1		陳國章 P.271
菜寮	chai3 liau5		陳國章 P.271

茱寮溪	chai3 liau5 khe1		陳國章 P.271
茱廟腳	chai3 bio7 ka1		陳國章 P.271
茱頭園	chai3 thau5 hng5		陳國章 P.271
街仔頭	ke1 a2 thau5		陳國章 P.274
街尾	kue1 be2		陳國章 P.274
街頭	kue1 thau5		陳國章 P.274
詔安厝	ciau3 an1 chu3		陳國章 P.274
詔安寮	ciau3 an1 liau5		陳國章 P.275
象鼻	chiunn7 phinn1		陳國章 P.277
象頭埔	chiunn7 thau5 poo1		陳國章 P.277
貴舍	kui3 sia3		陳國章 P.275
跑馬場	phau2 be2 tiunn5		陳國章 P.276
跑馬場口	phau2 be2 tiunn5 khau2		陳國章 P.277
辜厝	koo1 chu3		陳國章 P.276
鄉親寮	hiong1 chin1 liau5		陳國章 P.302
隆恩	liong5 un1		安倍明義 P.128
隆恩圳	liong5 un1 cun3		陳國章 P.276
隆恩埔	liong5 un1 poo1		陳國章 P.276
雲林坪	hun4 lim5 penn5		安倍明義 P.206
雲源巷	hun5 guan5 hang7		陳國章 P.277
雲霄厝	un1 sio1 chu3		陳國章 P.277
雲霄街	un1 sio1 ke1		陳國章 P.277
飯店	png7 tiam3		陳國章 P.275
飯店子	png7 tiam3 a2		陳國章 P.275
飯店邊	png7 tiam3 pinn1		陳國章 P.275
黃仔信埔	ng5 a2 sin3 poo1		陳國章 P.272
黃目子腳	uinn5 bak8 a2 kha1		陳國章 P.272
黃竹圍	ng5 tik4 ui5		陳國章 P.273
黃金洞山	ng5 kim1 tang7 suann1		陳國章 P.273
黃厝	ng0 chu3		陳國章 P.273
黃厝角	ng5 chu3 kak4		陳國章 P.273
黃厝林子頭	ng5 chu3 na5 a2 thau5		陳國章 P.273

黃梨坪	ng5 lai5 pinn5		陳國章 P.273
黃梨園	ng5 lai5 hng5		陳國章 P.273
黃麻園	ng5 mua5 hng5		陳國章 P.273
黃舉皮寮	ng5 ku2 phe5 liau5		陳國章 P.273
黑斗門	oo1 tau2 mng5		陳國章 P.272
黑瓦厝仔	oo1 hia7 chu3 a2		陳國章 P.272
黑瓦窯	oo1 hia7 io5		陳國章 P.272
黑板仔厝	oo1 pang1 a2 chu3		陳國章 P.272
黑塗	oo1 thoo5		陳國章 P.272
黑橋仔	oo1 kio5 a2		陳國章 P.272
黑橋頭	oo1 kio5 thau5		陳國章 P.272
湳子	lam3 a2		陳國章 P.263
湳子埔	lam3 a2 poo1		陳國章 P.263
湳子溝	lam3 a2 kau1		陳國章 P.263
湳仔	lam3 a2		陳國章 P.263
湳仔溝	lam3 a2 kau1		陳國章 P.263
湳仔橋	lam3 a2 kio5		陳國章 P.263
湳底	lam3 te2		陳國章 P.263
湳底寮	lam3 te2 liau5		陳國章 P.263
湳港西	lam3 kang2 sai1		陳國章 P.264
湳港舊	lam3 kang2 ku2	湳港	安倍明義 P.186
湳雅	lam3 a2		陳國章 P.263
湳窟	lam3 khut4		陳國章 P.264
湳墘	lam3 kinn5		陳國章 P.264
莿仔埔	chi3 a2 poo1		陳國章 P.274
莿仔埔	chi3 a2 poo1		陳國章 P.274
莿仔園	chi3 a2 hng5		陳國章 P.274
莿桐	chi3 tong5	莿桐巷	安倍明義 P.234
莿桐坑	chi3 tong5 khenn1		陳國章 P.274
莿桐巷	chi3 tong5 hang7		陳國章 P.274
莿桐崎	chi3 tong5 kia7		陳國章 P.274
莿桐腳	chi3 tong5 kha1		陳國章 P.274

菝仔埔	pat4 a2 poo1		陳國章 P.274
菝仔園	pat4 a2 hng5		陳國章 P.274
十 三 劃			
猿子寮	kiunn1 a2 liau5		陳國章 P.296
圓山	inn5 suann1		陳國章 P.283
圓山子	inn5 suann1 a2		陳國章 P.283
圓山仔	inn5 suann1 a2		陳國章 P.283
圓屯	inn5 tun1		陳國章 P.283
圓屯山	inn5 tun1 san1		陳國章 P.283
圓仔山	inn5 a2 suann1		陳國章 P.283
圓仔湯嶺	inn5 a2 thng1 nia2		陳國章 P.283
圓堀仔	inn5 khut4 a2		陳國章 P.283
圓墩	inn5 tun1		陳國章 P.283
圓潭	inn5 tham5		陳國章 P.284
圓潭子	inn5 tham5 a2		陳國章 P.284
圓籃子	inn5 na5 a2		陳國章 P.284
塗子崙	thoo5 a2 lun7		陳國章 P.296
塗城	thoo5 siann5		陳國章 P.296
塗厝厝	thoo5 chu3 chu3		陳國章 P.296
塗葛掘	thoo2 kak4 kut4		安倍明義 P.180
塗葛堀	thoo5 kat4 khut4		陳國章 P.296
塗樓	thoo5 lau5		陳國章 P.296
塗潭	thoo5 tham5		陳國章 P.296
塗潭山	thoo5 tham5 suann1		陳國章 P.296
塚仔頂	thiong2 a2 ting2		陳國章 P.299
塔子腳	thah4 a2 kha1		安倍明義 P.146
塔加寮社	thah4 ka1 liau5 sia7		安倍明義 P.271
塭子	un3 a2		陳國章 P.259
塭子內	un3 a2 lai7		陳國章 P.260
塭子頭	un3 a2 thau5		陳國章 P.260
塭內	un3 lai7		陳國章 P.260
塭分	un3 e1		陳國章 P.260

塭仔	un3 a2		安倍明義 P.242
塭仔寮	un3 a2 liau5		陳國章 P.260
塭岸頭	un3 huann7 thau5		陳國章 P.260
塭底	un3 te2		陳國章 P.260
塭港	un3 kang2		陳國章 P.260
塭寮	un3 liau5		陳國章 P.260
媽祖山	ma2 co2 suann1		陳國章 P.300
媽祖田	ma2 co2 chan5		陳國章 P.300
媽祖田仔	ma2 co2 chan5 a2		陳國章 P.300
媽祖坑	ma2 co2 khinn1（khenn1）		陳國章 P.300
媽祖厝	ma2 co2 chu3		陳國章 P.300
媽祖宮	ma2 co2 king1		陳國章 P.300
媽祖宮口街	ma2 co2 king1 khau2 ke1		陳國章 P.300
媽祖婆油煙田	ma2 co2 po5 iu5 ian1 chan5		陳國章 P.300
媽祖廟	ma2 co2 bio7		陳國章 P.300
新三角子	sin1 sann1 kak4 a2		陳國章 P.289
新化	sin1 hua3	大目降	安倍明義 P.213
新文廟	sin1 bun5 bio7		陳國章 P.289
新北投	sin1 pak4 tau5		陳國章 P.289
新市	sin1 chi7		安倍明義 P.213
新田	sin1 chan5		陳國章 P.289
新吉	sin1 kiat4		陳國章 P.290
新吉庄仔	sin1 kiat4 cng1 a2		陳國章 P.290
新宅	sin1 theh8		安倍明義 P.235
新竹	sin1 tik4		安倍明義 P.138
新竹圍仔	sin1 tik4 ui5 a2		陳國章 P.290
新庄	sin1 cng1		陳國章 P.289
新庄子	sin1 cng1 a2		陳國章 P.289
新庄內	sin1 cng1 lai7		陳國章 P.290
新庄仔	sin1 cng1 a2		陳國章 P.290
新村	sin1 chun1		陳國章 P.290
新里族	sin1 li2 cok8		陳國章 P.290

新坡	sin1 pi1		陳國章 P.291
新坡尾	sin1 pi1 be2（bue2）		陳國章 P.291
新店	sin1 tiam3		陳國章 P.290
新店仔	sin1 tiam3 a2		陳國章 P.291
新店尾	sin1 tiam3 bue2		陳國章 P.291
新店尾埤仔	sin1 tiam3 bue2 pi1 a2		陳國章 P.291
新店街	sin1 tiam3 ke1		陳國章 P.291
新東勢	sin1 tang1 si3		陳國章 P.291
新林	sin1 lim5		陳國章 P.290
新社	sin1 sia7		陳國章 P.290
新城	sin1 siann5		陳國章 P.291
新巷	sin1 kang2	新港	安倍明義 P.225
新泉州厝	sin1 cuan5 ciu1 chu3		陳國章 P.291
新厝	sin1 chu3		陳國章 P.292
新厝子	sin1 chu3 a2		陳國章 P.292
新厝內	sin1 chu3 lai7		陳國章 P.292
新厝仔	sin1 chu3 a2		陳國章 P.292
新厝寮	sin1 chu3 liau5		陳國章 P.292
新厝館	sin1 chu3 kuan2		陳國章 P.292
新埔	sin1 poo1		陳國章 P.292
新埔子	sin1 poo1 a2		陳國章 P.292
新埔墘	sin1 poo1 kinn5		陳國章 P.292
新埔羗林	sin1 poo1 kiunn1 na5		陳國章 P.292
新起町	sin1 khi2 ting1		安倍明義 P.96
新埤	sin1 pi1		陳國章 P.293
新崙	sin1 lun7		陳國章 P.292
新莊	sin1 cng1		陳國章 P.292
新許厝寮	sin1 khoo2 chu3 liau5		陳國章 P.293
新港	sin1 kang2		陳國章 P.293
新港口	sin1 kang2 khau2		陳國章 P.293
新港山	sin1 kang2 suann1		陳國章 P.293
新湖口	sin1 oo5 khau2		陳國章 P.294

新番仔埔	sin1 huan1 a2 poo1		陳國章 P.294
新結庄	sin1 kiat4 cng1		陳國章 P.294
新茱市仔	sin1 chai3 chi7 a2		陳國章 P.294
新茱堂	sin1 chai3 tng5		陳國章 P.294
新街	sin1 kue1（ke1）		陳國章 P.293
新街仔	sin1 kue1（ke1）a2		陳國章 P.293
新街店仔	sin1 kue1 tiam3 a2		陳國章 P.293
新開	sin1 khai1		陳國章 P.293
新開山	sin1 khai1 suann1		陳國章 P.293
新開園	sin1 khui1 hng5		陳國章 P.293
新開寮	sin1 khai1 liau5		陳國章 P.293
新園	sin1 hng5		陳國章 P.294
新塭	sin1 un3		陳國章 P.293
新溪洲	sin1 khe1 ciu1		陳國章 P.294
新路	sin1 loo7		陳國章 P.294
新路坑	sin1 loo7 khenn1		陳國章 P.294
新路尾	sin1 loo7 be2（bue2）		陳國章 P.294
新寮	sin1 liau5		陳國章 P.294
新寮子	sin1 liau5 a2		陳國章 P.295
新寮山	sin1 liau4 suann1		陳國章 P.295
新樓仔腳	sin1 lau5 a2 kha1		陳國章 P.295
新興	sin1 hing1		陳國章 P.295
新興庄	sin1 hing1 cng1		陳國章 P.295
新興坑	sin1 hing1 khinn1		陳國章 P.295
新興街	sin1 hing1 ke1		陳國章 P.295
新興寮	sin1 hing1 liau5		陳國章 P.295
新頭港子	sin1 thau5 kang2 a2		陳國章 P.295
新營	sin1 iann5		陳國章 P.295
新廍	sin1 phoo7		陳國章 P.294
新廍子	sin1 phoo7 a2		陳國章 P.294
暗坑	am3 khenn1		陳國章 P.299
暗坑仔	am3 khenn1 a2		陳國章 P.299

暗街仔街	am3 khenn1 a2 ke1		陳國章 P.299
暗影	am3 iann2		陳國章 P.299
暗潭	am3 tham5		陳國章 P.299
暗潭坑	am3 tham5 khinn1（khenn1）		陳國章 P.299
楠仔	lam5 a2		安倍明義 P.248
楠仔坑	lam5 a2 khenn1		陳國章 P.298
楠仔樹腳	lam5 a2 chiu7 kha1		陳國章 P.298
楠西	lam5 se1	茄拔山後	安倍明義 P.215
楠梓	lam5 cu2	楠梓坑街	安倍明義 P.248
楊厝	iunn5 chu3		陳國章 P.299
楊厝坑	iunn5 chu3 khinn1		陳國章 P.300
楊桃園	iunn5 to5 hng5		陳國章 P.300
楊桃腳	iunn5 to5 kha1		陳國章 P.300
楓子林	png1 a2 na5		陳國章 P.295
楓仔埔	png1 a2 poo1		陳國章 P.295
楓樹坑	png1 chiu7 khinn1（khenn1）		陳國章 P.295
楓樹湖	png1 chiu7 oo5		陳國章 P.295
楓樹橋	png1 chiu7 kio5		陳國章 P.296
楓樹腳	png1 chiu7 kha1		陳國章 P.295
楓櫃斗湖	hong1 kui7 tau2 oo5		陳國章 P.296
楛柃腳	khoo2 ling7 kha1		陳國章 P.299
溝子口	kau1 a2 khau2		陳國章 P.287
溝子墘	kau1 a2 kinn5		陳國章 P.287
溝內	kau1 lai7		陳國章 P.287
溝心	kau1 sim1		陳國章 P.287
溝仔底	kau1 a2 tue2（te2）		陳國章 P.287
溝仔墘	kau1 a2 kinn5		陳國章 P.287
溝皂	kau1 co5		陳國章 P.287
溝坪	kau1 phiann5		陳國章 P.287
溝墘	kau1 kinn5		陳國章 P.288
溫州寮	un1 ciu1 liau5		陳國章 P.297
溫厝角	un1 chu3 kak4		陳國章 P.276

溫厝廍	un1 chu3 phoo7		陳國章 P.298
溫溝	un3 kau1		陳國章 P.298
溫寮仔	un3 liau5 a2		陳國章 P.298
溫燒厝	un1 sio1 chu3		陳國章 P.297
溪口	khue1（khe1）khau2	雙溪口	安倍明義 P.226
溪口厝	khe1 khau2 chu3		安倍明義 P.185
溪子口	khue1 a2 khau2		陳國章 P.279
溪子頂	khe1 a2 ting2		陳國章 P.279
溪子墘	khe1 a2 kinn5		陳國章 P.279
溪心	khe1 sim1		陳國章 P.280
溪心寮	khe1 sim1 liau5		陳國章 P.280
溪仔田	khe1 a2 chan5		陳國章 P.280
溪仔尾	khue1 a2 be2		陳國章 P.280
溪仔底	khe1 a2 te2		陳國章 P.280
溪仔墘	khue1 a2 kinn5		陳國章 P.280
溪北	khe1 pak4		陳國章 P.280
溪州	khe1 ciu1		陳國章 P.280
溪州子	khe1 ciu1 a2		陳國章 P.280
溪尾	khe1 be2		陳國章 P.280
溪尾寮	khe1 bue2 liau5		陳國章 P.280
溪沙尾	khue1 sua1 be2		陳國章 P.281
溪角	khe1 kak4		陳國章 P.280
溪底	khue1（khe1）tue2（te2）		陳國章 P.281
溪底大庄	khe1 te2 tua7 cng1		陳國章 P.281
溪底子	khe1 te2 a2		陳國章 P.281
溪底仔	khue1（khe1）tue2（te2）a2		陳國章 P.281
溪底城	khe1 te2 siann5		陳國章 P.281
溪底寮	khe1 te2 liau5		陳國章 P.281
溪底寮仔	khe1 te2 liau5 a2		陳國章 P.281
溪南	khe1 lam5		陳國章 P.282
溪南寮	khe1 lam5 liau5		陳國章 P.282
溪洲	khue1（khe1）ciu1		陳國章 P.281

溪洲子	khue1（khe1）ciu1 a2		陳國章 P.281
溪洲子尾	khe1 ciu1 a2 bue2		陳國章 P.281
溪洲子寮	khe1 ciu1 a2 liau5		陳國章 P.282
溪洲底	khue1 ciu1 tue2		陳國章 P.282
溪洲頭	khue1 ciu1 thau5		陳國章 P.282
溪埔	khe1 poo1		陳國章 P.282
溪埔仔	khe1 poo1 a2		陳國章 P.282
溪埔厝寮	khe1 poo1 chu3 liau5		陳國章 P.282
溪埔寮	khe1 poo1 liau5		陳國章 P.282
溪崁頭	khe1 kham3 thau5		陳國章 P.282
溪頂	khue1 ting2		陳國章 P.282
溪頂寮	khe1 ting2 liau5		陳國章 P.282
溪湖	khue1（khe1）oo5		陳國章 P.282
溪墘	khue1（khe1）kinn5		陳國章 P.283
溪墘厝	khe1 kinn5 chu3		陳國章 P.283
溪墘寮	khue1（khe1）kinn5 liau5		陳國章 P.283
溪頭	khue1（khe1）thau5		陳國章 P.283
溪頭仔	khue1 thau5 a2		陳國章 P.283
照安寮	ciau3 an1 liau5		陳國章 P.299
照門	cio3 mng5		安倍明義 P.142
獅子角	sai1 a2 kak4		陳國章 P.288
獅子頭	sai1 a2 thau5		陳國章 P.288
獅子頭山	sai1 a2 thau5 suann1		陳國章 P.288
獅子頭山	sai1 a2 thau5 suann1		陳國章 P.288
獅仔尿	sai1 a2 jiu7		陳國章 P.288
獅仔頭	sai1 a2 thau5		陳國章 P.288
獅尾	sai1 be2（bue2）		陳國章 P.288
獅尾屈	sai1 bue2 khut4		陳國章 P.288
獅形	sai1 hing5		陳國章 P.288
獅形後	sai1 hing5 au7		陳國章 P.288
獅球嶺	sai1 kiu5 nia2		陳國章 P.288
獅毬嶼	sai1 kiu5 su7		安倍明義 P.324

獅潭	sai1 tham5		陳國章 P.288
獅頭	sai1 thau5		陳國章 P.289
獅頭山	sai1 thau5 suann1		陳國章 P.289
獅頭驛	sai1 thau5 ik8		安倍明義 P.160
瑞芳	sui2 hong1		安倍明義 P.113
當店口	tng3 tiam3 khau2		陳國章 P.299
禁山	kim3 suann1		陳國章 P.279
萬人堆	ban7 jin5 tui1		陳國章 P.279
萬人堆鼻	ban7 jin5 tui1 phinn7		陳國章 P.279
萬丹	ban7 tan1		安倍明義 P.275
萬里橋	ban7 li2 kio2		安倍明義 P.319
萬厝	ban7 chu3		陳國章 P.279
萬盛	ban7 sing7		陳國章 P.279
萬順寮	ban7 sun7 liau5		陳國章 P.279
萬源一坑	ban7 guan5 it4 khenn1		陳國章 P.279
萬源二坑	ban7 guan5 ji7 khenn1		陳國章 P.279
萬源口	ban7 guan5 khau2		陳國章 P.279
義民埔	gi7 bin5 poo1		陳國章 P.298
義民街	ti7 bin5 kue1（ke1）		陳國章 P.298
義竹	gi7 tik4	義竹圍	安倍明義 P.243
義學	gi7 hak8		安倍明義 P.137
腳踏港	kha1 tah8 kang2		陳國章 P.259
腦窟寮	lo2 khut1 liau5		陳國章 P.301
腦寮坑	lo2 liau5 khinn1（khenn1）		陳國章 P.301
葫蘆洲	hoo5 loo5 ciu1		陳國章 P.302
葫蘆堵	hoo5 loo5 too2		陳國章 P.302
葉子寮	iap8 a2 liau5		陳國章 P.297
葉仔巷	hioh8 a2 hang7		陳國章 P.297
葉圳	iap8 cun3		陳國章 P.297
葉厝	iap8 chu3		陳國章 P.297
葉厝甲	iap8 chu3 kah4		陳國章 P.297
葡萄園	pho5 to5 hng5		陳國章 P.301

董厝	tang2 chu3		陳國章 P.299
蜈蚣崙	gia5 kang1 lun7		陳國章 P.301
蜈蚣窟	gia5 kang1 khut4		陳國章 P.301
蜈蜞埔	go5 khi5 poo1		陳國章 P.301
蜈蜞溝	go5 khi5 kau1		陳國章 P.301
蜈蜞潭	go5 khi5 tham5		陳國章 P.301
蜂仔坑	phang1 a2 khinn1（khenn1）		陳國章 P.298
衙門口	ge5 mng5 khau2		陳國章 P.299
詹厝	ciam1 chu3		陳國章 P.297
詹厝子	ciam1 chu3 a2		陳國章 P.297
詹厝園	ciam1 chu3 huinn5		陳國章 P.297
賊仔市	chat8 a2 chi7		陳國章 P.298
賊走路	chat8 cau2 loo7		陳國章 P.298
賊洞	chat8 tong7		陳國章 P.298
路上厝	loo7 siong7 chu3		陳國章 P.296
路口厝	loo7 khau2 chu3		陳國章 P.296
路仔頭	loo7 a2 thau5		陳國章 P.296
路竹	loo2 tik4	半路竹	安倍明義 P.250
路尾	loo7 bue2		陳國章 P.296
路東	loo7 tang1		陳國章 P.296
過山	kue3 suann1		陳國章 P.284
過山仔	kue3 suann1 a2		陳國章 P.284
過田	ke3（kue3）chan5		陳國章 P.284
過田子	kue3 chan5 a2		陳國章 P.284
過圳	ke3（kue3）cun3		陳國章 P.284
過圳子	ke3 cun3 a2		陳國章 P.284
過羊子	kue3 iunn5 a2		陳國章 P.284
過坑	kue3 khenn1		陳國章 P.284
過坑仔	kue3 khenn1 a2		陳國章 P.284
過車路	ke3（kue3）chia1 loo7		陳國章 P.284
過洋埔	kue3 iunn5 poo1		陳國章 P.284
過埤	ke3 pi1		陳國章 P.285

過埤子	kue3 pi1 a2		陳國章 P.285
過埤仔	kue3 pi1 a2		陳國章 P.285
過崎	kue3 kia7		陳國章 P.285
過崙	ke3 lun7		陳國章 P.285
過崙子	ke3 lun7 a2		陳國章 P.285
過景	ke3 king2		陳國章 P.285
過港	ke3（kue3）kang2		陳國章 P.285
過港子	ke3（kue3）kang2 a2		陳國章 P.285
過港仔	kue3 kang2 a2		陳國章 P.285
過港坪	ke3（kue3）kang2 pinn5（penn5）		陳國章 P.285
過湖	ke3 oo5		陳國章 P.285
過溝	ke3（kue3）kau1		陳國章 P.285
過溝子	kue3 kau1 a2		陳國章 P.286
過溝仔	ke3（kue3）kau1 a2		陳國章 P.286
過溝仔內	kue3 kau1 a2 lai7		陳國章 P.286
過溪	kue3 khe1		陳國章 P.286
過溪子	kue3 khe1 a2		陳國章 P.286
過溪仔	kue3 khe1 a2		陳國章 P.286
過溪城	kue3 khe1 siann5		陳國章 P.286
過路子	kue3 loo7 a2		陳國章 P.286
過鞍子	kue3 uann1 a2		陳國章 P.286
過鞍仔崎	kue3 uann1 a2 kia7		陳國章 P.286
過橋	kue3 kio5		陳國章 P.286
過橋坑	ke3 kio5 khinn1		陳國章 P.287
過嶺	kue3 nia2		陳國章 P.287
過廊	kue3 phoo7		陳國章 P.286
隘丁	ai3 ting1		陳國章 P.278
隘丁城	ai3 ting1 siann5		陳國章 P.278
隘丁寮	ai3 ting1 liau5		陳國章 P.278
隘丁嶺	ai3 ting1 nia2		陳國章 P.278
隘口	ai3 khau2		陳國章 P.278
隘口寮	ai3 khau2 liau5		陳國章 P.278

隘門	ai3 mng5		陳國章 P.278
隘門仔	ai3 mng5 a2		陳國章 P.278
隘門仔腳	ai3 mng5 a2 kha1		陳國章 P.278
隘寮	ai3 liau5		陳國章 P.278
隘寮埔	ai3 liau5 poo1		陳國章 P.278
隘寮頂	ai3 liau5 ting2		陳國章 P.278
隘寮腳	ai3 liau5 kha1		陳國章 P.278
隘頭	ai3 thau5		陳國章 P.279
雷公火	lui5 kong1 hue2		安倍明義 P.299
雷公地	lui5 kong1 tue7（te7）		陳國章 P.297
雷公埤	lui5 kong1 pi1		陳國章 P.297
雷厝	lui5 chu3		陳國章 P.297
鼓山	koo2 suann1		陳國章 P.287
銃櫃	ching3 kui7		安倍明義 P.192
銃櫃坪	ching3 kui7 pinn5（penn5）		陳國章 P.307
十 四 劃			
皷山	koo1 san1		安倍明義 P.254
榔榔	khong1 long5		安倍明義 P.140
榔榔林	khong1 long5 na5		陳國章 P.313
榔榔崙	khong1 long5 lun7		陳國章 P.313
榔榔港	khong1 long5 kang2		陳國章 P.313
榔榔腳	khong1 long5 kha1		陳國章 P.313
嘉盛	ka1 siann7		安倍明義 P.162
嘉義	ka1 gi7	諸羅	安倍明義 P.224
塹溝	cam7 kau1		陳國章 P.307
夢仔埔項	bong7 a2 poo1 thau5		陳國章 P.304
廖厝	liau7 chu3		陳國章 P.307
廖廓子	liau7 phoo7 a2		陳國章 P.307
彰化	ciong1 hua3		陳國章 P.303
摸奶巷	moo1 ni1 hang7		陳國章 P.304
摸乳巷	moo1 lin1 hang7		陳國章 P.304
旗山	ki5 san1	蕃薯寮、太平庄	安倍明義 P.253

旗仔崙	ki5 a2 lun7		陳國章 P.304
旗尾山	ki5 bue2 san1		安倍明義 P.254
旗杆腳	ki5 kuann1 kha1		陳國章 P.305
旗後	ki5 au7		陳國章 P.305
旗後山	ki5 au7 suann1		陳國章 P.305
旗桿厝	ki5 kuann1 chu3		陳國章 P.305
旗桿腳	ki5 kuann1 kha1		陳國章 P.305
榮泰厝	eng5 thai3 chu3		陳國章 P.307
槓仔寮	kong1 a2 liau5		陳國章 P.305
槓仔藔	kong1 a2 liau5		陳國章 P.305
槍櫃仔	ching3 kui7 a2		陳國章 P.307
漳州里	ciang1 ciu1 li2		陳國章 P.306
漳州寮	ciang1 ciu1 liau5		陳國章 P.306
漳浦厝	ciunn1 phoo2 chu3		陳國章 P.306
滾水坪	kun2 cui2 phiann5		陳國章 P.304
滴水子	tih4 cui2 a2		陳國章 P.303
滴水崁	tih4 cui2 kham3		陳國章 P.304
溧仔底	lap4 a2 te2		陳國章 P.304
溧底	lap4 te2		陳國章 P.304
漁翁島	ho5 ong1 to2		陳國章 P.307
熊空山	him5 khang1 suann1		陳國章 P.306
磁磘	hui5 io5		陳國章 P.313
福州山	hok4 ciu1 suann1		陳國章 P.305
福州厝	hok4 ciu1 chu3		陳國章 P.305
福州街	hok4 ciu1 ke1		陳國章 P.305
福星山	hok4 sing1 suann1		陳國章 P.305
福星里	hok4 sing1 li2		陳國章 P.305
福德坑	hok4 tik4 khinn1（khenn1）		陳國章 P.305
福德洋	hok4 tik4 iunn5		陳國章 P.306
福德埔	hok4 tik4 poo1		陳國章 P.306
福德街	hok4 tik4 ke1		陳國章 P.306
福興	hok4 hing1		陳國章 P.306

網仔埕	bang7 a2 tiann5		陳國章 P.304
網垵	bang7 uann1		陳國章 P.304
網罟寮	bang7 koo1 liau5		陳國章 P.304
網寮	bang7 liau5		陳國章 P.304
臺東	tai5 tang1	寶桑、卑南街	安倍明義 P.284
臺南	tai5 lam5	赤嵌	安倍明義 P.207
蒜頭	suan3 thau5		安倍明義 P.241
蒜頭寮	suan3 thau5 liau5		陳國章 P.307
趙厝	tio7 chu3		陳國章 P.307
酸柑湖	sng1 kam1 oo5		陳國章 P.307
銅安厝	tang5 uann1 chu3		陳國章 P.306
銅鑼	tong5 lo5	銅鑼灣庄	安倍明義 P.163
銅鑼圈	tang5 lo5 khuan5		陳國章 P.306
隙仔	khiah4 a2		陳國章 P.304
隙仔山	khiah4 a2 suann1		陳國章 P.304
隙頂	khiah4 ting2		陳國章 P.304
隙頂山	khiah4 ting2 suann1		陳國章 P.304
鳶山	ba7 hioh8 saunn1		陳國章 P.302
鳳山	hong7 suann1		陳國章 P.303
鳳山崎	hong7 suann1 kia7	紅毛港	安倍明義 P.141
鳳形山	hong7 hing5 suann1		陳國章 P.303
鳳鼻山	hong7 phinh1 suann1		安倍明義 P.252
鳳鼻頭	hong7 phinn7 thau5		陳國章 P.303
鼻子頭	phinn7 a2 thau5		陳國章 P.303
鼻頭	phinn7 thau5		陳國章 P.303
鼻頭角	phinn7 thau5 kak4		陳國章 P.303
粿葉圍	ke2（kue2）hioh8 ui5		陳國章 P.307
廍子坑	phoo7 a2 khenn1		陳國章 P.302
廍子溪	phoo7 a2 khe1		陳國章 P.302
廍仔	phoo7 a2		陳國章 P.302
廍尾	phoo7 bue2		陳國章 P.302

廍亭山	phoo7 ting5 suann1		陳國章 P.303
廍前寮	phoo7 cing5 liau5		陳國章 P.303
廍後	phoo7 au7		陳國章 P.302
廍腳	phoo7 kha1		陳國章 P.303
廍邊	phoo7 pinn1		陳國章 P.303
十 五 劃			
蔴竹湖	mua5 tik4 oo5		陳國章 P.310
蔴竹湖仔	mua5 tik4 oo5 a2		陳國章 P.310
蔴園簝	mua5 hng5 liau5		陳國章 P.311
劉厝	lau5 chu3		陳國章 P.310
劉厝坑	lau5 chu3 khinn1（khenn1）		陳國章 P.310
劉厝莊	lau5 chu3 cng1		陳國章 P.310
劍潭	ciam3 tham5		安倍明義 P.99
寮子	liau5 a2		陳國章 P.308
寮子廍	liau5 a2 phoo7		陳國章 P.308
寮前	liau5 cing5		陳國章 P.308
廟口	bio7 khau2		陳國章 P.308
廣東山	kng2 tang1 suann1		陳國章 P.312
廣東厝	kng2 tang1 chu3		陳國章 P.312
廣東墓	kng2 tang1 boo7		陳國章 P.312
德高嶺	tik4 ko1 nia2		陳國章 P.312
撫台街	hu2 tai5 ke1	京町及大和町	安倍明義 P.96
樟空	ciunn1 khang1		陳國章 P.311
樟空子	ciunn1 khang1 a2		陳國章 P.311
樟空湖	ciunn1 khang1 oo5		陳國章 P.311
樟栳寮	ciunn1 lo2 liau5		陳國章 P.311
樟栳寮坪	ciunn1 lo2 liau5 pinn5		陳國章 P.311
樟普坑	ciunn1 phoo2 khinn1（khenn1）		陳國章 P.311
樟普寮	ciunn1 phoo2 liau5		陳國章 P.311
樟湖	ciunn1 oo5		陳國章 P.311
樟腦寮	ciunn1 lo2 liau5		陳國章 P.311

樟樹山	ciunn1 chiu7 suann1		陳國章 P.311
樟樹林	ciunn1 chiu7 na5		陳國章 P.311
樟樹窟	ciunn1 chiu7 khut4		陳國章 P.312
樟樹灣	ciunn1 chiu7 uan1		陳國章 P.312
樟腳	ciunn1 kha1		陳國章 P.311
樓子厝	lau5 a2 chu3		安倍明義 P.138
樓仔腳	lau5 a2 kha1		陳國章 P.309
樊厝	huan5 chu3		陳國章 P.312
歐厝	au1 chu3		陳國章 P.309
潭子	tham5 a2	潭仔墘	安倍明義 P.173
潭子內	tham5 a2 lai7		陳國章 P.308
潭子墘	tham5 a2 kinn5		陳國章 P.308
潭內	tham5 lai7		陳國章 P.308
潭仔墘	tham5 a2 kinn5		陳國章 P.308
潭底	tham5 te2		陳國章 P.308
潭底子	tham5 te2 a2		陳國章 P.308
潭後	tham5 au7		陳國章 P.308
潭頂	tham5 ting2		陳國章 P.308
潭墘	tham5 kinn5		陳國章 P.308
潮州	tio5 ciu1		陳國章 P.309
潮州寮	tio5 ciu1 liau5		陳國章 P.310
潮洋	tio5 iunn5		陳國章 P.310
潮洋厝	tio5 iunn5 chu3		陳國章 P.310
潮洋厝竹圍子	tio5 iunn5 chu3 tik4 ui5 a2		陳國章 P.310
澎湖	phenn5 oo5		安倍明義 P.327
澎湖市場	phinn5（phenn5）oo5 chi7 tiunn5		陳國章 P.312
澎湖社	phinn5（phenn5）oo5 sia7		陳國章 P.312
澎湖厝	phinn5（phenn5）oo5 chu3		陳國章 P.313
潘厝	phuann1 chu3		陳國章 P.312
盤山坑	puann5 suann1 khinn1（khenn1）		陳國章 P.309
磅空口	pong7 khang1 khau2		陳國章 P.312
稻子園坑	tiu7 a2 hng5 khinn1		陳國章 P.309

箭竹坑	cinn3 tik4 khinn1（khenn1）		陳國章 P.310
線西	suann3 sai1	下見口庄	安倍明義 P.184
線西堡	suann3 sai1 po2		安倍明義 P.184
蔗廍	cia3 phoo7		陳國章 P.313
蔗廍田	cia3 phoo7 chan5		陳國章 P.313
蔗廍坑	cia3 phoo7 khinn1（khenn1）		陳國章 P.313
蓮池潭	lian5 ti5 tham5		陳國章 P.311
蓮埤湖	lian5 pi1 oo5		陳國章 P.311
蓮霧宅仔	lian2 bu7 theh8 a2		陳國章 P.311
蔣厝	ciunn2 chu3		陳國章 P.312
蔡厝	chua3 chu3		陳國章 P.309
蔡厝角	chua3 chu3 kak4		陳國章 P.309
蔡厝巷	chua3 chu3 hang7		陳國章 P.309
蔡厝寮	chua3 chu3 liau5		陳國章 P.309
蓬荣寮	hong5 chai3 liau5		陳國章 P.313
褒子寮	pu5 a2 liau5		陳國章 P.309
褒忠廟	po1 tiong1 bio2		安倍明義 P.142
豬戶	tu1 hoo7		陳國章 P.321
豬肚潭	ti1 too7 tham5		陳國章 P.275
豬哥寮崎	ti1 ko1 liau5 kia7		陳國章 P.275
豬歌莊	tu1 ko1 cng1		陳國章 P.321
豬歌窟	tu1 ko1 khut4		陳國章 P.322
豬槽潭	ti1 co5 tham5		陳國章 P.275
鄭子寮	tenn7 a2 liau5		陳國章 P.309
鄭厝	tinn7 chu3		陳國章 P.309
鄧厝	ting7 chu3		陳國章 P.312
蔦松	chiau2 ching5		陳國章 P.311
十 六 劃			
學仔口	oh8 a2 khau2		陳國章 P.322
學仔內	oh8 a2 lai7		陳國章 P.322
學仔底	oh8 a2 te2		陳國章 P.322
學甲	hak8 hah4		陳國章 P.322

學甲寮	hak8 hah4 liau5		陳國章 P.322
學校口	hak8 hau7 khau2		陳國章 P.323
學校腳	hak8 hau7 kha1		陳國章 P.323
橫山	huainn5 suann1		陳國章 P.317
橫山仔	huainn5 suann1 a2		陳國章 P.317
橫圳	huinn5（huainn5）cun3		陳國章 P.317
橫坑	huainn5 khenn1		陳國章 P.317
橫坑子	huainn5 khenn1 a2		陳國章 P.317
橫溪	huinn5（huainn5）khue1（khe1）		陳國章 P.317
樹子腳	chiu7 a2 kha1		陳國章 P.320
樹仔腳	chiu7 a2 kha1		陳國章 P.320
樹林	chiu7 na5		陳國章 P.320
樹林口	chiu7 na5 khau2		陳國章 P.320
樹林仔	chiu7 na5 a2		陳國章 P.320
樹林仔腳	chiu7 na5 a2 kha1		陳國章 P.320
樹林頭	chiu7 na5 thau5		陳國章 P.320
樹梅坑	chiu7 m5 khinn1（khenn1）		陳國章 P.321
樹梅嶺	chiu7 m5 nia2		陳國章 P.321
樹腳林	chiu7 a2 na5		陳國章 P.320
樹腳	thiu7 kha1		陳國章 P.320
橄仔腳	kann1 a2 kha1		陳國章 P.323
橋子頭	kio2 a2 thau5	橋仔頭	安倍明義 P.248
橋頭	kio5 thau5		陳國章 P.321
橋頭子	kio5 thau5 a2		陳國章 P.321
橋頭寮	kio5 thau5 liau5		陳國章 P.321
濁水	lo5 cui2		陳國章 P.321
濁水山	lo5 cui2 suann1		陳國章 P.321
濁水坑	lo5 cui2 khenn1		陳國章 P.321
濁水坑溪	lo5 cui2 khenn1 khe1		陳國章 P.321
濁水溪	lo5 cui2 khe1		陳國章 P.321
澳仔內	o3 a2 lai7		陳國章 P.323
澳仔底	o3 a2 te2		陳國章 P.323

澳底	o3 te2		陳國章 P.323
澹水溪墘	tam7 cui2 khe1 kinn5		安倍明義 P.255
盧竹圍	loo5 tik4 ui5		陳國章 P.335
盧厝	loo5 chu3		陳國章 P.324
盧厝挖	loo5 chu3 uat4		陳國章 P.324
磚子井	cng1 a2 cenn2		安倍明義 P.216
磚子厝	cng1 a2 chu3		安倍明義 P.137
磚子磘	cng1 a2 io5		安倍明義 P.252
興化坑	hing1 hua3 khinn1（khenn1）		陳國章 P.322
興化店	hing1 hua3 tiam3		陳國章 P.322
興化厝	hing1 hua3 chu3		陳國章 P.322
興化寮	hing1 hua3 liau5		陳國章 P.322
興化廍	hing1 hua3 phoo7		陳國章 P.322
興化廍山頂	hing1 hua3 phoo7 suann1 ting2		陳國章 P.322
興南	hing1 lam5		陳國章 P.322
興寮	hing1 liau5		陳國章 P.322
蕃社口	huan1 sia7 khau2		安倍明義 P.183
蕃婆	huan1 po5		安倍明義 P.167
十 七 劃			
磅礴坑	lak8 tak8 khenn1		安倍明義 P.254
蕃薯市	han1 ci5 chi7		陳國章 P.324
蕃薯厝	han1 ci5 chu3		陳國章 P.324
蕃薯園	han1 cu5 hng5		陳國章 P.324
蕃薯園仔	han1 cu5 hng5 a2		陳國章 P.324
蕃薯寮	han1 cu5（ci5）liau5		陳國章 P.324
蕃薯寮坑	han1 ci5 liau5 khenn1		陳國章 P.324
蕃薯寮坑溪	han1 ci5 liau5 khenn1 khe1		陳國章 P.324
蕃薯蒌	han1 ci5 liau5		陳國章 P.324
蕭竹仔腳	siau1 tik4 a2 kha1		陳國章 P.328
蕭厝	siau1 chu3		陳國章 P.328
蕭厝坑	siau1 chu3 khenn1		陳國章 P.329
貓子坑	ba5 a2 khenn1		安倍明義 P.280

貓仔社	ba5 a2 kiu5 su7		安倍明義 P.280
貓空	niau1 khang1		陳國章 P.275
貓鼻頭	niau1 phinn1 thau5		陳國章 P.275
賴厝	lua7 chu3		陳國章 P.323
賴厝園仔	lua7 chu3 hng5 a2		陳國章 P.323
賴厝廊	lua7 chu3 phoo7		陳國章 P.323
頭人埔山	thau5 lang5 poo1 suann1		陳國章 P.313
頭巾嶼	thau5 kun1 su7		陳國章 P.313
頭份	thau5 hun7		陳國章 P.314
頭份仔	thau5 hun7 a2		陳國章 P.314
頭份林	thau4 hun7 na5		陳國章 P.314
頭竹圍	thau5 tik4 ui5		陳國章 P.314
頭汴	thau5 pan7		陳國章 P.314
頭汴坑	thau5 pan7 khenn1		陳國章 P.314
頭板橋	thau5 pan2 kio5		陳國章 P.314
頭社	thau5 sia7		陳國章 P.314
頭股	thau5 koo2		陳國章 P.314
頭前	thau5 cing5		陳國章 P.314
頭前仔	thau5 cing5 a2		陳國章 P.314
頭前田	thau5 cing5 chan5		陳國章 P.314
頭前竹圍	thau5 cing5 tik4 ui5		陳國章 P.314
頭前李	thau5 cing5 li2		陳國章 P.314
頭前洋	thau5 cing5 iunn5		陳國章 P.314
頭前厝	thau5 cing5 chu3		陳國章 P.315
頭前厝仔	taho5 cing5 chu3 a2		陳國章 P.315
頭前埔	taho5 cing5 poo1		陳國章 P.314
頭前許	thau5 cing5 khoo2		陳國章 P.315
頭前溝	thau5 cing5 kau1		陳國章 P.315
頭前溪	thau5 cing5 khue1（khe1）		陳國章 P.315
頭前窟底	thau5 ching5 khut4 te2		陳國章 P.315
頭前寮	thau5 cing5 liau5		陳國章 P.315
頭城	thau5 siann5		陳國章 P.315

頭重埔	thau5 ting5 poo1		陳國章 P.315
頭重溪	thau5 ting5 khue1（khe1）		陳國章 P.315
頭家厝	thau5 ke1 chu3		陳國章 P.315
頭埤	thau5 pi1		陳國章 P.315
頭堵	thau5 too2		陳國章 P.316
頭崙	thau5 lun7		陳國章 P.316
頭張	thau5 tiunn1		陳國章 P.316
頭圍	thau5 ui5		陳國章 P.316
頭港	thau5 kang2		陳國章 P.316
頭湖	thau5 oo5		陳國章 P.316
頭溝	thau5 kau1		陳國章 P.316
頭溝水	thau5 kau1 cui2		陳國章 P.316
頭寮	thau5 liau5		陳國章 P.316
頭橋	thau5 kio5		陳國章 P.316
鴨母寮	ah4 bo2 liau5		陳國章 P.323
鴨母寮仔	ah4 bo2 liau5 a2		陳國章 P.323
鴨母坔	ah4 bo2 lam3		陳國章 P.323
龍口町	ling5 khau2 ting1	1919 年稱龍匣口	安倍明義 P.96
龍山	ling5（liong5）suann1		陳國章 P.318
龍山腳	ting5（liong5）suann1 kha1		陳國章 P.318
龍井	liong5 cenn2	茄投庄	安倍明義 P.179
龍目井	liong5 bak8 cenn1		陳國章 P.318
龍安坡店仔	liong5 an1 pi1 tiam3 a2		陳國章 P.318
龍岩	ling5 na5		陳國章 P.318
龍岩厝	ling5 na5 chu3		陳國章 P.318
龍崎	liong5 kia7		安倍明義 P.211
龍眼宅	ling5 ging2 theh8		陳國章 P.319
龍眼林	ling5 ging2 na5		陳國章 P.319
龍眼腳	ling5 ging2 kha1		陳國章 P.319
龍潭	liong5 tham5	龍潭坡	安倍明義 P.149
龍潭坡	liong5 tham5 pi1		陳國章 P.319
龍頭山	ling5 thau5 suann1		陳國章 P.319

龍巒潭	ling5 luan5 tham5		安倍明義 P.280
龜子山	ku1 a2 suann1		陳國章 P.317
龜子頭	ku1 a2 thau5		陳國章 P.317
龜山	ku1 suann1		陳國章 P.317
龜山仔腳	ku1 suann1 a2 kha1		陳國章 P.317
龜山島	ku1 suann1 too2		陳國章 P.317
龜山頭	ku1 suann1 thau5		陳國章 P.317
龜仔山	ku1 a2 suann1		陳國章 P.318
龜穴	ku1 hiat8		陳國章 P.318
龜卵島	ku1 nng7 to2		陳國章 P.318
龜坑	ku1 khenn1		陳國章 P.318
龜洞	ku1 tong1		安倍明義 P.211
龜殼	ku1 khak4		陳國章 P.318
龜潭	ku1 tham5		陳國章 P.318
鮎鯰坑	ko1 tai1 khinn1		陳國章 P.324
嶺口	nia2 khau2		陳國章 P.325
嶺尾	nia2 be2（bue2）		陳國章 P.325
嶺頂	nia2 ting2		陳國章 P.325
嶺腳	nia2 kha1		陳國章 P.326
嶺腳寮	nia2 kha1 liau5		陳國章 P.326
彌陀	bi5 lo5	彌陀港	安倍明義 P.250
應菜埔	ing3 chai3 poo1		陳國章 P.336
戴厝	te3 chu3		陳國章 P.329
濫子	lam3 a2		陳國章 P.325
濫仔底	lam3 a2 tue2（te2）		陳國章 P.325
濫心	lam3 sim1		陳國章 P.325
濫庄	lam3 cng1		陳國章 P.325
濫坑	lam3 khinn1（khenn1）		陳國章 P.325
濫坑口	lam3 khenn1 khau2		陳國章 P.325
濫坑仔	lam3 khinn1（khenn1）a2		陳國章 P.325
濫尾	lam3 bue2		陳國章 P.325
濫底	lam3 te2		陳國章 P.325

濫頭	lam7 thau5		安倍明義 P.276
濫頭路	lam3 thau5 loo7		陳國章 P.325
營仔埔	iann5 a2 poo1		陳國章 P.327
營前	iann5 cing5		陳國章 P.327
營後	iann5 au7		陳國章 P.327
營埔	iann5 poo1		陳國章 P.327
營頂	iam5 ting2		陳國章 P.327
營盤	iann5 puann5		陳國章 P.328
營盤口	iann5 puann5 khau2		陳國章 P.328
營盤內	iann5 puann5 lai7		陳國章 P.328
營盤坑	iann5 puann5 khinn1（khenn1）		陳國章 P.328
營盤前	iann5 puann5 ching5		陳國章 P.328
營盤後	iann5 puann5 au7		陳國章 P.328
營盤埔	iann5 puann5 poo1		陳國章 P.328
營盤園	iann5 puann5 hng5（huinn5）		陳國章 P.328
營盤腳	iann5 puann5 kha1		陳國章 P.328
營盤邊	iann5 puann5 pinn1		陳國章 P.328
營頭	iann5 thau5		陳國章 P.328
礦田仔	hong5 chan5 a2		陳國章 P.326
礦田尾	hong5 chan5 be2（bue2）		陳國章 P.326
礦田崁	hong5 chan5 kham3		陳國章 P.327
礦田頭	hong5 chan5 thau5		陳國章 P.327
礦坑	hong5 khenn1		陳國章 P.327
礦坑內	hong5 khinn1（khenn1）lai7		陳國章 P.327
礦港	hong5 kang2		陳國章 P.327
礦港後	hong5 kang2 au7		陳國章 P.327
礦港埔	hong5 kang2 poo1		陳國章 P.327
礦溪	hong5 khe1		陳國章 P.327
礦溪子	hong5 khue1（khe1）a2		陳國章 P.327
礦溪頭	hong5 khe1 thau5		陳國章 P.327
礁坑	ta1 khenn1		陳國章 P.329
礁坑子	ta1 khenn1 a2		陳國章 P.329

礁溪	ta1 khe1		陳國章 P.329
礁溪子	ta1 khe1 a2		陳國章 P.329
糞箕湖	pun3 ki1 oo5		陳國章 P.329
糞箕湖山	pun3 ki1 oo5 suann1		陳國章 P.329
舉人坪	ku2（ki2）jin5 pinn5（penn5）		陳國章 P.324
薑林	cionn1 na5		安倍明義 P.276
薑麻坑	kiunn1 mua5 khinn1（khenn1）		陳國章 P.328
薯榔寮	cu5 nng5 liau5		陳國章 P.334
謝子寮	sia7 a2 liau5		陳國章 P.326
謝厝	sia7 chu3		陳國章 P.326
謝厝寮	sia7 chu3 liau5		陳國章 P.326
謝家	sia7 ka1		陳國章 P.326
檨子坑	suainn7 a2 khenn1		陳國章 P.319
檨子林	suainn7 a2 na5		陳國章 P.320
檨子林埤	suainn7 a2 na5 pi1		陳國章 P.320
檨子腳	suainn7 a2 kha1		陳國章 P.320
檨仔宅	suainn7 a2 theh8		陳國章 P.320
檨仔寮	suainn7 a2 liau5		陳國章 P.320
罾子寮	can1 a2 liau5		陳國章 P.326
罾仔寮山	can1 a2 liau5 suann1		陳國章 P.326
罾仔寮山頂	can1 a2 liau5 suann1 ting2		陳國章 P.326
罾仔寮橋頭	can1 a2 liau5 kio5 thau5		陳國章 P.326
十 八 劃			
檳榔山	pin1 nng5 suann1		陳國章 P.333
檳榔宅	pin1 nng5 theh8		陳國章 P.333
檳榔坑	pin1 nng5 khinn1		陳國章 P.334
檳榔林	pin1 nng5 na5		陳國章 P.334
檳榔園	pin1 nng5 hng5（huinn5）		陳國章 P.334
檳榔腳	pin1 nng5 kha1		陳國章 P.334
歸仁	kui1 jin5		安倍明義 P.211
舊大埔	ku7 tua7 poo1		陳國章 P.329
舊文廟	ku7 bun5 bio7		陳國章 P.329

舊北投	ku7 pak4 tau5		陳國章 P.330
舊庄	ku7 cng1		陳國章 P.330
舊里族	ku7 li2 cok8		陳國章 P.330
舊坡	ku7 pi1		陳國章 P.330
舊坡口	ku7 pi1 khau2		陳國章 P.330
舊社	ku7 sia7		陳國章 P.330
舊社街	ku7 sia7 ke1		陳國章 P.330
舊南港	ku7 lam5 kang2		安倍明義 P.226
舊城	ku7 siann5		陳國章 P.331
舊泉州厝	ku7 cuan5 ciu1 chu3		陳國章 P.330
舊眉	ku7 bai5		陳國章 P.330
舊厝	ku7 chu3		陳國章 P.331
舊莊	ku7 cng1		陳國章 P.331
舊許厝寮	ku7 khoo2 chu3 liau5		陳國章 P.331
舊港	ku7 kang2		陳國章 P.331
舊港口	ku7 kang2 khau2		陳國章 P.331
舊街	ku7 ke1		陳國章 P.331
舊塭	ku7 un3		陳國章 P.331
舊溪洲	ku7 khe1 ciu1		陳國章 P.331
舊路坑	ku7 loo7 khinn1（khenn1）		陳國章 P.331
舊寮	ku7 liau5		陳國章 P.331
舊寮山	ku7 liau5 suann1		陳國章 P.331
舊頭港子	ku7 thau5 kang2 a2		陳國章 P.331
舊營	ku7 iann5		陳國章 P.332
舊廍	ku7 phoo7		陳國章 P.331
舊廍子	ku7 phoo7 a2		陳國章 P.331
覆鼎金	phak4 tiann2 kim1		陳國章 P.333
覆鼎湖	phak4 tiann2 oo5		陳國章 P.333
醫生巷	i1 sing1 hang7		陳國章 P.333
鎖管港	su2 kng2 kang2		陳國章 P.334
雙冬	siang1 tang1		陳國章 P.332
雙冬山	siang1 tang1 suann1		陳國章 P.332

雙張部	siang1 liau5 phoo7		陳國章 P.332
雙連坡	siang1 lian5 pi1		陳國章 P.332
雙連陂	siang1 lian5 pi1		陳國章 P.332
雙連埤	siang1 lian5 pi1		陳國章 P.332
雙連潭	siang1 lian5 tham5		陳國章 P.332
雙溪	siang1 khue1（khe1）	頂雙溪	安倍明義 P.115
雙溪口	siang1 khe1 khau2		陳國章 P.332
雙溪子	siang1 khe1 a2		陳國章 P.332
雙溪仔	siang1 khe1 a2		陳國章 P.332
雙溪仔口	siang1 khe1 a2 khau2		陳國章 P.333
雙寮	siang2 liau5		安倍明義 P.178
雞籠嶼	ke1 lang5 su7		安倍明義 P.329
顏厝	gan5 chu3		陳國章 P.333
顏厝寮	gan5 chu3 liau5		陳國章 P.333
魏厝	gui7 chu3		陳國章 P.333
鯉魚山	li2 hu5（hi5）suann1		陳國章 P.333
鯉魚池	li2 hi5 ti5		陳國章 P.333
鯉魚坑	li2 hu5（hi5）khinn1（khenn1）		陳國章 P.333
鯉魚尾	li2 hi5 bue2		陳國章 P.333
鯉魚窟	li2 hi5 khut4		陳國章 P.333
鯉魚潭	li2 hi5 tham5		陳國章 P.333
鯽魚潭	chit4 hi5 tham5		陳國章 P.336
瓊子林	khing7 a2 na5		陳國章 P.334
瓊仔腳	khing7 a2 kha1		陳國章 P.334
十 九 劃			
羅安公	lo5 an1 kong1		陳國章 P.334
羅厝	lo5 chu3		陳國章 P.334
羅漢石	lo5 han3 cioh8		陳國章 P.334
藤坪	tin5 pinn5（penn5）		陳國章 P.334
關廟	kuan1 bio2	關帝廟街	安倍明義 P.211
霧峰	bu7 hong1	阿罩霧庄	安倍明義 P.168

二十劃			
寶山	po2 suann1	草山庄	安倍明義 P.156
寶斗仁	po2 tau7 ji5		安倍明義 P.156
蘆竹	loo5 tik8	蘆竹厝	安倍明義 P.147
蘆竹仔	loo5 tik4 a2		陳國章 P.335
蘆竹陂	loo5 tik4 pi1		陳國章 P.335
蘆竹厝	loo5 tik4 chu3		陳國章 P.335
蘆竹湳	loo5 tik4 lam3		陳國章 P.335
蘆竹溝	loo5 tik4 kau1		陳國章 P.335
蘆竹潭	loo5 tik4 tham5		陳國章 P.335
蘆竹濫	loo5 tik4 lam3		陳國章 P.335
蘆洲	loo5 ciu1		陳國章 P.335
蘇厝	soo1 chu3		陳國章 P.335
蘇厝內	soo1 chu3 lai7		陳國章 P.335
蘇厝寮	soo1 chu3 liau5		陳國章 P.336
蘇澳	soo1 o3		陳國章 P.336
鐘厝	ciong1 chu3		陳國章 P.329
鐘厝	ciong1 chu3		陳國章 P.335
饒平厝	jiau5 ping5 chu3		安倍明義 P.189
鹹田仔	kiam5 chan5 a2		陳國章 P.335
鹹菜坑	kiam5 chai3 khinn1（khenn1）		陳國章 P.335
二十一～二十五劃			
欄杆橋	lan5 kan1 kio5		陳國章 P.336
蘭嶼	lan5 su7（si7）		陳國章 P.336
鐵砧山	thih4 tiam1 suann1		安倍明義 P.178
鐵砧山腳	thih4 tiam1 suann1 kha1		安倍明義 P.178
鐵線橋	thih4 suann3 kio2		安倍明義 P.221
鶯歌	ing1 ko1	鶯哥石	安倍明義 P.135
櫸油林	kue1（ke1）io5 na5		陳國章 P.336
櫸油樹坑	kue1（ke1）io5 chiu7 khinn1（khenn1）		陳國章 P.336
彎街仔	uan1 kue1（ke1）a2		陳國章 P.336
歡慈市街	huan1 cu5 chi7 ke1		安倍明義 P.97

籠子寮	lang2 a2 liau5		陳國章 P.336
糞厝	king2 co3		陳國章 P.336
鹽水	iam5 chi2	鹽水港街	安倍明義 P.221
鹽水坑	kiam5 cui2 khenn1		陳國章 P.337
鹽水埔	kiam5 cui2 poo1		陳國章 P.337
鹽水埤	kiam5 cui2 pi1		陳國章 P.337
鹽水堀	kiam5 cui2 khut4		陳國章 P.337
鹽水港	kiam5 cui2 kang2		陳國章 P.337
鹽田	iam5 tiann5		陳國章 P.337
鹽地子	kiam5 te7 a2		陳國章 P.337
鹽行	iam5 hang5		陳國章 P.337
鹽埔	kiam5 poo1		陳國章 P.298
鹽埔子	kiam5 poo1 a2		陳國章 P.338
鹽埕	iam5 tiann5		陳國章 P.338
鹽埕子	iam5 tiann5 a2		陳國章 P.338
鹽埕地	iam5 tiann5 te7		陳國章 P.338
鹽埕埔	iam5 tiann5 poo1		陳國章 P.338
鹽寮	iam5 liau5		陳國章 P.338
鹽館	iam5 kuan2		陳國章 P.338
鹽館街	iam5 kuan2 khue1（khe1）		陳國章 P.298
灣子	uan1 a2		陳國章 P.338
灣子口	uan1 a2 khau2		陳國章 P.338
灣子內	uan1 a2 lai7		陳國章 P.338
灣子埔	uan1 a2 poo1		陳國章 P.338
灣子頭	uan1 a2 thau5		陳國章 P.338
灣中港	uan1 tiong1 kang2		陳國章 P.338
灣內	uan1 lai7		陳國章 P.338
灣仔內	uan1 a2 lai7		陳國章 P.338
灣角	uan1 kak4		陳國章 P.338
灣厝	uan1 chu3		陳國章 P.339
灣潭	uan1 tham5		陳國章 P.339
灣潭子	uan1 tham5 a2		陳國章 P.339

灣潭山	uan1 tham5 suann1		陳國章 P.339
灣潭尾	uan1 tham5 be2（bue2）		陳國章 P.339
灣潭頂	uan1 tham5 ting2		陳國章 P.339
灣橋	uan1 kio5		陳國章 P.339
觀音	kuan1 im1	石觀音	安倍明義 P.145
觀音山	kuan1 im1 suann1		陳國章 P.339
觀音坑	kuan1 im1 khinn1		陳國章 P.339
觀音亭	kuan1 im1 ting5		陳國章 P.339
觀音巷	kuan1 im1 hang7		陳國章 P.339

音譯地名

漢譯地名	漢 語 拼 音	漢字異 寫	語義	荷蘭戶口表	安倍明義 拼 音	出處 （1937）
凱達格蘭族（ケタガラン）						
大加蚋	tai7 ka1 lah8	大加臘	沼地		タカラア （takara）	安倍明義 P.95
了阿八里	liau2 a2 pat4 li2				リアウアパリイ （riauapari）	安倍明義 P.96
艋舺	bang2 kah4	蟒葛、蚊 甲、莽甲	獨木舟		ヴァンカ （vanka）	安倍明義 P.97
沙蔴廚	sa1 ma5 tu2	紗帽廚			サマタウ （samatau）	安倍明義 P.97
雷裡	lui5 li2	雷裏		rujryck rieuwrijck		安倍明義 P.97
奇武卒	ki5 bu2 cut4	圭母卒、 奇武仔、 奎府聚		kinoitsie kimoijtsie kimaltsion kinonthie kieuwetchie kimoitsie	ケエヴッツ （kevtsu）	安倍明義 P.98
大浪泵	tua7 long7 pong1		擬石落 水聲	pourompon pourompom paronpon paronghpot		安倍明義 P.98
貓裏即吼	ba2 li2 cik4 hau2	錫口、麻 里折口、 麻里錫口	可能是 平原	kunalitsigonwan kimatitsigowan kimalts gigawan malotsigauan kimalo tsigovan kimalitsigowan	ヴァリシヤハウ （varishiyahau） ヴァリチヤハウ （varichiyahau）	安倍明義 P.100

搭搭攸	tah4 tah4 iu5		女子頭飾		タタユウ （tatayu）	安倍明義 P.100
里族	li2 cok8			litsiouck litsiongh litsock litsouck litsyongh	リツオプ （ritsuopu）	安倍明義 P.101
峰仔峙	pang5 a2 si7	峰仔嶼		kypanas kippanas kipangas kipans kipanas	パガシイ （pagashi）	安倍明義 P.101
叭嗹港 （汐止）	pat4 lian1 kang2					安倍明義 P.101
八芝蘭	pat8 ci1 lan5		溫泉		pattsiran	安倍明義 P.102
麻少翁	ma5 siau2 ong1	毛少翁		kinassauw kimassou malsaou masiaou massou kimassouw		安倍明義 P.102
口其里岸	ki5 li2 gan7			kirragenan kernannanarma quiranganan kieranganon kerannanna	キリガン （kirigan）	安倍明義 P.102
北投	pak4 tau5		巫女	kipatauw kippatauw kipatou kipatouw	パッタオ （patsutao）	安倍明義 P.104
口夏嘮別	ha7 lah8 piat8				ハラペ（harape）	安倍明義 P.104
干豆	kan1 tau7	關渡、甘答、肩胛、墘竇			カンタウ （kantau）	安倍明義 P.104
滬尾	hoo2 be2	虎尾			ホオベエ（hobe）	安倍明義 P.105
圭柔山	ke1 jiu5 san1	雞柔山			ケイジサユン （keiziyusan）	安倍明義 P.106
大屯	tai7 tun7				ケイパットン （keipatsuton）	安倍明義 P.106
八里坌	pat8 li2 hun7			parigon parigon	パリフン （parifun）	安倍明義 P.107
雞籠	ke1 lang5				ケタガラン （ketangaran-keran）	安倍明義 P.109

馬賽	ma2 sai2				ヴアサイ（vasai）	安倍明義 P.112
金包里	kim1 pau1 li2	金包裏		kitappare	tapari 加接頭語 ki-kitapari-kipari	安倍明義 P.112
瑪陵	ma1 ling1	馬鄰		quimaurie quimaurij kimaurj	キマリ（kimari）	安倍明義 P.113
擺接	pai2 cih4	擺折		peitsie pattsij paitsij paghsij peijtsil		安倍明義 P.134
秀朗	siu3 long2	繡朗		chiron siron sijouron chiouron chieonron		安倍明義 P.134
武勝灣	bu2 la5 uan1	武溜灣		pinorouwan pinorouan pinorowan pineroan pinourourovan pinnorouan	ヴーラオアン（vraoan）	安倍明義 P.137
芝芭里	ci1 pa1 li2				チイパリイ（chipari）	安倍明義 P.144
南崁	lam5 kham3	南嵌			ナムカム（namukamu）	安倍明義 P.147
龜崙	ku1 lun5			konromanangh cournangh kouronangh	クウルン（kurun）	安倍明義 P.148
霄裡	siau1 li2			sousouly soulaleij sausaulij	シアウリイ（shiauri）	安倍明義 P.148
大姑陷	tua7 ko1 ham7				トアコオハム（toakohamu）	安倍明義 P.149
噶瑪蘭族（カヴアラン）						
哆囉里遠	to1 lo5 li2 uan2	哆囉美仔遠、哆囉妙女完		talebeauan kitallabiawan	ヒトルビアン（hitorubian）	安倍明義 P.116
蔴友鎮路	mann5 ci1 tin3 loo7	瑪辛洛、瑪立丁路、蔴薯珍洛、猫里藤角、麻里陳轆	低地、水田	kimaroetenoch maroutenoch quimatoeck	マチテンロツ（machitenrotsu）	安倍明義 P.116
抵美簡	tu2 bi2 kan2	都美幹、八知美簡、把抵女簡	浮地	patobican pattoucan patoblican	ヘッヅブカン（hetsutsubukan）	安倍明義 P.116

瑪魯火因	ma2 loo2 ian1		移居		マロヤン（maroyan）	安倍明義 P.116
南搭吝	lam5 tah4 lin7	毛搭吝	連續	kigenobutarangh kgonabtoran kigonobutorangh kigonabtoran	ヘツタリン（hetsutarin）	安倍明義 P.116
奇武暖	bu2 luan2	奇五律、幾穆蠻	川之義	baboelian baboelan kibaboloan	ヘブルワン（heburuwan）	安倍明義 P.118
新子罕	sin1 a2 han2	新仔罕、新那罕、新仔罕、新也罕、新仔羅罕	人名、河邊	sasinogan sinachan kisinnegan	ヘシナハン（heshinahan）	安倍明義 P.119
抵百葉	tu2 pah4 iap8	抵把葉、抵馬悅、都邑嫣	燒地、溫泉	kipattobbiaerquip atoebaijerpattouba ijarkipatobiaer	ヘトバイヤツ（hetobaiyatsu）トウパヤツプ（toupayatsupu）	安倍明義 P.119
奇武蘭	ki5 bu2 lan5	奇蘭武蘭、火曼魯蘭	鳩多之處	kibannoran banouran quibaran	ヒバヌラン（hibanuran）	安倍明義 P.119
奇立丹	ki5 lip8 tan1	棋立丹、幾立穆丹	鯉魚、溫泉	kimadipitan madipatan quimadieptan	ヘミジタン（hemizitan）	安倍明義 P.119
瑪僯	ma2 lin5	馬麟	死地		ヘマタリン（hematarin）	安倍明義 P.119
踏踏	tap8 tap8	達普達普	濁水、無水	tabbetab taptap tabetab kitabtab	ヘタブタブ（hetabutabu）	安倍明義 P.120
奇立板	ki5 lip8 pan2	幾立板、奇立援	沙、海岸	kipottepan kakitapan kitampan		安倍明義 P.122
新罕羅罕	sin1 han2 lo5 han2	新那嚕罕、礁礁人岸	渡船、渡涉地	sinarogan sinarochan kisinarogan	ヘシナホハン（heshinahohan）	安倍明義 P.122
貓里霧罕	ba5 li2 bu7 han2	瑪嚕穆罕、蔴里目罕	頭目名		ヘムルブハン（hemurubuhan）	安倍明義 P.122
抵美福	tu2bi2 hok4	都美鶴	雞的名產之意、泥地	tomichoch tomechoch tonnichech kitomiggogh kitamiggoch	ヘヅミホク（hetsumihoku）	安倍明義 P.122

抵美抵美	tu2 bi2 tu2 bi2	都美都美、抵密密、芝密	毒藤、草名	tabtobbe tabe tobe tobbe tobbe kitobbe tabbe	ヘヅビヅビ（hetsubidubi）	安倍明義 P.122
珍子滿力	tin1 a2 mua2 lik8	屏仔貓仔、賓那瑪立	公平	kipenabouradt pinabarat kipinnabarat	ヒバナカバッチ（hibanakabatsuchi）	安倍明義 P.122
擺厘	pai2 li2	擺離、擺里、擺立	織物的名產、埤墘	parerier	ヒパリル（hipariru）	安倍明義 P.123
吧老鬱	pa1 lau2 ut4	吧咾吻、巴老鬱	溫泉	broude paroud promode kiparaude	ヘパラウ（heparau）	安倍明義 P.123
打那岸	tann2 na2 gan7	口多囉岸	木尾木		ヘタラガン（hetaragan）	安倍明義 P.123
歪子歪	uai a2 uai	外阿外	藤	wayouway waijawaij kiwaij yawaij	ヒヤワイ（hiyawai）	安倍明義 P.124
掃笏	sau2 hut4	沙豁沙豁	大喝打腿	sagolsagol sochel sochel kisahossahoe	ヘッサウツウ、サウサウ（hetsusautsu）	安倍明義 P.124
打那岸	tann2 na1 gan7	打朗巷、達魯安、打那軒、	婦人名	tarrochan de --soedien 第一 tarougan tarrachan de --soedien tarougan	ヘタヅオアン（hetaduoan）	安倍明義 P.124
利澤簡	li7 tik8 kan2	奇澤簡、其澤簡、里德幹	休息處		ヘデカナン（hedekanan）	安倍明義 P.124
波羅辛子宛	po5 lo5 sin1 a2 uan2	娑羅辛仔宛、丁仔難、巴嚕新那完	竹	pressinowan parissinanan kiparra simmowan	ヘブルシナワン（heburushinawan）	安倍明義 P.124
加禮宛	ka1 li2 uan2	加禮遠、口夏里阿完、佳笠宛、交里完	瑪瑙、沙崙	modamaer de -kerrionan 小 moudamar modammer de -kerriovan kikarriawan	ヘツカラヤワン（hetsukarayawan）	安倍明義 P.125
流流	lau5 lau5	撈撈、留留	細長、水沖	tenaboeran tanaboranan teneboeran	ヘムラウラウ（hemuraurau）	安倍明義 P.125
打那美	tann2 na2 bi2	打蚋米、達拉糜、達那美	婦人名	tenaboeran tanaboranan teneboeran	ヘタラビ（hetarabi）	安倍明義 P.126

瑪荖武煙	ma2 lau2 bu2 ian1	毛荖甫淵、瑪拉胡嫣、貓對武府火因	籠	bragoelian barachoeijan barachoeijon barriga yan	ヘブルヤン（heburuyan）	安倍明義 P.126
武罕	bu2 han2	勿罕勿罕、穆罕穆罕	沙崙		ヘッポハン（hetsupohan）	安倍明義 P.126
珍珠美簡	cin1 cu1 bi2 kan2	珍汝女簡、丁嚕哩幹、珍珠里簡	烏老珠	taradagan taradingan taradingh tarradagen kitarradangan	ヘットヌリカン（hetsutonurikan）	安倍明義 P.126
里腦	li2 nau2	里荖、女老	臭木		ヒリザオ（herizao）	安倍明義 P.126
奇武老	ki5 bu2 lau2	幾穆撈、奇毛字毛	木造小屋	kimabolauw --tacocbaran mabolauw kima boulou --tacoebouau tack wawan	ヒボカオ（hibokao）	安倍明義 P.126
道奧卡斯族（タオカス）						
阿里史	a1 li2 sai2				ラリサイ（ralishai）	安倍明義 P.123
竹塹	tik4 cam7			pocael pocael pocaal	テエクツアム（tekutsuamu）	安倍明義 P.138
貓里	ba5 li2		平原		ヴアリイ（vari）	安倍明義 P.162
加志閣	ka1 ci3 koh4	嘉志閣			カシコ（kashiko）	安倍明義 P.162
苑裡	uan2 li2				オワンリイ（owanri）	安倍明義 P.163
房裡	pang5 li2			warrouwar warrowan waronwaer	パンリイ（pari）	安倍明義 P.163
貓孟	ba5 u5				ヴアウ（vau）	安倍明義 P.163
通霄	tong1 siau1				トンシアヴ（tonshiau）	安倍明義 P.164
後壠	au7 lang5				アウラン（auran）	安倍明義 P.160
大甲	tai7 kah4			tomel tommel	タイカア（taika）	安倍明義 P.178

巴塞赫族（パゼッへ）						
搭連	ta3 lan5	罩蘭			タアリエヌ（tarienu）	安倍明義 P.165
阿罩霧	a1 ta3 bu2				アタアヴ（atav）	安倍明義 P.168
葫蘆墩	hoo5 loo5 tun1				フルトン（furuton）	安倍明義 P.170
烏牛欄	oo1 gu5 lan5			aboan auran abouan auran abouans auran	アオラン（aoran）	安倍明義 P.171
朴仔籬	pho3 a2 li2			poaly abouan poalij poalij abouans poalij		安倍明義 P.240
蔴裡蘭	ma5 li2 lan5				ヴアリザン（varizan）	安倍明義 P.171
伐普蘭族（ヴプラ）						
牛罵	gu5 mann7			gomach	グウマア（guma）	安倍明義 P.177
沙轆	sua1 lak4				リアラ（soara）	安倍明義 P.179
大肚	tua7 too2			tatuturo	トアトオ（toato）	安倍明義 P.180
波布沙族（ポヴオサア）						
貓霧捒	ba5 bu2 sak4	麻霧捒		babousack babosack babausack	ヴアヴサガア（vavsaga）	安倍明義 P.169
半線	puann3 suann3				ポアソア（poasoa）	安倍明義 P.181
阿束、啞束	a1 sok4			asock asoeck assock		安倍明義 P.183
馬芝遴	ma2 ci1 lin5				マアチイリヌ（machirinu）	安倍明義 P.183
東螺	tang1 le5			dabale baoato doubalaboata dobale doubale boata dubale boataa	タンルエ（tanrue）	安倍明義 P.189

二林	ji7 na5			tackeys 或 gielim tackaijsterkeijs 或 gilin takeijs	ジイナア（zina）	安倍明義 P.189
眉裡	bai5 li2				ヴアイリイ（vairi）	安倍明義 P.190
阿里昆族（アリクン）						
貓羅	ba5 lo5			kakarbaroch kakar baroch kakar barroroch	ヴアロオ（varo）	安倍明義 P.185
大武郡	tai7 bu2 kun7			tavocol	タイヴークヌ（taivkunu）	安倍明義 P.187
羅茲亞族（ロツア）						
哆囉口國	to1 lo1 kok4	哆囉口各		dorcko	トオロオコク（torokoku）	安倍明義 P.223
諸羅山	cu1 lo5 san1			tilaossen tilaocen tirosen	ツウロウサン（tsurousan）	安倍明義 P.224
打貓	tann2 niau1				タアニアウ（taniau）	安倍明義 P.225
斗六	tau lak8			aaissangh talackbayen talackbayen arrissangh talackbaijen talackbayen takkais	タウラク（tauraku）	安倍明義 P.232
西螺	sai1 le5				サイレエ（saire）	安倍明義 P.235
他里霧	thann1 li2 bu7			dalivo	タアリイヴー（tariv）	安倍明義 P.235
布嶼稟	poo3 su7 lim2				ポスウリム（posurimu）	安倍明義 P.236
希萊耶族（シライヤ）						
赤嵌	chiah4 kham3				チヤカム（chiyakamu）	安倍明義 P.207
大目降	tai7 bak8 kang3	大穆降		tavocan tavokan tavakan	タヴオカン（tavokan）	安倍明義 P.213
卓猴	toh4 kau5				トウカウ（toukau）	安倍明義 P.213

新港	sin1 kang2			sincan sinkkan sinckan		安倍明義 P.213
目加溜灣	bak8 ka1 liu uan1	嘉溜灣		backloan bacclouangh baccloan backoloangh baccloangh	ヴアカルワン（vakarawan）	安倍明義 P.214
大武隴	tua7 bu2 lang5			tevorangh tievorangh	トアヴーラン（toavran）	安倍明義 P.214
噍吧口年	ta1 pa1 ni5				タパニイ（tapani）	安倍明義 P.215
芋匏	oo7 pu5				オープウ（opu）	安倍明義 P.215
蔴荳	muann5 tau7	麻豆		mattauw	モアタウ（moatau）	安倍明義 P.216
蕭壠	siau1 lang5			soelangh soulangh	シアウラン（shiauran）	安倍明義 P.218
漚汪	au1 ong3				アウオン（auon）	安倍明義 P.220
放索	pang3 soh4			pangsoya panggoija pangsoija	パンソア（pansoa）	安倍明義 P.276
馬卡泰奧族（マカタオ）						
打狗	ta2 kau2				タアカオ（takao）	安倍明義 P.244
大傑顛	tai7 kiat8 thian1）				タプイエン（tapuien）	安倍明義 P.250
阿猴	a1 kau5			akauw ackauw akkauw	アアカウ（akau）	安倍明義 P.259
阿加	a1 ka1				アアカア（aka）	安倍明義 P.253
搭樓	tah4 lau5				タアラウ（tarau）	安倍明義 P.260
武洛	bu2 lok8				ヴーロク（vroku）	安倍明義 P.260
力力	lat8 lat8				リイリイ（riri）	安倍明義 P.275

泰雅族（タイヤル）					
暖暖	nuan2 nuan2			ノアンノアン（noannoan）	安倍明義 P.113
古魯	koo2 loo2		桶	コロ（koro）	安倍明義 P.129
烏來	u1 lai1	污萊	溫泉	ウライ（urai）	安倍明義 P.133
洛仔	lok8 a2		楓樹	ラガ（raga）	安倍明義 P.133
蚋哮	la1 hau1		森林	ラハゥ（rahau）	安倍明義 P.133
林望眼	lin1 bong7 gan2		河川彎曲	リモガン（rimogan）	安倍明義 P.133
阿玉	a1 gik8		萱草	バボアゲク（Baboageku）	安倍明義 P.133
合脣	hap8 bat4		急流	ハブン（habun）	安倍明義 P.133
宜亨	gi5 hiong2		日射、草盛	ギヘン（gihen）	安倍明義 P.151
蘇老	soo1 lo2		後方	ソロ（soro）	安倍明義 P.152
卓高山	toh4 ko1 san1		居住	タカサン（takasan）	安倍明義 P.152
加勞	ka1 lo5		大	カラ（kara）	安倍明義 P.152
婆老	po5 lo2		松柏類、倒木	バロン（baron）	安倍明義 P.153
排衙散	pai5 ge5 san2			ピャサン（piyasan）	安倍明義 P.153
十八兒	sip8 pat4 ji5		桐多	シパジ（shipazi）	安倍明義 P.156
西熬	si1 go5			シイガォ（shigao）	安倍明義 P.157
馬以哇來	ma2 i2 ua5 lai5		平坦地	マイバライ（maibarai）	安倍明義 P.157
八卦力	pat4 kua3 lik8		鳶巢	パカリ（pakari）	安倍明義 P.166

沙核暗	sa1 hit8 am3	鞍部		サヘアン（sahean）	安倍明義 P.166
打必曆	tann2 pit4 lah8	不明		タビラス（tabirasu）	安倍明義 P.166
冒巴多安	mau7 pa3 to1 an1	小石多之處		マバトアン（mabatoan）	安倍明義 P.166
蘆翁	loo5 ong1	沼地、蔓		ロブン（robun）	安倍明義 P.166
蘇魯	soo1 loo2	山後		スル（suru）	安倍明義 P.166
武榮	bu2 ing5	頭目名		ブヨン（buyun）	安倍明義 P.175
老屋	lo2 ok4 ngoo5			ロブゴ（robugo）	安倍明義 P.175
稍來	siau2 lai5	溫泉		サウライ（saurai）	安倍明義 P.175
司加耶武	si1 ka1 ia1 bu2	池		シカヤウ（shikayau）	安倍明義 P.176
卓	toh4			トウ（tou）	安倍明義 P.205
干卓萬	kan1 toh4 ban7			カンタバン（kantaban）	安倍明義 P.205
見卓蘭	ba7 toh4 lan5			バトラン（patoran）	安倍明義 P.
武崙族（フヌン）					
簡吩	kan2 huan1（hun1）	樹名		カンムツ（kanmutsu）	安倍明義 P.195
人倫	lang5 lun5	山椒		ランルン（ranrun）	安倍明義 P.195
墨馬福	bak8 ma2 hok4	桐樹		バフル（bafuru）	安倍明義 P.195
那母岸	na7 bo2 gan2			ナモガン（namogan）	安倍明義 P.327
大崙坑	tai7 lun5 khenn1			タルナス（tarunasu）	安倍明義 P.327

轆轆	lak8 lak8				ラクラク（rakuraku）	安倍明義 P.327
加老望	ka1 lau2 bong7	茄老網			カラヴァン（karavan）	安倍明義 P.193
打訓	tann2 hun3				タフン（tafun）	安倍明義 P.327
曹族（ツオウ）						
樟樹	ciong1 su3	樟樹			チヨチヨス（chiyochiyosu）	安倍明義 P.230
殺送	sat4 song3	篠竹			ササゴ（sasago）	安倍明義 P.230
落鳳	loh8 hong7	山腹			ヨフゲ（yofuge）	安倍明義 P.230
砂米箕	sa1 bi2 ki2				サビキ（Sabiki）	安倍明義 P.230
流勝	lau5 la5	楓樹			ララウヤ（Rarauya）	安倍明義 P.230
柴柴流	lau5 lau5 cha1				ララチ（Rarachi）	安倍明義 P.231
芒仔芒	bong5 a2 bong5		voungo voungo	ヴオガヴオン（vogavon）	安倍明義 P.215
鹿麻產	lok8 ma2 san2				ヨウマサナ（youmasana）	安倍明義 P.227
茄拔	ka1 pat8	地形纏腳布			カアポア（kapoa）	安倍明義 P.214
楠仔仙	lam5 a2 sian1				ナマシナ（namashina）	安倍明義 P.257
荖濃	lau2 lang5				ライロア（rairoa）	安倍明義 P.257
簡仔霧	kan1 a2 bu7				カナカナブ（kanakanabu）	安倍明義 P.258
排剪	pai5 cian2				ハイセニ（Haiseni）	安倍明義 P.258
美壠	bi2 lang5				ビラン（biran）	安倍明義 P.258
和社	ho5 sia7	合流點			ホサ（hosa）	安倍明義 P.198
東埔	tong1 poo1	斧			トンポ（Tonpo）	安倍明義 P.198

排灣族（パイワン）					
羅東	lo5 tong1		猴子	ロトン（roton）	安倍明義 P.123
山豬毛	san1 ti1 mng5		不明	スヂムル （sudimuru）	安倍明義 P.261
萃芒	sut4 bong2			カスボガヌ （kasubogamu）	安倍明義 P.269
割肉	kuah4 bah4			コワバル （kowabaru）	安倍明義 P.270
媽嘮喇	ma2 la7 chi3			マラジ（marazi）	安倍明義 P.270
霧里乙	bu7 li2 it4			ブリイジ （Burizi）	安倍明義 P.272
旁武雁	pong5 bu2 ian3			ブンジユジヤン （bunziyuziyan）	安倍明義 P.272
根也然	kin1 ia7 jian5			キナジヤン （kinaziyan）	安倍明義 P.274
阿乳芒	a1 lu2 bong5			アジユブジユブン （aziyubuziyubun）	安倍明義 P.
射武力	sai7 bu2 lik8			サプデク （sabudeku）	安倍明義 P.274
巴士墨	pa1 su7 bak4			パスマク （pasumaku）	安倍明義 P.274
加路蘭	ka1 lo2 lan5			ミカロル （mikaroru）	安倍明義 P.290
鵝鑾	go5 luan5		帆之意	ゴロアン （goroan）	安倍明義 P.281
蚊蟀	bang2 sut4			マヌツル （manutsuru）	安倍明義 P.282
射麻裡	sia7 ma5 li2			サヴアリ （savari）	安倍明義 P.283
豬勝束	ti1 la5 sok4			チジヤソワク （chiziyasowaku）	安倍明義 P.283
寶桑	po2 sng1			ポオソン （paoson）	安倍明義 P.288
卑南	pi1 lam5			プユマ （puyuma）	安倍明義 P.290

大巴六九	tai7 pa1 lak8 kau2				タラマカウ（taramakau）	安倍明義 P.291
射馬干	sia7 ma2 kan1				カサバカン（kasabakan）	安倍明義 P.291
治本	ti7 pun	知本			テポル（teporu）	安倍明義 P.291
那保那保	na1 po2 na1 po2		竹多之處		ナブナブク（nabunabuku）	安倍明義 P.296
韜賽	tho1 sai2				タウサ（tausai）	安倍明義 P.318
檳榔樹格	pin1 nng5 su3 kik4				ピナスキ（pinasuki）	安倍明義 P.290
呂家望	lu7 ka1 bong2	力踞			ムカボカボン（mukabokabon）	安倍明義 P.291
北絲鬮	pak4 si1 khau1		竹		バシカウ（Bashikau）	安倍明義 P.292
朝貓籬	tiau5 ba5 li5	太麻里			チャバリィ（Chiabari）	安倍明義 P.292
文里格	bun5 li2 keh4				モリカ（morika）	安倍明義 P.292
鴨仔蘭	ah4 a2 lan5				ジヤガラン（ziyagaran）	安倍明義 P.292
馬武督	ma1 bu2 tok4				マオト（maoto）	安倍明義 P.144
羅打結	lo5 phah4 kat4				ロパカツ（ropakatsu）	安倍明義 P.292
阿美族（アミ）						
巴龜兒	pa1 ku1 ji5				パワル（Pakuru）	安倍明義 P.285
頂加芝來	ting2 ka1 ci1 lai5				チヨカチジヤイ（Chiyokachiziyai）	安倍明義 P.285
四林格	si3 na5 keh4				チナケ（chinake）	安倍明義 P.285
加路蘭	ka1 loo7 lan5		洗頭		ミカロロ（mikaroroan）	安倍明義 P.290

馬蘭拘	ma2 lan5 au2			ヴアラガオ（varagao）	安倍明義 P.290
猴仔蘭	kau5 a2 lan5	不明		カワラン（kawaran）	安倍明義 P.293
大武窟	tai7 bu2 kut4	楠木		タブコル（tabukoru）	安倍明義 P.293
虷仔崙	kam1 a2 lun5	雞母珠		アナドン（anadon）	安倍明義 P.293
察腊密	chat4 lah8 bit8	木盾木		チヤラビ（chiyarabi）	安倍明義 P.293
甘那壁	kam1 na1 piah4			カジヤピツ（kaziyapitsu）	安倍明義 P.293
巴塱衛	pa3 lo1 ue7			パロンゴエ（parongoe）	安倍明義 P.293
大竹篙	tai7 tik4 ko1	樹多		チヨアチヨコ（Chiyoachiyoko）	安倍明義 P.293
鴿子籠	kah4 ci2 lang5	接近		カチヨリン（kachiyorin）	安倍明義 P.294
大鳥萬	tai7 oo1 ban2	菸草		タチアヴアル（tachiavaru）	安倍明義 P.294
獅仔獅	sai1 a2 sai1			サヤサィ（saiasai）	安倍明義 P.294
阿塱衛	a1 long1ue7			アジヨゲツ（aziyogetsu）	安倍明義 P.297
荳蘭	tau7 lan5			タウラン（tauran）	安倍明義 P.299
里壠	li2 lang5			テラテラン（terateran）	安倍明義 P.299
德高班	tik4 ko1 pan1			タコバン（takoban）	安倍明義 P.299
麻荖漏	ma5 lau2 lau7			マラウラウ（marauran）	安倍明義 P.300
都歷	to1 lik8			トレク（toreku）	安倍明義 P.301
叭翁翁	pa1 ong1 ong1			パオンオワン（paonowan）	安倍明義 P.301

加只來	ka1 ci1 lai5			カチラワイ（kachirai）	安倍明義 P.301
拔便	puat4 pian7	人名		ピヤン（piyen）	安倍明義 P.301
施龜彌映	si1 ku1 bi2 ing3			チクメハイ（chikumehai）	安倍明義 P.301
芝路古映	ci1 loo2 koo2 ing3	龜		チラルコハイ（Chirarukohai）	安倍明義 P.101
白守蓮	peh8 siu2 lian5	山羊		ペシリエン（peshirien）	安倍明義 P.301
微沙鹿	bi5 sa1 lok8			ミサロク（misaroku）	安倍明義 P.301
阿那龜眉	a1 na ku1 bai5			アラコマイ（arakomai）	安倍明義 P.302
都威	to1 ui1			トミマアツ（tomiatsu）	安倍明義 P.302
加走灣	ka1 cau2 uan1			ピカカザウワン（Pikakazauwan）	安倍明義 P.303
月旦曼	tann2 ban7			タンマン（tanman）	安倍明義 P.303
僅那鹿角	kin7 na1 lok8 kak4			クナヌカ（kunanuka）	安倍明義 P.303
八桑安	pat4 sng1 an1			パソガン（（pasogan）	安倍明義 P.303
姑仔律	ko1 a2 lut8			クラルツ（Kurarutsu）	安倍明義 P.305
大峰峰	tai7 hong1 hong1			タンホンホン（Tanhonhon）	安倍明義 P.305
八里芒	pat4 li2 bong5			アニボニボン（aniboninibon）	安倍明義 P.305
加里猛狎	ka1 li2 bing2 ap8			カニバガル（karibagaru）	安倍明義 P.306
嘎嘮吧灣	ha1 lo5 pa1 uan1	迷路		カリパラン（karipawan）	安倍明義 P.307

奇萊	ki5 lai5				オキライ（okirai）	安倍明義 P.308
七腳川	chit4 kha1 chuan				チツカツオアン（Chitsukatsuoan）	安倍明義 P.310
馬太鞍	ma2 thai3 an1	樹荳			バタアン（batan）	安倍明義 P.319
大巴塱	tai7 pa1 long1				スボロン（suboron）	安倍明義 P.319
烏鴉立	oo1 a1 lip8				オアリップ（Oarippu）	安倍明義 P.320
奇密	ki5 bit8				キヴィツ（kivitsu）	安倍明義 P.320
週武洞	ciu1 bu2 tong1				チブトン（Chibuton）	安倍明義 P.320
烏漏	oo1 lau7				オラウ（Oran）	安倍明義 P.320
太吐壓	thai3 thoo2 ah4				タトウトウ（tatotato）	安倍明義 P.321
謝得武	sia7 tik4 bu2				マヒトウプ（mahitoupu）	安倍明義 P.321
馬打林	ma2 tann2 lin1				マタリム（matarpmu）	安倍明義 P.321
猛竹蘭	me2 a2 lan5				マンツル（mantsuru）	安倍明義 P.321
掃叭	sau3 pa1				サツパ（sappa）	安倍明義 P.321
貓公	ba5 kong1				バコン（Bakon）	安倍明義 P.321
璞石閣	pok8 sik4 koh4				ポシコ（poshiko）	安倍明義 P.324
苓仔濟	lian5 a2 ce3				リガツ（rigasai）	安倍明義 P.322
馬久答	ma2 ku2 tah4				マクタアイ（makutai）	安倍明義 P.325
下勝灣	ha7 la5 uan1				ハラワン（harawan）	安倍明義 P.325
紅座	ang1 co1				アンゾホ（anzoho）	安倍明義 P.325

水沙連番						
沙連	sa1 lian5		人名		ザリアン （zarian）	安倍明義 P.193
審鹿	sim2 lok8				シムロク （shimuroke）	安倍明義 P.194
埔裡	po2 li2				ポオリイ（pori）	安倍明義 P.194